한국사가 밥이다

한국사가 밥이다

(수능까지 완벽한 한국사 만점 프로젝트, 역사)

[교실밖 교과서®] 시리즈 NO.30

지은이 | 국밥연구소
발행인 | 김경아

2020년 11월 6일 1판 1쇄 인쇄
2020년 11월 13일 1판 1쇄 발행

이 책을 만든 사람들
책임 기획 | 김경아
북 디자인 | 김효정
교정 교열 | 좋은글
경영 지원 | 홍종남

이 책을 함께 만든 사람들
종이 | 제이피씨 정동수·정충엽
제작 및 인쇄 | 천일문화사 유재상

베타테스터 | 이해승(중3), 최민기(중2)
출간 후 베타테스터 | 이인경

펴낸곳 | 행복한나무
출판등록 | 2007년 3월 7일. 제 2007-5호
주소 | 경기도 남양주시 도농로 34, 부영e그린타운 301동 301호(다산동)
전화 | 02) 322-3856   팩스 | 02) 322-3857
홈페이지 | www.ihappytree.com
도서 문의(출판사 e-mail) | e21chope@daum.net
내용 문의(국밥연구소) | gookbaab@gmail.com
※ 이 책을 읽다가 궁금한 점이 있을 때는 국밥연구소 e-mail을 이용해 주세요.

ⓒ 국밥연구소, 2020
ISBN 978-89-93460-28-9
"행복한나무" 도서번호 : 129

한국사가 밥이다

|국밥연구소 지음|

행복한
나무

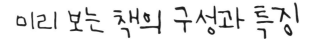

미리 보는 책의 구성과 특징

전체 구성

[프롤로그]는 이야기의 발단입니다. 어떻게 이야기가 시작되었으며, 어떤 방식으로 사건이 전개되는지
알려줍니다. [에필로그]는 〈이야기〉의 마무리로 한 권의 책을 정리해 줍니다.

[불의 역사], [부의 역사], [권력의 역사]는 서로 독립된 마당으로서 에너지, 경제, 정치의 역사를 하나의
흐름으로 풀어냅니다.

세부 구성

역사를 이끄는 중심인 에너지, 경제, 정치를 각 마당별로 풀어냅니다. 불의 역사는 에너지, 부의 역사는 경제, 권력의 역사는 정치에서 각각 어떤 흐름으로 한국사 5천 년이 이어졌는지 명쾌하게 정리합니다. 이 책은 저자가 '역사 인물의 정신' 속으로 들어가 역사 인물이 되어 역사를 경험합니다. 역사 인물의 고민과 힘겨움도 그대로 느낍니다. 내가 역사의 주인공이 되어 역사를 삶으로, 흥미진진한 이야기로 풀어나갑니다.

[흐름을 잡는 한국사수첩]은 앞의 이야기에 역사를 자세한 설명으로 풀어내며, 단순 지식보다 흐름을 이해하는 데 초점을 둡니다.

07 대포
조선을 무너뜨리다

[흐름을 잡는 한국사수첩]
동양의 화약이 발전하지 못한 이유

역사의 본질에 걸맞는 한국사 책

저는 고양이 두 마리를 모시는 집사[1]입니다. 삼식이와 유월이란 이름을 지닌 고양이 두 마리 모두 특별한 인연을 통해 찾아왔습니다.

삼식이를 만난 날은 무척 따스했습니다. 몇 해 만에 만난 선배와 카페를 찾는데 가는 곳마다 닫혀 있었습니다. 하는 수 없이 평소에는 잘 가지 않던 유명한 카페를 방문했습니다. 그 카페마저 닫혀 있어 허탈해하며 차에 타려는데 '야옹' 소리가 들리며 길고양이 한 마리가 다가왔습니다. 길고양이는 제 다리를 비비더니 벌러덩 배를 드러냈습니다. 갑자기 나타난 길고양이가 처음 만난 저에게 친근감을 표시했으니 당황했습니다. 그런데 "너를 집사로 간택했네." 하며 선배가 저에게 그 길고양이를 집으로 모실 것을 권했고, 저는 운명을 받아들였습니다. 그 고양이가 바로 삼식이입니다. 그날 가려고 한 카페 중 단 한 곳이라도 문을 열었다면 저는 삼식이를 만나지 못했겠죠. 생각할수록 참 기묘한 인연입니다.

어느 날 아내와 아들이 차를 타고 가다 우연히 들른 햄버거 가게 주차장 귀퉁이에서 숨이 넘어갈 듯한 고양이 울음이 들렸습니다. 살펴보니 목에 줄이 묶인 새끼 고양이가 잔가지가 무성한 나무 사이에서 몸부림치고 있었습니다. 아들이 힘들게 새끼 고양이를 구했지만 고양이의 상태는 처참했습니다. 목에 감긴 줄은 살을 파고들었고, 발톱은 절반 이상이 빠졌으며, 몸 곳곳이 상처투성이였습니다. 급하게 병원에 데려가 치료를 하고 집으로 왔지만 살 확률은 그리 높지 않았습니다. 그때 기적이 일어났습니다. 삼식이가 다친 새끼 고양이를 지극정성으로 보살핀 것입니다. 사람을 경계하고, 음식도 제대로 못 먹던 새끼 고양이는 삼식이와 아내의 간호에 힘입어 점차 건강을 되찾았습니다. 그 새끼 고양이가 유월입니다.

이 외에도 집을 나갔다가 고양이 탐정까지 출동해서 겨우 되돌아온 이야기, 간식을 밥처럼 줘서 몸무게가 늘어난 이야기, 강아지와 얽힌 삼각관계 등 삼식이와 유월이에 관한 흥미진진한 '역사'가 꽤 많습니다. 존재 자체로 사랑하는 삼식이와 유월이지만 함께 보낸 '역사'가 쌓이면서 그 사랑이 더욱 깊어졌습니다.

소설로 쓰인 한국사

제가 고양이 이야기를 책머리에 풀어놓은 까닭은 '역사'의 본질이 무엇인지 드러내기 위함입니다. 역사는 더불어 쌓아 온 이야기입니다. 함께 겪은 이야기가 없으면 친구도, 가족도, 원수도 없습니다. 역사를 싫어하는 10대 학생들이 꽤 많은데, 역사책에 이야기가 없기 때문입니다. 딱딱한 설명 형식으로 암기할 지식을 잔뜩 늘어놓는 역사책을 접하고 흥미를 느끼기는 쉽지 않지요. 역사는 이야기이므로, 이야기로 서술해야 합니다. 역사가 이야기가 되면 흥미가 높아질 뿐 아니라 억지로 외우지 않아도 기억을 잘합니다. 그래서 이 책은 다른 한국사 책과 다르게 이야기가 중심입니다. 수천 년 한국사를 소설로 꾸며서 흥미를 북돋았습니다.

통찰력을 길러 주는 한국사

이 책은 소설 형식이지만 단순한 소설이 아닙니다. 그 어떤 한국사 책에서도 찾아볼 수 없는 '불(에너지)−돈(경제)−힘(권력)'이라는 독특한 3단 구성으로 수천 년을 거쳐 온 한국사의 거대한 흐름을 짚어 줍니다. 독특한 관점으로 역사의 흐름을 잡아 줌으로써 현재와 미래를 보는 통찰력을 길러줍니다.

'설명에서 이야기로!', '단절에서 흐름으로!', '암기에서 통찰력으로!', 이 책이 지향하는 한국사 공부입니다.

국밥연구소

차례

제1부
불의 역사_에너지, 문명을 떠받친 기둥 · 18

{흐름을 잡는 한국사수첩}
차례

역사 시간에 잠을 잔 대가

역사 시간이면 민수, 한비, 현미는 늘 잠을 잔다. 수업 전에는 잠들지 않겠다고 굳게 결심하지만 5분이 지나기 전에 천하장사도 못 이기는 눈꺼풀의 무게에 항복한다. 자는 꼴은 제각각이다.

민수는 언뜻 보기엔 멀쩡하게 깨어 있는 듯 보인다. 허리를 최대한 구부정하게 만든 뒤 머리는 살짝 숙이고 한 손으로는 책을 쓰러지지 않게 유지하고, 다른 한 손으로는 필기구를 쥔다. 자세는 절대 흐트러지지 않는다. 웬만한 선생님은 민수가 잠들었는지도 모른다.

한비는 민수처럼 자세를 잡고 들키지 않으려고 애를 쓰지만 자세를 유지하는 힘이 부족하다. 특히 머리가 순간순간 중심을 못 잡고 옆으로 쓰러지거나 앞으로 꺾인다. 다행히 그 순간 선생님의 눈길에 잡히지 않으면 들키지 않지만 재수 없으면 제대로 걸려든다.

현미는 잠들지 않으려고 애쓴다. 눈꺼풀의 무게를 이겨내려고 손으로 집어 올리고, 머리를 뒤흔들고, 꼬집고, 심지어 뺨을 살짝 때리기까지 해보지만 효과는 오래가지 못한다. 이겨내려고 애쓰다 잠이 들기 때문에 자세는 잠든 순간 그대로다. 옆으로 넘어질 듯 자기도 하고, 고개를 푹 숙이고 자기도 한다. 자세가 바뀌지 않기 때문에 자고 나면 늘 목 어딘가가 쑤신다.

새로 오신 역사 선생님은 마술사?

그러던 어느 날 역사 선생님이 출산 휴가를 가시고 새로운 역사 선생님이 임시로 오셨다. 새로 오신 역사 선생님은 간단하게 이름만 알려주시더니 바로 수업을 시작했다. 학생들은 첫 시간이므로 어떻게든 놀아보려고 했지만 선생님은 아랑곳하지 않았다. 수업은 조금 독특했다. 역사 수업에 흥미가 없던 학생들도 딴짓을 하지 않고 수업에 집중할 정도였다. 그러나 역사 시간에는 반드시 잠을 자야 한다는 사명을 띠고 태어난 민수, 현미, 한비는 굴하지 않고 잠을 잤다. 수업을 진행하던 선생님은 셋을 확인하고는 잠시 동안 말없이 가만히 바라보기만 했다.

그다음 수업 때 선생님은 유난히 활기차게 수업을 했다. 다시는 자기 수업 시간에 잠드는 학생이 없게 하겠다는 각오와 결의가 가득했다. 그러나 선생님은 또다시 수면 3인방을 수업에 집중하게 하는 데 실패했다. 3인방은 역사 시간에는 반드시 잠을 자고야 말겠다는 의지가 있는지 결코 포기하지 않았다. 선생님은 3인방이 잠든 모습을 확인하고는 한숨을 잠깐 쉴 뿐 깨우지 않았다.

다음 수업도, 그다음 수업도 마찬가지였다. 마침내 다섯 번째 수업! 세 명이 잠든 모습을 지켜보던 선생님은 집게손가락으로 입을 가려 학생들을 침묵하게 했다. 그러더니 오른손 집게손가락으로 허공에 글씨를 쓰면서 입으로는 무언가를 중얼거렸다. 손가락으로 무언가를 쓰고 입에서 소리가 나오기는 했으나, 무엇을 쓰는지, 무엇을 말하는지는 알기 어려웠다. 손가락 글씨는 그림도 글씨도 아닌 기호 같았으며, 말은 이상야릇한 주문처럼 들렸다. 선생님은 천천히 걸으며 잠이 든 3인방에게 다가갔다.

선생님이 바로 옆에 올 때까지 민수는 잠들지 않은 척하는 자세로 잠에 빠져 있었다. 선생님은 집게손가락으로 머리 정중앙을 지그시 눌렀다. 학생들은 선생님의 손가락을 타고 민수의 머리로 빨려 들어가는 붉은 기운을 보았다. 선생님이 지나간 뒤에도 민수는 깨지 않고 완벽한 수면 자세를 유지했다.

선생님은 손가락으로 무언가를 쓰고, 입으로 주문을 외우며 한비에게 향했다.

선생님이 다가가는데 한비 머리가 툭 옆으로 떨어졌다. 한비는 얼른 머리를 제자리로 돌려놓고는 원래 자세를 유지했다. 선생님은 한비가 머리를 바른 자세로 돌리자마자 민수에게 했듯이 손가락으로 머리 정중앙을 눌렀고, 이번에는 노란색 기운이 빨려 들어갔다. 선생님은 마찬가지로 현미에게 다가가 손가락으로 머리를 눌렀고 푸른색 기운을 불어넣었다. 무언가 이상한 낌새를 눈치챈 현미는 깨어나려 했지만 선생님 손끝에서 푸른 기운이 밀려들어가자 다시 깊이 잠들었다.

선생님은 3인방에게 이상한 기운을 불어넣은 뒤 앞으로 가서 수업을 계속했다. 수업을 하는 내내 입가에는 실핏줄 같은 웃음이 떠나지 않았다. 수업이 끝났다. 그래도 셋은 일어나지 않았다.

"일어날 때까지 깨우지 마라! 다른 선생님들께서도 깨우지 않을 테니까 푹 자게 둬!"

반 친구들은 영문도 모른 채 세 친구가 그냥 잠들게 내버려두었고, 다른 선생님들도 전혀 신경 쓰지 않았다. 점심 식사 시간에도, 시끄럽게 떠드는 쉬는 시간에도 꿈쩍도 않고 같은 자세로 잠을 잤다. 마지막 수업 종이 울리고 친구들이 다 떠난 뒤에야 셋은 일어났다. 셋은 일어나자마자 뭔가에 홀린 듯 "고맙다"는 말을 중얼거리더니 몸을 일으켜 나란히 교실을 나갔다. 그리고 느릿느릿 걸어서 학생 상담실로 향했다. 그곳에는 역사 선생님이 계셨다.

수면 3인방, 역사의 인물이 되다?

"좋은 꿈 꿨지?"

선생님이 씩 웃었다. 셋은 그제야 정신을 차리고 입을 열었다.

"선생님이 꿈을 꾸게 만드신 거죠?"

선생님은 말없이 웃기만 했다.

"수천 년 역사를 다 겪었어요."

"말도 마! 나는 몇 번이나 죽었어. 얼마나 끔찍했다고."

셋은 저마다 꿈에서 겪은⑦ 일들을 정신없이 쏟아냈다. 선생님은 학생들을 진정시켰다.

"너희들은 역사 수업 때는 잠을 자야 한다는 사명감을 띤 학생들 같았어. 역사가 세상에서 가장 중요한 공부라고 믿고, 역사 수업을 그 누구보다 재미있게 한다고 믿은 나에게 너희들의 수면 사명감은 도저히 용납하기 어려운 도전이야."

선생님은 '도전'이란 단어를 유난히 강조했다.

"그동안 역사 시간마다 푹 잤으니 이제 그 대가를 치러야지. 그치?"

무언가 불길한 예감이 세 학생을 덮쳤다.

"너희들이 꿈에서 보고 겪은 일을 모두 글로 쓴 뒤 다음 주까지 나에게 제출해."

셋은 선생님이 내주는 숙제에 기겁을 했다.

"아, 그걸 어떻게 다?"

"너무 길어요."

"한두 가지 일도 아닌데, 어떻게 다 써요?"

셋은 이구동성으로 선생님의 자비를 빌었다. 안타깝게도 선생님은 자비심이 없었다.

"다음 주 이 시간까지 제출해. 그때 제출하지 않으면 지금까지 한 번도 맛보지 못한 공포를 꿈속에서 하루 종일 경험하게 될 거야. 만약 꼼꼼하게 쓰지 않고 대충 써도 마찬가지로 공포를 마주하게 될 거야. 명심해! 난 두 번째 기회는 주지 않아."

선생님의 눈빛에서 잔인한 기운이 뻗어 나왔다. 날카로운 기운이 세 학생의 심장을 찌르고 들어오는 듯했다. 세 학생은 선생님의 눈빛에 짓눌려 저항하기를 포기했다. 하루 종일 꾸었던 실감나는 꿈이 주었던 충격도 컸는데, 거기에 공포를 경험하라고 하면……, 상상하기도 싫었다. 감당할 자신이 없었다. 세 학생은 숙제를 해오겠다고 약속하고 상담실 문을 나왔다.

"도대체 나는 몇 명의 몸속으로 들어갔다 나왔는지 기억도 안 나."

"나도 마찬가지야. 계속해서 다른 사람의 정신 속으로 들어가기를 반복했어. 익숙할 만하면 정신이 옮겨가고, 또 옮겨가고, 또 옮겨가고! 나중에는 내가 누구인지 모르겠더라니까!"

"나도 그랬어. 그런데 몸 안에 들어가서 겪기는 했는데 내 의지로는 아무런 행동도, 말도 할 수가 없었어. 그게 얼마나 답답했는지 몰라. 위험이 닥치는 줄 알면서도, 상황이 나빠지는 줄 알면서도 그대로 당하니 미치겠더라."

셋은 꿈에서 겪었던 일을 서로 나누며 교실로 향했다.

"그래? 우리 모두 똑같은 꿈을 꾼 건가?"

현미의 궁금증은 민수와 한비의 궁금증이기도 했다.

"나는 불에 관한 꿈을 꿨어. 불이 역사 발전에 어떻게 영향을 끼쳤는지 경험했어."

민수가 말했다.

"나는 계속 농사와 땅, 경제활동과 관련한 꿈을 꾸었는데, 꿈에서 어찌나 많이 일하고 굶었는지 배고파 죽는 줄 알았어."

이번엔 한비였다.

"나는 권력 투쟁을 계속 벌였어. 항쟁과 시위도 많이 했고. 이제 싸움과 권력이라면 진저리가 나."

현미는 지긋지긋한 표정을 지었다.

도대체 수면 3인방에게 무슨 일이 있었을까?

세 명이 꿈에서 겪은 일을 정리하자면 이렇다. 셋은 모두 아주 오래 전 과거에 살던 인물의 정신으로 깃들었다. 인물의 정신으로 깃들었으나 자기 의지대로 행동하거나 말하지는 못했다. 그냥 해당 인물의 경험과 생각을 나의 것으로 받아들이며 그대로 겪었다.

어떤 사건이 끝나면 전혀 다른 시대를 사는 새로운 인물의 몸으로 정신이 들어가는데, 같은 시대가 아니라 조금 더 시간이 흐른 뒤의 시대로 옮겨갔다. 이렇게 과거에서 현대로 끊임없이 사람을 옮겨가며 역사를 경험하는 꿈을 꾸었다. 흐름과 형식은 비슷했지만 꿈의 내용은 서로 달랐다. 민수는 불의 발전에 관한 꿈, 한비는 경제활동에 관한 꿈, 현미는 권력을 둘러싼 갈등에 관한 꿈을 계속 꾸었다.

"휴, 그 긴 이야기를 어떻게 다 쓰냐?"

민수가 길게 한숨을 내쉬며 말했다.

"그러게. 그런데 신기하지 않냐? 꿈에서 봤던 장면, 겪었던 일들, 그때 겪었던 감정이 남김없이 전부 기억나. 지금도 너무 생생해. 시간의 흐름도 뚜렷하고."

한비의 말에 모두 동의했다.

수면 3인방은 교실에 돌아와 각자의 가방을 챙기고, 꿈으로 가득 찼던⑦ 학교생활을 마무리했다. 앞으로 일주일은 닥치고 글을 써야 한다. 꿈에서 겪고 보았던 기나긴 역사를 기록해야 한다. 숙제를 하지 않겠다거나, 대충 하겠다는 생각은 조금도 하지 않았다. 역사 선생님의 섬뜩한 눈빛이 허튼 충동을 완벽히 차단했다. 그리고 너무나 생생하고 특별한 꿈이었기에 기록으로 남겨두고 싶은 욕심도 생겼다.

수면 3인방은 일주일 내내 난생 처음으로 온 에너지를 다 쏟아부으며 글을 썼다. 잠도 제대로 못 잤고, 놀지도 못했다. 학원도 몇 군데는 빠졌다. 휴일에 가족끼리 하는 외식도 포기하고 글쓰기에 매달렸다. 열심히 한 이유가 선생님이 무서워서인지, 꿈이 너무 생생하고 특별해서인지, 아니면 둘 다인지 모르지만 어쨌든 수면 3인방은 태어나서 처음으로 엄청난 분량의 글을 썼다. 그리고 일주일 뒤, 모든 학생들이 학교를 빠져나간 뒤에 상담실에서 역사 선생님과 마주 앉았다. 볼살이 홀쭉해진 수면 3인방은 각자 써 온 꿈 속 한국사를 선생님께 자랑스럽게 제출했다.

제 1 부

불의 역사

에너지, 문명을 떠받친 기둥

작성자 _ 김민수

01 공포

춥고 무서운 세상

때	불을 사용하지 못하던 옛날 어느 때
곳	추위가 다가오는 들판
人	원시인 남자

추웠다. 옷을 거의 안 입은 느낌이었다. 잽싸게 몸을 살폈다. 가릴 곳만 겨우 가린 차림이었다. 추운데 이렇게 입은 걸 보니 거지가 분명했다. 하필이면 거지 몸속이라니 하며 내 재수 없음을 탓하는데 옆에서 누가 툭 쳤다. 나와 똑같이 거의 옷을 입지 않은 동료였다. 여러 사람이 옷을 거의 안 입고 있으니 야외 목욕탕에 온 기분이었다. 동료는 손에 굵은 나무 몽둥이를 들고 앞뒤로 힘차게 휘저었다. 그러고 보니 내 손에도 몽둥이가 들려 있었다. 내 의지와 관계없이 내 몸뚱이가 움직였다.

남자들끼리 힘을 합쳐 사냥을 하는 중이었다. 풀이 무성하게 자란 들판을 10여 명이 무리를 지어 움직였다. 사냥감을 찾는 눈들이 매서웠다. 그때 이상야릇한 긴장이 갑자기 찾아왔다. 뭐라 표현하기 어려운 느낌이었다. 등골로 사늘한 기운이 흘렀다. 나쁜 아니었다. 다른 이들도 뭔가 이상한 느낌이 들었는지 신경을 곤두세웠다. 앞에 서 있던 동료가 재빨리 바닥에 엎드렸다. 동료들도 덩달아 엎드렸다. 숨소리조차 들리지 않는 무서운 침묵이 흘렀다. 무언가 지나가고 있었다. 차갑고 매서운 기운이었다. 침묵 속에 강렬한 기운이 극에 달하더니 조금씩 약해졌다. 차가운 기운이 사라지고 난 뒤에도 우리들은 꼼짝도 하지 않았다. 그러다 가장 먼저 풀숲으로 몸을 숨겼던 동료가 조심스럽게 일어나며 이렇게 말했다.

"호랑이!"

호랑이란 말에 깜짝 놀랐다. 살아있는 호랑이를 들판에서 만나다니 까딱했다간 그대로 죽을 뻔했다. 우리는 다시 조심스럽게 이동했다. 멀리 사슴이 보였다. 우리는 무리를 셋으로 나눴다. 한 무리가 풀숲에 숨고, 다른 두 무리는 뒤로 돌아가 사슴을 이쪽으로 몰기로 했다. 나는 대기하는 쪽이었다. 잠시 풀숲에 몸을 숨기고 있는데 사슴이 이쪽으로 뛰어왔다. 빨랐다. 그러나 내 몽둥이는 더 빨랐다. 사슴 한 마리가 피를 흘리며 쓰러졌다. 평소 나였다면 징그럽다거나, 잔인하다고 느꼈겠지만 그 순간엔 극도의 쾌감이 몰려왔다. 힘이 센 동료가 사슴을 둘러멨다. 나머지는 그 동료를 둘러싸고 이동했다. 사냥에 성공한 기쁨 때문인지 추위가 별로 느껴지지 않았다.

얼마 가지 않아 기다리던 여자들을 만났다. 여자들은 환호성을 질렀다. 다 모이니 30명 정도 되었다. 사슴을 무리 가운데 놓았다. 칼은 없었다. 잘 다듬어진 석기도 없었다. 그냥 나무와 돌을 이용해 사슴을 조각냈다. 그러고는 날것 그대로 씹어 먹었다. 내 영혼이 깃든 사람도 마찬가지로 피가 뚝뚝 흐르는 생고기를 그냥 먹었다.

피 냄새가 역겨웠다. 생고기를 씹는 입안의 자극이 자꾸 구토를 불러일으켰다. 내 몸뚱이는 내가 그러거나 말거나 맛있게 생고기를 씹어 먹었다. 토하고 싶었다. 잠시 잊고 있던 추위도 몰려왔다. 뜨거운 국물, 잘 익은 고기가 먹고 싶었다. 불이 필요했다. 불이 있었다면 이런 추위를 겪을 필요도 없고, 이런 날고기를 먹을 필요도 없으며, 호랑이가 무서워 벌벌 떨 일도 없었다. 불이 필요한데, 불을 지펴야 하는데 동료들 중 그 누구도 불을 피울 생각을 하지 않았다.

돈도 필요 없다. 다이아몬드도 필요 없다. 그 어떤 무기도 불보다 절실하진 않다. 지금은 다른 무엇보다 불이 필요하다. 그런데 불을 어디서 구하지? 이 시대에 성냥이나 라이터도 없고, 나무를 비벼서 피울까? 나무를 비벼서 불을 피우고 싶었지만 내 몸뚱이의 주인은 전혀 그럴 생각이 없었다. 나는 추워 죽겠는데 별로 추워하지도 않았다.

날이 어두워졌다. 주위가 전혀 보이지 않았다. 어둠이 찾아왔다. 빨리 동굴 안으로 들어가야 했다. 그때 갑자기 날카로운 괴성이 들렸다. 등골이 오싹했다. 사냥을 하러 나갈 때 느꼈던 바로 그 기운이었다. 모두들 동굴 안으로 도망쳤다. 나도 도망치려고 몸을 일으켰으나 늦었다. 거대한 호랑이가 묵직한 앞발로 내 몸을 후려쳤다. 몸이 붕 뜨더니 바닥에 내동댕이쳐졌다. 몸을 추스르며 도망치려했지만 몸 안에 무언가가 부러졌는지 꼼짝도 안했다. 공포에 질려 한 마디도 나오지 않았다. 낮에는 호랑이를 멀리서 발견하고 대비를 했는데, 지금은 어둠 때문에 호랑이가 가까이 접근하도록 눈치조차 채지 못했다. 나를 후려친 호랑이가 내게 다가왔다. 호랑이의 콧김이 피부에 닿았다. 이럴 때 총이나 칼이 있다면, 아니 불이라도 있다면 이렇게 무기력하게 당하진 않을 텐데…….

　　불은 생명이요 힘이었다. 나는 불이란 단어를 계속 중얼거렸다. 내가 실제로 불이란 말을 내뱉었는지는 모르겠지만 마음으론 수백 번도 더 불을 찾았다. 호랑이 얼굴이 점점 커졌다. 날카로운 이빨이 드러났다. 호랑이가 입을 최대한 벌려 날카로운 송곳니가 공포를 자아내는 순간, 나는 정신을 잃었다.

불이 없는 시대

　사람이 수백만 년 동안 살아오면서 무엇이 가장 귀했을까? 단 하나만 남긴다고 했을 때 무엇이 없으면 인류의 삶이 크나큰 타격을 받았을까? 물, 공기, 자연도 중요하겠지만 그런 건 다른 생명체들도 다 마찬가지니 특별히 인간에게 해당하는 것을 찾아보면 무엇일까? 지금 우리들이 사용하는 것들 중에 절대 없어서는 안 될 것! 사라지면 큰일 나는 것! 단언컨대 그건 불(火)이다.

　불이 없던 시절 인류는 나약했다. 인간은 힘이 약한 짐승을 사냥했지만 맹수들의 사냥감이기도 했다. 불이 없으니 추위를 견디기도 힘들었고, 고기도 날것으로 먹으니 건강에도 좋지 않았으며, 어두운 밤에는 두려움에 떨며 꼼짝도 못했다. 불이 없는 인간은 우리가 생각하는 인간이 아니라, 그저 무리 생활을 하는 짐승이었을 뿐이다.

02 인간

불이 빚어낸 생명

때　구석기 시대
곳　동굴과 그 주변
人　원시인 소년

　　아늑했다. 송곳니의 공포를 잊게 해주는 따스함이었다. 눈을 떴다. 불이 보였
다. 그토록 애타게 찾던 불이었다. 나는 모든 걸 잊고 불이 주는 안락함과 따스함을
즐겼다. 앉은 채로 손을 불에 가까이 댔다. 손이 작았다. 나는 내 몸을 살폈다. 어린
이였다. 열 살도 되지 않는 앳된 아이였다. 불은 동굴 한 가운데에 자리한 채 따스
함과 밝은 빛으로 동굴 안을 한가득 채워주었다.

　　소변이 마려웠다. 소변을 보기 위해 동굴 밖으로 나가려는데 문득 호랑이가 떠
올랐다. 호랑이 콧김을 눈앞에서 접한 공포는 쉽게 잊기 어려웠다. 내 생각을 읽었
는지 어쨌는지 모르지만 내 몸뚱이를 차지한 아이는 한 손에 불을 들고 동굴 밖으
로 나갔다. 약간 써늘했지만 온기를 내뿜는 불로 인해 추위는 한결 덜했다. 불을 나
무에 걸었다. 아랫도리를 가린 가죽을 살짝 내리고 소변을 봤다. 소변을 보는데 뭔
가 이상한 기운이 느껴졌다. 소변이 얼어붙는 느낌이었다. 나는 재빨리 주위를 둘
러봤다.

　　5m도 떨어지지 않는 곳에서 늑대가 으르렁거리며 나를 노렸다. 바지를 올릴 생
각도 못하고 엉거주춤 뒤로 물러났다. 늑대는 서서히 나를 향해 다가왔다. 며칠은
굶은 듯 입에서 침이 줄줄 흘렀다. 내 고기는 별로 맛이 없으니 다른 고기를 찾아보

라고 설득하고 싶었지만 입이 움직이지 않았다. 전에는 호랑이에 죽고, 이번엔 늑대에 죽다니, 너무 억울했다. 가만, 호랑이라고? 호랑이가 다가올 때 '불'만 있었다면 괜찮았을 거라고 했잖아! 그래, 불!

나는 재빨리 나무에 걸어둔 불을 집어 들었다. 불은 장작 끝에서 제법 힘을 내며 타는 중이었다. 늑대를 향해 불을 겨누었다. 3m 앞 정도까지 접근했던 늑대는 불을 보더니 주춤거렸다. 불을 든 나는 대담해졌다. 뒷걸음질을 칠 이유가 없었다. 불을 들고 늑대를 향해 다가갔다. 불을 들이밀자 늑대가 뒷걸음질을 쳤다. 만약 불이 없는 상태였다면 어린 몸으로 늑대를 상대하기는 불가능했다. 그러나 손에 불을 쥐니 연약한 어린이도 무서운 늑대보다 강했다. 늑대는 으르렁거리면서도 무서운지 뒤로 물러섰다.

그때였다. 허공을 가르며 무언가가 날아왔다. 겁이 나서 뒤로 물러섰다. 확인해 보니 돌도끼였다. 공기를 가른 돌도끼는 정확히 늑대 머리를 강타했다. 늑대 머리에서 피가 났다. 늑대는 겁을 집어먹고 도망치려 했지만 늦었다. 대여섯 개의 돌도끼가 연달아 날아왔고 늑대는 바닥에 쓰러졌다. 내 주위로 사냥에서 돌아온 어른들이 모여들었다. 어른들은 어린 아이가 늑대와 맞서 싸웠다며 크게 칭찬했다.

저녁은 늑대 고기였다. 어른들은 나에게 늑대 가죽을 선물로 준다고 약속했다. 날카로운 뗀석기로 고기를 썰어서 나무 꼬챙이에 꿰어서 고기를 구웠다. 동굴 가득 고기 냄새가 퍼졌다. 고기가 익는 동안 어른 한 명이 벽에 그림을 그렸다. 어린 아이가 불을 들고 늑대와 맞서는 그림이었다. 그림 속 아이는 나였다. 앞으로 많은 사람들이 저 그림을 보며 늑대와 맞선 어린 아이를 떠올릴 것이다. 뿌듯하고 자랑스러웠다. 늑대 고기는 생각보다 훨씬 맛있었다. 불이 없던 시절에 먹었던 피 묻은 생고기와는 견줄 수 없는 맛이었다.

동굴 밖은 어둠이 가득했지만 동굴 안은 환했고, 동굴 밖은 추위가 찾아왔지만 동굴 안은 따스한 온기가 가득했다. 배부르고 따뜻하니 잠이 왔다. 불을 바라보며 누웠다. 불이 기운차게 타오르며 나를 감쌌다. 무서운 늑대를 물리치고, 맛있는 고기를 먹고, 어둠을 몰아내는 빛을 선물해 준 은인이 바로 불이다. 내 생명의 은인인 불! 너무나 고마웠다. 불에게 고마움을 전하다 따스한 기운에 나도 모르게 까무룩 잠이 들었다.

구석기 시대의 불

불이 없었다면 인간은 없었다. 한반도에 살던, 유럽에 살던, 아메리카에 살던 마찬가지다. 불은 추위를 이기는 힘을 준다. 불이 없었다면 인간은 열대지방을 벗어나지 못했다. 불은 음식을 익혀먹는 수단이다. 불로 굽지 않은 고기는 소화도 잘 안 되고, 기생충도 많아 건강에 좋지 않다. 불은 인간에게 풍성한 식탁과 건강을 선물한다. 불은 어둠을 밝힌다. 불이 없다면 인간은 어두워지기만 해도 맹수의 공격이 무서워 벌벌 떨어야 한다. 불은 강력한 무기다. 동물은 불을 무서워하고, 인간만이 불을 다룰 줄 안다. 인간이 불을 움켜쥐자 그 어떤 동물도 인간의 상대가 되지 못했다.

추위를 보호하는 따스함, 음식을 먹기 좋게 익혀주는 것, 어둠을 밝히는 빛, 동물을 이겨내는 강력한 무기가 바로 불이다. 그러니 불이 인간을 만들었다. 인간의 역사에서 불보다 더 큰 영향을 끼친 도구는 없었다. 흔히 역사를 구석기, 신석기, 청동기, 철기 시대로 구분한다. 인간이 사용하는 도구의 차이가 문명의 차이를 만들어냈다고 보기 때문이다. 그러나 인간이 사용하는 도구 중에서 가장 중요한 도구는 돌과 금속이 아니라 바로 '불'이다.

앞글의 배경은 구석기 시대다. 구석기 시대는 돌을 깨서 만든 '뗀석기'를 쓰던 시대다. 뗀석기는 사냥뿐 아니라 생활을 하는데 다양한 쓰임새가 있는 중요한 도구였다. 그러나 뗀석기의 활용도와 중요함은 불에 견줄 바가 못 된다.

새로운 문명의 시작

때 신석기 시대 초기
곳 그릇 만들기 좋은 흙이 있는 곳
人 신석기 시대 여성 발명가

"어머, 이거 봐. 신기해!"

여자 목소리가 들리는 쪽으로 몸을 돌렸다.

"불을 피우는 아궁이를 흙으로 만들었는데, 흙이 단단해졌어."

내 시선이 아궁이를 감싼 흙으로 향했다.

"어머, 정말 그러네."

앗! 이런 내 목소리가 왜 이러지?

"돌보단 못하지만 무척 단단해."

맙소사! 여자 목소리잖아~! 내가 여자 몸으로 들어오다니! 여자 하면 누나, 누나 하면 제일 싫어! 으악! 마음속으로 내지른 고함 때문인지 장면이 급격히 흐릿해지더니 다시 천천히 밝아졌다.

* * *

혹시나 해서 잽싸게 몸을 살폈지만 역시나 여자였다. 앞서서 얘기를 나누던 여자도 앞에 보였다. 물이 졸졸 흐르는 소리가 들렸다.

"이게 쓸모가 있을까?"

"당연하지. 돌로는 필요한 물건을 마음대로 만들지 못하지만 흙으로는 다양한 모양이 가능해. 더구나 흙을 불에 구우면 단단해지니 필요한 물건을 마음대로 만들 수 있잖아."

내가 들어간 여자는 똑똑했다. 머릿속을 뒤져보니 수만 가지 지식이 가득했고, 흙으로 무언가를 만들겠다는 의지가 강력했다. 어쩌면 나보다 똑똑할지도 모른다. 원시인 여자가 나보다 똑똑하다니, 기분이 썩 좋지는 않았다.

나는 앞에 있는 여자와 힘을 합쳐 아궁이를 만든 뒤 불을 지폈다. 흙을 반죽해서 그릇을 만들었다.

"물건을 담아두려면 이런 형태가 제일 좋아."

흙으로 만든 그릇을 불 위에 바로 올려놓았다. 흙에 흡수되어 있던 물이 마르면서 그릇이 단단해졌다.

"봐! 단단해졌어. 어! 그런데 쉽게 부서지네. 이게 왜 이러지?"

앞에 있던 여자는 호들갑을 떨었지만 나는 차분히 관찰하고 고민했다.

"음, 불에 직접 닿은 아궁이의 흙보다 불에서 조금 떨어져 강한 열기를 받은 아궁이의 흙이 더 단단해졌어. 흙이 불에 너무 가까우면 안 되네."

내 머리, 그러니까 내가 들어간 여자의 머리가 빠르게 회전했다. 온 에너지가 머리로 모였다. 솔직히 말하자면 현실의 나는 이렇게 집중해서 두뇌를 써 본 적이 없다. 머리를 써야할 때에도 귀찮아서 그만두는 경우가 많았다. 그런데 내 정신이 깃든 여자는 그렇지 않았다. 포기할 줄 몰랐다. 나는 다시 한 번 원시인 여자의 뛰어난 두뇌와 열정에 감탄했다. 집중과 창조의 에너지가 한꺼번에 폭발하더니 빛나는 생각이 솟아났다.

나는 아궁이 위에 넓은 돌을 덮었다. 그리고 돌 가운데를 비우고 흙과 자갈을 이용해 동그란 지붕을 만들었다. 가운데가 빈 돔 모양이었다. 불을 가열하니 돌이 달궈졌다. 열기는 밖으로 빠져나가지 않고 빈 공간을 가득 채웠다. 그 속에 새롭게 흙으로 빚은 그릇을 집어넣었다. 얼마 지나지 않아 단단한 그릇이 태어났다.

너무 기뻐서 나도 모르게 크게 소리를 질렀다. 소리가 너무 컸나보다. 어질어질하며 풍경이 흐려지더니 장면이 바뀌었다.

* * *

"그릇이 깨지진 않는데 자꾸 금이 가. 어떻게 하면 좋을까?"

나는 동료 여자와 머리를 맞대며 의논했다. 제대로 된 그릇을 만들기 위해 진지하게 고민하는 모습은 오늘날의 발명가 못지않았다. 어쩌면 맨땅에 들이받듯이 물건을 만들려 애쓰는 자세는 오늘날의 발명가보다 나았다.

아이들은 나무 작대기를 들고 놀았다. 바닥에 금 그으며 수다를 떨었다. 할머니에게 들은 이야기를 그림으로 그렸다. 바닥 곳곳에 금이 가득했다. 나와 동료는 아이들의 놀이를 방해하지 않으려고 금을 피해서 돌아갔다.

그때였다. 머리에 번개가 치는 줄 알았다.

"맞아! 무늬, 빗살처럼 생긴 무늬!"

너무 큰 소리였기에 나 자신도 놀랐다.

"빗살처럼 생긴 무늬라니 무슨 말이야?"

"빗살처럼 생긴 무늬, 토기에 빗살무늬를 그으면 토기에 금이 가지 않을 거야. 저기 봐! 아이들이 바닥에 그림을 그려 놓으니까 우리는 아이들이 그려 놓은 그림을 밟지 않기 위해 피했어. 그릇도 마찬가지야. 그릇에 빗살무늬를 그려 놓으면 빗살에 가로막혀 금이 가지 않을 거야."

"토기에 금이 가는 게 문제인데, 빗살을 그려 넣으면 오히려 더 금이 생기지 않을까?"

"일단 내 말대로 되는지 해 보자."

나는 동료를 이끌고 다시 토기를 만드는 곳으로 뛰어갔다. 토기를 꼼꼼하게 만든 뒤 토기 겉면에 빗살을 그려 넣었다. 토기 겉면이 빗살로 가득했다. 토기를 불 위에 올려놓았다. 어떤 결과가 나올지 기대하며 단단해지는 토기를 바라봤다.

토기를 꺼냈다. 표면에 빗살이 가득한 토기였다. 훌륭했다. 언뜻 보기에도 얼마 전에 만든 토기보다 훨씬 단단해 보였다. 실제로 써 보니 토기는 금도 가지 않고 매우 단단했다. 워낙 단단해서 고깃국을 끓여도 될 정도였다. 새로운 변화였다. 식탁은 훨씬 풍성했다. 우리는 그 뒤로 흙을 불에 구워서 생활에 필요한 다양한 그릇을 만들었다. 심심풀이로 작은 장신구도 만들었다.

나는 호기심이 가득했다. 무언가 새로운 물건을 만드는데 관심이 많았다. 내가 만들어낸 물건은 토기뿐 아니었다. 돌을 갈아서 다양한 간석기도 만들었다. 화살촉, 갈판, 갈돌, 가락바퀴 등 셀 수 없이 많은 발명품이 손끝에서 태어났다. 가락바퀴를 이용해 섬유를 뽑아내고, 그것을 이용해 다양한 옷을 만들기도 했다. 나, 그러니까 내가 깃든 여자는 위대한 발명가였다. 나는 나중에 마을에서 거의 신처럼 떠받들어졌다. 아주 힘이 강해 보이는 남자들도 나에게 복종했다.

존경받는 기분은 날아갈 듯했다. 계속 맛보고 싶었지만, 어느 순간 잠이 들고 난 뒤 내 정신은 또다시 다른 사람에게 옮겨 갔다.

신석기 시대의 불

토기는 매우 중요한 발명 중 하나다. 그릇을 만들기 전까지 인류는 필요한 도구를 만들 때 단단한 물건을 깨뜨리거나 갈아야 했다. 반면에 토기는 흙을 반죽해서 원하는 모양을 빚어냈다. 구석기가 유(有)에서 유(有)를 창조하는 시대였다면, 신석기의 토기는 무(無)에서 유(有)를 창조하는 시대였다. 토기를 만들면서 원래 있던 재료를 그대로 쓰거나 약간만 바꿔 쓰는 수준에서 벗어나 필요한 물건을 마음대로 빚어내는 단계로 진입했다. 토기를 만들면서 진정한 기술의 시대가 열렸다. 구석기 때는 돌을 깨서 우연히 만들어지는 '뗀석기'를 만들었다면 이제는 필요한 모양이 나올 때까지 '갈아서' 석기를 만들었다. 원하는 모양 만들기, 토기도 석기도 같은 원리다. 신석기 시대의 핵심 변화다.

신석기 시대는 농사도 지었다. 사냥과 채집은 '우연'이 지배한다. 사냥하는 사람의 의도, 채집하는 사람의 의도와는 아무런 관련이 없다. 반면에 농사는 우연이 아니라 '필연'이 지배한다. 씨를 뿌리면 곡식을 얻고 열매를 얻는다. 씨를 뿌리고 거두기 위해서는 이동하며 살면 안 된다. 같은 자리에서 계속 살아야 한다. 살기 좋은 터를 잡아서 집을 짓고 한 곳에 머물러야 한다. 떠돌아다니며 우연히 풍족한 곳을 발견하는 행운을 기대하지 않고, 살기 좋은 곳을 골라 머물러야 한다. 식량을 생산하면 식량을 보관하는 그릇, 식량을 가공하는 도구가 필요하다. 모두 뜻을 품고 한 행동이다.

원하는 모양의 토기를 만들고, 원하는 모양을 만들기 위해 돌을 갈고, 원하는 식량을 얻기 위해 씨를 뿌리고, 살기 좋은 곳을 일부러 선택한다. 이게 바로 신석기 시대가 구석기 시대와 본질에서 다른 점이다. 인간은 본인의 목적에 맞게 사물을 변화시키고, 자연을 이용했다. 신석기 시대는 단순히 '간석기'를 사용한 시기가 아니다. 신석기 시대는 말 그대로 새로운(新) 시대였다. 인간이 자신의 의도대로 세상을 바꾸기 시작한 시대, 그게 바로 신석기 시대다. 그 밑바탕에 불을 다루는 능력이 자리했다.

국가를 만들다

"불이야, 불이야!"

실눈을 떴다. 더 자고 싶어서 몸을 뒤척이다가 무언가 심상치 않은 기운을 느꼈다.

"산불이 덮쳐 온다, 빨리 도망쳐!"

번개같이 몸을 일으켜 밖으로 튀어나갔다. 거대한 불길이 내가 튀어나온 움집을 덮쳤다. 불은 붉은 혀를 휘둘러 집들을 초토화시킨 뒤 산을 타고 넘어갔다.

산불이 훑고 지나간 흔적은 처참했다. 산도, 집도 잿더미였다. 처음엔 죽지 않음에 감사했지만 처참한 마을과 주변 광경은 점점 앞날을 걱정스럽게 했다. 쌓아둔 식량도, 농기구도 모조리 불길이 휩쓸고 지나갔으니 큰일이다.

나는 남자 어른 몸에 깃들었다. 그리고 다른 사람들과 같이 처참하게 무너진 집들에서 건질 게 없나 살피면서 잿더미를 치워 나갔다. 그러다 집 뒤에 있던 작은 바위에서 무언가가 흘러내린 흔적을 발견하고 멈춰 섰다. 불길 한복판에 있던 바위는 놀랍게도 물처럼 녹은 뒤 다시 굳어져 있었다. 바위가 녹다니? 저 이상야릇한 형상은 도대체 뭐란 말인가?

주변을 얼추 정리한 뒤에 나는 물처럼 녹은 바위를 다시 살폈다. 내 상식으로 돌은 깨거나 갈지 않으면 원하는 형태를 얻지 못한다. 바위가 강력한 불에 녹는다면 토기처럼 원하는 모양 만들기가 가능하지 않을까? 만약 바위를 녹여서 물건을 만든다면 그 유용함은 토기를 능가할 것이다. 그때 나는 깨달았다. 내가 지금 엄청난 가능성 앞에 서 있음을.

다시 한 번 돌을 녹여 보기로 했다. 돌이 녹는 수준까지 온도를 올리기가 쉽지 않았지만 결국 해냈다. 돌을 녹인 뒤 곧바로 흙으로 만든 틀에 부었다. 그대로 두고 잠시 식혔다. 온도가 점점 떨어지면서 다시 단단한 돌로 돌아왔다. 흙을 깨뜨리고 꺼냈다. 끝이 날카로운 무기가 내 손에서 번뜩였다.

나는 기쁨에 겨워 소리를 지르며 날뛰고 싶었으나 꾹 참았다. 아직 끝나지 않았다. 불에 녹은 뒤 다시 단단해졌지만 그 단단함이 전과 같을지 장담하기 어려웠다. 곧바로 날카로움과 강도를 시험해 봤다.

"이런, 왜 이렇게 약하지?"

강도는 시험해 보나 마나였다. 손으로 힘을 주기만 해도 옆으로 휘었다. 이래서는 돌도끼보다 못하다. 노력이 헛고생이 되었다고 생각하니 힘이 쭉 빠졌다. 그대로 포기할까도 생각했지만 아쉬웠다. 시작한 이상 끝까지 가보겠다는 고집이 솟아올랐다.

"녹는 돌은 하나가 아닐 거야. 그래 맞아. 그동안 산불이 났을 때 이렇게 녹아내리는 돌을 여러 번 봤어. 그때는 무심코 지나쳐서 몰랐지만 확실해. 돌 중에서 녹여서 다시 만들 때 아주 강한 돌이 분명 있을 거야."

나는 산으로 올라가 특이한 돌을 모조리 모으기 시작했다. 조금만 온도를 올려도 쉽게 녹는 돌도 있고, 아주 높은 온도가 되어도 녹지 않는 돌도 있었다. 일부는 녹고 일부는 녹지 않는 돌도 있었다. 어떤 돌은 녹이기 쉬웠으나 강하지 않았고, 어떤 돌은 녹이기 어려웠지만 쉽게 휘어졌다. 계속 관찰을 해보니 돌의 종류에 따라 녹는 온도가 달랐고, 성질이 달랐다.

그러던 어느 날, 실수로 전혀 성질이 다른 두 가지 돌을 섞어서 녹이게 되었다.

다른 돌이 안에 든 줄 모르고 불을 붙였다가 뒤늦게 안에 두 가지 돌이 든 것을 발견한 것이다. 불을 끄고 다시 녹일까 하다가 그냥 해보기로 했다. 두 돌은 녹는 온도가 달랐다. 하나는 빨리 녹았고, 하나는 느리게 녹았다. 두 가지 돌이 다 녹은 뒤 흙으로 만든 틀에 부었다. 무언가 특별한 물건이 탄생할 것 같은 예감이 들었다. 보통 때보다 식을 때까지 기다리기가 힘들었다. 그래서 조급함에 찬물에 넣어서 얼른 식혔다.

불에 녹았다가 다시 탄생한 돌은 따스했다. 힘을 주어 휘어 보았다. 꿈쩍도 안 했다. 토기와 부딪쳐 보았다. 토기가 박살이 났다. 나무를 세게 쳤다. 웬만큼 가는 나무는 맥없이 부러졌다. 날카로운 끝으로 찌르니 나무도 뚫렸다. 이거다. 바로 이거야!

나는 며칠 동안 더 연구했고, 두 가지 다른 돌을 적절하게 섞어서 녹이면 최고로 강한 상태가 된다는 것을 알아냈다. 마침내 나는 날카로우면서도 단단한 무기를 손에 넣었다. 손잡이까지 만들어 쉽게 쥘 수 있었다.

나는 마을 사람들에게 내가 발명한 물건을 보여주고 이러한 물건을 대량으로 만들자고 제안했다. 마을 뒤에 있는 산에는 물건을 만드는 데 필요한 돌이 많았다. 우리는 돌에 이름을 붙였다. 붉은색 기운에 부드러운 기운을 지녔으나 녹이기는 어려운 돌은 '구리'라 불렀다. 다른 하나는 은백색에 쉽게 녹는 돌로 '주석'이라고 붙였다. 구리와 주석을 적당하게 섞어서 만든 돌은 '청동'이라 불렀다.

얼마 뒤 우리는 칼, 도끼, 화살촉, 방패와 같은 무기를 청동으로 만들었다. 장식품과 생활용품도 만들었다. 청동으로 농사 도구를 만들었지만 쓸모가 없었다. 청동이 강하긴 했지만 땅을 파고 농사를 지을 만큼 단단하지는 않았다. 무엇보다 주석이 귀했다. 하는 수 없이 농사는 그때까지 사용하던 돌을 그대로 사용하기로 했다.

＊　＊　＊

어느 날 떠돌이 집단이 우리 마을을 지나갔다. 우리는 별로 경계하지 않았다.

그냥 지나치는 줄 알았던 떠돌이들이 갑자기 돌도끼와 돌화살을 쏘며 우리를 공격했다. 처음에 마을 사람들은 당황했지만 새롭게 만든 청동검과 청동도끼, 청동방패와 청동화살을 이용해 싸움을 벌였다. 싸움이 어떻게 되었냐고? 싸움이 어떻게 되었는지 설명할 것도 없었다. 싸움은 너무나 싱겁게 끝났기 때문이다. 무기의 강력함이 상대가 안 됐다. 우리는 즉시 그들을 제압했고 우리 마을에 손해를 끼친 죄를 물어 모조리 붙잡아 힘든 일을 시키기로 했다.

"우리에겐 힘이 있다."

"청동검과 청동방패, 청동화살과 청동도끼면 못 이길 상대가 없어."

"이 무기면 저 아래 쪽 마을과 싸워도 이길 거야."

우리는 손이 근질근질했다. 우리가 쥔 힘이 얼마나 큰지 알았기 때문이다. 우리는 무기를 더 만들었고 무기 사용법을 익혔다. 우리가 노리는 곳은 얼마 떨어지지 않은 하류 쪽의 마을이었다. 그곳은 땅이 넓고 풍요로웠다. 농사도 잘 되니 사람도 많았다. 그들은 항상 풍족했지만 우리는 겨우 먹고 사는 형편이었다.

준비를 마친 우리는 청동 무기를 들고 아래 쪽 마을로 쳐들어갔다. 아래 쪽 마을 남자들은 우리가 나타나자 처음엔 경계하더니 숫자를 보고는 비웃었다. 그들은 수백 명이었다. 우리는 오십여 명 정도밖에 되지 않았다. 옛날 같으면 감히 대들 생각도 못했을 상대였다. 약간 긴장했지만 우린 청동방패로 몸을 가리고 청동검과 청동도끼를 움켜쥐고 매섭게 공격했다.

돌도끼와 돌화살이 날아왔다. 청동방패로 막았다. 돌도끼와 돌화살 따위는 우리에게 아무런 상처도 입히지 못했다. 가까이 접근하자 수백 명이 우리를 에워싸며 공격했다. 돌도끼는 청동방패로 막은 뒤 청동검을 내리쳤다. 상대는 청동검을 돌도끼로 막았지만 청동검은 그대로 돌도끼를 박살낸 뒤 몸에 박혔다. 싸움은 숫자와 상관이 없었다. 상대가 되지 않았다. 단 오십 명이 수백 명의 사람을 제압하는데 밥 먹는 시간만큼도 걸리지 않았다.

마을 사람 전부를 붙잡았다. 모조리 죽이거나 쫓아낼까 하다가 우리가 필요로

한 일을 시키는 것이 훨씬 쓸모가 많다는 판단이 들었다. 우리 마을 사람들은 이제 일할 필요가 없었다. 나는 처음 청동검을 만든 사람으로 칭송받았고, 청동 기술의 비밀을 모두 알고 있는 유일한 사람이었기에 최고 우두머리가 되었다. 나는 주위 마을을 공격해 우리가 지배하는 영토를 넓혔다. 몇 년이 지나지 않아 나는 수천 명을 지배하는 우두머리가 되었다.

나와 처음부터 함께 했던 사람들은 귀족이 되었다. 그들은 편안하게 생활하며 아랫사람들을 부려먹었다. 우리가 쥔 청동검은 그 어떤 반항도 할 수 없게 만들었다. 그래도 가끔은 지배당하는 사람들의 숫자가 많아 걱정이 되었다. 궁리 끝에 청동으로 소리 나는 방울과 빛나는 거울을 만들어 신령스러운 분위기를 연출했다. 아랫사람들은 나를 특별한 존재로 여겼기에 감히 저항할 꿈도 꾸지 않았다.

나는 내 권력을 자식들도 계속 누리기를 바랐다. 그러려면 청동방울, 청동거울보다 더 특별한 무언가가 필요했다. 특별한 존재인 나를 계속 기억하게 만들어 특별한 존재의 후손에게 대들지 못하게 하고 싶었다. 나는 고심 끝에 돌로 거대한 무덤을 만들기로 했다. 돌의 크기는 내 위대함의 크기였다. 나는 수천 명의 주민들을 동원해 돌무덤을 만들었다. 좌우에 두 개의 돌을 괴고, 위에 아주 큰 돌을 얹었다. 그 밑에 내가 죽으면 들어갈 무덤을 만들었다. 내 몸은 점점 약해져갔고, 어느 날 잠들 듯이 나는 죽었다.

나는 죽었지만 내 몸이 고인돌 밑에 껴묻거리와 함께 묻히리라는 걸 나는 안다. 내 아들은 청동방울, 청동거울, 청동 무기를 손에 쥐고 여전히 권력을 누릴 것이다.

청동기 시대의 불

1,000℃에서 녹는 구리와 200℃에서 녹는 주석을 섞어 청동을 만든다. 청동을 만들기 위해서는 불을 1,000℃까지 올려 구리를 녹이는 기술이 필요하다. 청동은 흙보다 훨씬 단단하며, 흙으로 만들지 못하는 모양도 만든다. 청동은 무기를 만들기 좋았다. 돌을 갈아서 만들던 무기와는 차원이 달랐다. 돌로 만든 무기보다 날카로웠고, 강했다. 청동으로 거울이나 방울, 장신구도 만들었다. 무기는 힘을 주었고, 거울과 방울 등은 신령스런 분위기를 연출했다. 청동을 다루는 사람은 특별했고, 그 특별함을 이용해 지배자가 되었다. 불을 1,000℃ 이상으로 자유롭게 다루면 그릇도 달라진다. 불을 잘 다루니 굳이 깨지지 않게 빗살을 그려 넣을 필요가 없었다. 1,000℃ 이상으로 구우면 토기가 아니라 도자기가 된다.

불을 1,000℃ 넘게 자유자재로 다룰 줄 알게 된 사람들은 국가를 만든다. 그러나 이때의 국가를 오늘날의 국가와 똑같다고 여기면 안 된다. 그냥 몇 백, 몇 천 수준의 국가다. 나라 국(國)자를 보자. 성벽(큰口) 안에서 사람(작은口)들이 창(戈)을 들고 있는 모양이다. 성벽을 쌓고 그 안에서 창을 들고 있는 사람들의 사회조직, 청동으로 무기를 만든 지배자들이 만든 사회조직, 그것이 바로 국가다.

청동에는 두 가지 한계가 있다. 첫째, 청동은 흔하지 않다. 흔하지 않으니 일상에서 쓰는 물건들을 대량으로 만들지 못한다. 무기도 많이 만들지 못한다. 청동기 시대에 국가가 출연했지만 대규모 전쟁이 불가능했던 이유다. 둘째, 더 중요한 문제인데 청동은 생각보다 단단하지 않다. 무기로는 괜찮지만 농사를 짓기에는 적당하지 않다. 사람을 죽이는 데는 쓸모가 컸지만 단단한 흙을 갈기에는 쓸모가 없었다. 청동기 시대에도 농사짓는 도구는 신석기 시대와 마찬가지로 여전히 돌이었다. 청동기 시대에는 소규모 국가에, 큰 전쟁도 없었는데 이는 청동기가 지닌 근본 한계 때문이었다.

탐욕에 불을 당기다

철기 시대   때
귀족이 지배하는 땅   곳
귀족의 말을 돌보는 노예   人

권력이란 참 달콤하다. 내가 만든 무기로 적을 무찌르는 쾌감은 게임 따위와는 비교가 안 됐다. 나를 신비주의로 포장할 때는 마치 내가 인기 연예인이 된 기분이 들기도 했다. 고인돌을 쌓게 할 때는 권력이 얼마나 강력한지 알았다. 흐뭇해서 실실 웃는데 누군가 내 머리를 쳤다.

"감히, 누가 내 머리를……."

나는 손을 더듬어 청동검을 찾았다.

"잠꼬대 하냐? 빨리 안 일어나? 주인 어르신 나가실 때 됐는데 이렇게 게으름을 피우다니, 죽으려고 환장했구나!"

정신이 번쩍 들었다. 나는 잽싸게 내 몸을 살펴 내가 몸에 들어간 사람의 신분을 확인했다. 지저분한 방, 초라한 옷, 끔찍한 몰골! 조금 전까지 내가 왕이나 마찬가지였는데…….

"빨리 움직여. 이제 곧 주인님이 나가실 시간이야. 빨리 마차 준비해."

나는 귀족의 말을 돌보는 노예였다. 빨리 움직이지 않으면 채찍이 날아들거나, 심하면 목숨이 달아날지도 모른다는 걱정이 드는 분위기였다. 나는 헐레벌떡 마구간으로 갔다. 말은 상태가 좋았다. 튼튼하고 기름졌다. 나는 비쩍 말랐는데 말에서는 윤기가 흐르고 토실토실했다. 말은 깨끗한 환경에서 부드러운 풀을 먹었다. 배가 고팠다. 제대로 된 음식을 먹은 기억이 까마득했다. 말이 나보다 나았다. 말이 인간보다 더 나은 대접을 받다니……. 슬프고 억울했지만 죽기 싫었기에 저항하지는 않았다.

곧이어 주인이 나왔다. 얼마나 고기를 많이 먹었는지 얼굴에 흐르는 기름 때문에 주변이 전부 번들거리는 느낌이었다. 몸은 또 어찌나 뚱뚱한지 기운 넘치는 말도 마차를 끄는데 힘겨워했다. 주인은 마차를 들판으로 몰고 가게 했다. 칼과 활을 찬 십여 명의 무사들이 주인을 지키며 따라갔다.

저수지를 지나 뚝 아래로 이어진 길을 따라 마차를 몰았다. 저수지에서 흘러나온 물이 들판 가운데를 가로질렀고, 길은 냇물과 나란히 나아갔다. 냇물 좌우에 늘어진 들판에는 수많은 사람들이 소를 몰고 땅을 갈았다. 철로 만든 날카로운 쟁기가 땅을 깊이 뒤엎었다. 쟁기가 뒤엎은 논에는 물을 받았고, 물이 어느 정도 가득 차면 어린이 팔뚝만큼 굵은 나무로 만든 빗처럼 생긴 써레로 논바닥을 골랐다. 모내기를 하는 논은 없었다. 직접 볍씨를 논에 뿌리려는 모양이다.

사람들이 일하는 사이사이에는 채찍을 든 감시자들이 오갔다. 주인이 지나가니 모두들 주인에게 절을 했다. 논에 들어가 있던 농부들은 머리가 논바닥에 닿을 만큼 깊이 머리를 숙였다. 주인은 가볍게 손을 흔들며 징그럽게 웃었는데, 웃음 끝에 탐욕이 좔좔 흘렀다.

그때 채찍을 들고 있던 감시자 중 한 명이 초라한 옷을 입은 농부 한 명을 끌고 왔다.

"이 자인가?"

주인이 말했다.

"예. 이 놈이 주인님께 빌린 쌀을 갚지 않아서 오늘부터 주인님의 노예가 된 자입니다."

"감히 내 쌀을 빌려 간 뒤에 갚지 않았단 말이지."

주인은 옆에서 들릴 듯 말 듯하게 말했을 뿐이었다. 그런데 그 말이 무슨 신호라도 된 듯 감시자는 손에 들고 있던 채찍으로 무자비하게 농부를 내리쳤다. 채찍이 농부의 몸을 휘감으며 피를 튀겼다. 농부는 비명을 지르며 몸을 피했지만 주인의 병사들이 도망치지 못하게 주위를 에워쌌기에 꼼짝없이 채찍을 온몸으로 맞았다. 살려달라고 애처롭게 비는 소리를 한참 들은 뒤에야 주인은 채찍질을 멈추게 했다.

"이제부터 너는 나의 종이다."

"예, 예, 저는 주인님의 종입니다요. 네, 네."

"너뿐 아니라 너의 처와 딸과 아들도 전부 나의 종이다."

농부는 잠시 멈칫했다. 그러나 주위의 험악한 분위기를 보고 곧바로 저항을 포기했다.

"네, 이를 말이겠습니까. 전부 주인님의 종입니다요."

주인이 손짓을 하자 농부는 피를 뚝뚝 흘리면서 몸을 일으켰다. 피 묻은 옷을 그대로 입고 논으로 들어가 쇠스랑을 들고 논 주변으로 고르는 일을 했다. 마차를 모는 처지가 못마땅했는데, 같은 노예여도 저렇게 가족까지 빼앗기고 얻어맞는 노예는 아니라서 얼마나 다행인지 모르겠다.

잠시 뒤 마차는 오던 길을 되돌아서 마을 밖 정자로 향했다. 주인은 돼지 같은 몸을 힘겹게 움직여 마차에서 내렸다. 정자에는 온갖 음식이 차려진 잔칫상이 놓여 있고, 주인에 견주면 삐쩍 말랐지만 보통 사람보다는 통통한 비단옷을 입은 사람이 기다리고 있었다.

"어서 오시지요."

"오래 기다리게 해서 죄송합니다."

둘은 살짝 고개를 숙여 인사를 했다.

"천하에 이름을 날리신 대학자께서 이름도 없는 저를 찾아주시니 그저 고마울 따름입니다."

주인이 번드르르한 인사를 건넸다.

"허허, 무슨 말씀을. 귀공이 이름이 없다면 누가 이름이 있겠습니까? 사방 백리에 귀공의 따스한 은혜가 미치지 않은 곳이 없고, 모두들 귀공의 덕망을 칭송하니 귀공의 인품이 얼마나 고귀한지 제 귀가 먹먹할 지경입니다."

주인과 대학자라는 자는 잔칫상에 마주 앉았다.

"선생께서 쓰신 글에서 하늘은 그 뜻이 넓고 심오하여 미치지 않는 데가 없다 하셨는데, 그 뜻을 알려주시겠습니까?"

"하늘은 미치지 않은 곳이 없습니다. 하늘이 넓음은 진리의 광대함을 뜻하고, 하늘의 높이를 가늠할 수 없음은 진리의 깊음을 뜻합니다. 그러니 하늘의 뜻은 넓고 심오하지요."

저런 하나마나 한 얘기가 심오한 말일까?

"제가 이번에 선생을 초대한 이유는 긴한 말씀을 드리기 위해섭니다."

주인이 목소리를 낮췄다.

"이번에 왕께서 전쟁을 하려는 뜻을 세웠다고 하던데 어디를 공격하려는지 아십니까?"

"허허, 벌써 그 소식이 귀공의 귀에 들어갔군요. 소식 참 빠릅니다."

"선생께서는 알고 계시지요?"

"허허, 왕께서 저에게 가끔 의견을 물으시니 조금은 압니다."

"그래서 하는 말인데 어느 쪽인지 아십니까? 북쪽인지, 남쪽인지, 그리고 언제인지, 제가 어떻게 해야 하는지 말씀 좀 해 주십시오."

"허허, 임금님과 나눈 얘긴데 함부로 알려드리면 안 되지요."

대학자란 자는 부채질을 하며 시선을 멀리 돌렸다.

주인이 나에게 손짓을 했다. 나는 마차 뒤에 실어두었던 궤짝을 들고 정자로 올라갔다. 주인 앞에 궤짝을 내려놓자 주인이 궤짝을 살짝 열어서 대학자란 자에게 보여줬다. 나는 뒷걸음질을 하다 얼핏 궤짝 안을 보고는 깜짝 놀랐다. 황금이었다.

"허허, 이러시지 않아도 되는데. 흠흠. 남쪽이 참 기름진 땅이 많지요. 두 달 후에 군사를 일으킬 예정입니다. 식량과 군인, 무기가 많이 필요로 하겠지요. 미리 충성을 보이면 전쟁에서 얻은 땅을 상당 부분 내려주시지 않을까 합니다만. 당연히 포로로 잡은 자들은 노비로 내려주시겠지요."

"고맙소이다. 허허, 나중에 다시 한 번 깊이 사례하리다."

"하늘의 넓은 뜻을 따르니 덕이 오는군요."

"그렇군요. 하하하하!"

나는 그들의 대화를 들으며 구역질을 참느라 혼났다. 더러운 인간들이었다. 땅과 노예를 차지하기 위해 전쟁을 벌이고, 가난한 사람들을 못살게 굴면서, 자신들은 마치 하늘의 뜻을 파악하는 높은 학문을 하는 척하는 위선자들이었다. 이 자리를 빨리 뜨고 싶었다. 하늘로 눈을 돌리니 밤이 아닌데도 검은 기운이 몰려들고, 머리가 멍해졌다.

철기가 불러온 변화

불을 다루는 능력이 점점 향상되더니 드디어 1,500℃ 이상으로 불의 온도를 꾸준히 유지하는 능력이 생겼다. 1,500℃는 철이 녹는 온도이기에 매우 중요하다. 철은 지구에서 가장 흔하면서, 매우 단단한 금속이다. 철을 녹이는 기술이 생기자 철기는 생활 도구와 무기 만드는데 널리 활용된다. 철제 농기구와 소가 결합되면서 농업생산력이 크게 향상되었다. 학문의 발전도 철기의 출연과 맞물린다. 기원전 5세기에 석가모니, 공자, 소크라테스 등 유명한 사상가들이 많이 등장한 이유는 많은 사람들이 놀고먹으며 지내도 될 만큼 농업생산력이 뒷받침되었기 때문이다.

철기는 대규모 전쟁을 가능하게 만들었다. 돌로 농사를 짓던 청동기 시대에는 몇 달씩 일하지 않으면서 젊은이들을 전쟁터로 동원하기 힘들었고, 넓은 땅을 얻어도 농사지을 능력이 부족했다. 철기 시대에는 농업생산력이 향상되어 대규모 군대를 몇 달 동안 먹일 식량도 충분했고, 군대에 끌고 갈 젊은이들도 많았다. 더구나 농사가 잘 되는 지역을 차지하면 많은 식량과 인구를 지배하여 큰 이득을 얻었다. 더 넓은 땅, 더 많은 사람, 더 많은 부를 지배하고 싶다는 욕심이 지배자들을 탐욕스럽게 만들었고 대규모 전쟁이 숱하게 벌어지는 원인이 되었다.

한반도도 다르지 않았다. 고조선이 기원전 2333년에 탄생했고, 초기에는 청동 무기를 주로 사용했다. 고조선이 역사서에 본격 등장한 시기는 기원전 4세기경인데, 이는 철기 문명이 퍼진 시기와 일치한다. 중국이 전국시대로 들어서며 대규모 전쟁이 벌어진 때이기도 하다.

삼국시대, 남북국시대, 고려시대는 모두 불을 1500℃ 이상 다룰 줄 아는 능력이 생기면서 열린 철기 시대를 밑바탕으로 한다. 왕이 다르고, 나라 이름이 다르고, 싸우는 상대는 계속 바뀌지만 불과 철기에 뿌리를 둔 문명이고, 국가였다는 점은 똑같다.

전쟁의 중심에 서다

1390년. 고려 말 　때
진포(군산) 앞바다 　곳
고려의 수군 　人

우르루 쾅쾅쾅!

천둥 소리에 놀라 정신을 차렸다.

꽝! 꽝! 꽝!

천둥이 또다시 울렸다. 그런데 이상했다. 하늘은 맑고 구름 한 점 보이지 않았다. 도대체 천둥은 어디서 울리는 걸까?

펑! 쾅! 꽝!

귀청이 떨어져 나가는 줄 알았다. 천둥은 바로 옆에서 울렸다. 땅이 흔들렸다. 아! 땅이 아니다. 바다다. 배 위였다.

"오른쪽 다섯 척을 향해 주화(走火)를 쏴라! 왼쪽 다섯 척을 향해 유화(流火)와 촉천화(觸天火)를 차례대로 발사하라!"

불꽃과 폭발음이 일면서 불붙은 화살과 포탄이 날아갔다. 내 시선은 무기가 날아가는 방향을 뒤따랐다. 수백 척의 배가 보였다.

"이번에야말로 다시는 왜구들이 우리 고려를 넘보지 못하게 만들어야 한다. 모조리 파괴하라!"

아! 내가 고려에 와 있구나. 고려 때 왜구라면⋯⋯. 혹시 최무선 장군이 왜구를 화약 무기로 모조리 무찔렀다는 전투 현장에 와 있는 건가?

"너, 지금 뭐해, 빨리 화약을 채워야지."

옆에 있던 병사가 나를 구박했다. 나는 얼른 화약을 화포에 채워 넣었다. 뒤이어 포탄을 넣고 왜구가 탄 배를 겨냥했다. 화포에 불이 붙고 잠시 뒤 굉음을 내며 포탄이 하늘을 가르며 날아갔다. 포탄은 먼 거리를 날아서 정확히 왜구의 배로 떨어졌다. 얼핏 보기에도 왜구들의 배가 고려군의 배보다 훨씬 많았다. 왜구의 배가 몇 배나 많았지만 전투는 고려군이 무섭게 몰아붙이는 형세였다. 왜구들이 탄 배는 하나씩 화포에 맞아 불이 붙어 침몰했다. 배에 타고 있던 왜구들은 화살을 쏘거나 칼을 휘둘렀지만 무의미한 몸부림이었다. 강력한 화약 무기 앞에 칼과 화살 따위는 장난감보다 못했다.

얼마 지나지 않아 왜구의 배는 모조리 불길에 휩싸였다. 많은 왜구들이 배와 함께 죽음을 맞이했지만 일부는 배에서 탈출해 육지로 도망쳤다. 불길이 가득한 배를 뒤로 하고 고려군의 함대가 진포에 상륙했다. 그때까지 멀리 떨어진 산에 올라 전투를 바라보던 고려 백성들은 환호성을 지르며 고려군을 맞이했다.

"최무선 장군님, 만세!"

진포에 모인 백성들은 너도나도 최무선 장군에게 다가가 고마움을 전했다. 진포에는 승리의 기쁨이 가득했다. 백성들은 없는 살림에 음식을 들고 와 병사들을 대접했다. 나도 여러 병사들과 함께 했다.

"장군님이 만드신 화약 무기, 진짜 대단하지?"

"그러게 말이네. 위력이 강할 줄은 알았지만 이 정도일 줄은 상상도 못했네."

"처음에 화약 무기를 개발한다고 했을 때 조정에서 허락을 안 했다고 하더니, 그때 끝까지 허락 안 했으면 큰일 날 뻔했네 그려."

"그렇지. 3년 전에 장군님이 화통도감을 만들어 화약 무기를 개발하고, 화포를 쏘는 배를 만드신 덕택에 오늘날 우리가 저 간악한 왜구 놈들을 모조리 불태워 죽이지 않는가 말이야."

식탁 주위에는 기쁨이 가득했다.

"어휴, 그 동안 왜구들이 하는 잔인한 짓을 보고도 어쩌지 못했는데 이번에 모조리 앙갚음을 해주니 통쾌하기 그지없네."

백성들과 군인들이 한 데 어울려 춤을 췄다. 나도 들떠서 함께 어울려 춤을 추었다.

처음에는 쑥스러워 멈칫거렸지만 곧이어 내 흥에 몸을 맡겼다. 그동안 왜구에게 당했던 고통을 털어내고, 최무선 장군의 업적을 찬양하며 화약 무기의 무시무시함을 이야기꺼리 삼아 승리의 한마당을 즐겼다.

화약이 연 새로운 시대

불은 위험과 편리라는 두 가지 면이 있다. 잘 다루면 편리하지만 잘못 다루면 위험하다. 불은 너무나 편리하지만 무자비하게 생명을 앗아가는 흉기다. 동물들이 불을 두려워하는 이유는 불의 위험함이 감당하지 못할 정도로 크기 때문이다. 인간은 불로 인해 짐승보다 강해졌다. 불은 인간끼리 전쟁을 할 때도 무기로 자주 사용되었다. 그러나 어디까지나 전쟁에서 불은 보조 수단이었다. 왜냐하면 전쟁터에서 불로 상대를 공격하면 효과가 좋긴 했으나 가까이 붙어서 싸우는 상황에서 불은 적군뿐 아니라 아군에게도 피해를 주기 때문이다. 성을 공격할 때 불을 사용하기도 했는데 성벽이 돌로 되어 있는지라 효과가 그리 크지 않았다.

화약은 불 중에서 위험성이 아주 큰 발명품이다. 화약은 축포를 터트리거나 탄광을 개발할 때, 동굴을 만들 때도 쓴다. 화약이 인간에게 쓸모가 많긴 하지만 화약은 주로 전쟁 무기로 사용한다. 화약은 불이 지닌 파괴력을 최대치로 끌어올린 발명품이다. 보통의 불이 아군과 적군 가리지 않고 위협을 가한다면, 화약은 아군에겐 안전하고 적에게는 치명상을 입힌다. 화약은 상대를 초토화시킨다. 그래서 현대의 무기들은 화약에 토대를 둔다.

인류는 꽤나 오래 전에 화약을 발견했다. 초기에 화약은 무기가 아니었다. 지나치게 파괴력이 크고 다루기 어려웠기 때문이다. 화약을 전쟁에서 제대로 된 무기로 활용한 군대는 칭기즈칸의 몽골군이었다. 평지에서 몽골군과 맞서 싸울 수 없었던 나라들은 성에서 몽골군에 저항했는데, 그때 몽골군은 화약을 사용해 성을 공격했다. 강력한 폭발음과 함께 주변을 파괴하는 화약 무기는 몽골군에 맞서는 나라들에 공포심을 유발했고, 저항을 무너뜨렸다. 몽골군이 화약을 활용하기는 했으나 여전히 화약은 무기의 중심이 아니었다.

화약 무기가 한반도에 전해진 때는 1300년대다. 고려 말에 중국에서 화약이 전해졌는데 최무선은 중국 기술을 이용해 화약과 화포를 개발했다. 화포를 개발한 최무선은 '화통도감'을 만들어 화약과 화포를 생산한다. 당시 왜구가 고려를 숱하게 침략해서 백성들이 고통을 많이 당했는데, 최무선은 화통도감에서 만든 화약 무기를 이용해 진포에서 왜구의 배 500여 척을 불태우는 큰 승리(진포대첩)를 거둔다. 진포대첩은 화약 무기가 전쟁의 중심으로 화려하게 등장한 무대였다.

우리 역사에서 화약 무기가 가장 강력한 위력을 발휘한 예를 들라면 단연 임진왜란 때 이순신 장군의 함대다. 조총 기술은 일본에 뒤졌지만 화포 기술은 조선이 월등히 앞섰다. 화포의 사정거리는 조총에 견줄 바가 아니었다. 이순신 장군이 이끄는 함대가 모든 전투에서 압도적인 승리를 거둔 데는 이순신 장군의 뛰어난 리더십과 군사전략뿐 아니라 화약 무기의 월등한 성능이 큰 영향을 끼쳤다.

그때 당시 일본군은 세계 조총의 1/3 이상을 보유했을 정도로 총기를 잘 다루는 군대였다. 조총만으로 무장한 대규모 보병을 활용한 전법을 처음으로 쓴 군대가 임진왜란 당시 일본군이었다. 신립 장군이 탄금대에서 강을 뒤로 두고 싸우는 배수진을 치고 결사항전을 벌였지만, 일본군에게 처참하게 패한 이유도 일본군이 조총으로 무장한 세계 최초의 대규모 군대였기 때문이다. 화약 무기 앞에서 기마병, 화살, 창, 칼 따위의 옛날식 무기는 쓸모가 없었다. 당시 일본군은 세계 규모에서 살펴봐도 최고의 화약 무기로 무장한 최강의 군대였다. 그런 일본군을 상대로 이순신 장군이 이끄는 조선의 해군이 압도적 화포 기술로 승리를 거뒀으니 조선의 화약과 화포 기술이 어느 수준이었는지 상상이 될 것이다. 만약 그때 함선 건조 기술, 함선 운항 기술, 화포 제조 기술을 더 크게 발전시켰더라면 조선의 역사는 크게 바뀌었을 것이다. 그러나 안타깝게도 조선을 지배하던 양반들은 화약 무기를 발전시키는데 힘을 쏟지 못했고, 화약 무기 수준은 더 이상 발전하지 못했다.

07 대포

조선을 무너뜨리다

때   1866년~1876년. 조선 말
곳   제너럴 셔먼호 사건을 겪은 평양성
人   평양성 백성

"양놈들이 우리 장수를 붙잡고, 군졸들을 무수히 죽였다고 합니다."

"아니, 쳐 죽일 놈들을 봤나! 우리가 음식까지 대접하고 필요한 물건까지 그냥 주었는데 그런 잔인한 짓을 하다니⋯⋯."

분노의 기운이 거리를 휩쓸었다. 사람들은 너나없이 손에 무기가 될 만한 것들을 들고 대동강 주위로 모여들었다.

철로 만든 거대한 배가 보였다. 배에 선명하게 박힌 영어가 보였다. 사람들은 영어를 모르기에 읽지 못하겠지만 나는 그 배의 이름을 정확히 알아차렸다.

"General Sherman 제너럴 셔먼호."

사람들은 분노하며 돌을 던지고, 활을 쏘았다. 수많은 돌과 화살이 제너럴 셔먼호를 향해 날아갔지만 배에는 흠집하나 내지 못했다.

"쾅!"

"땅, 땅, 땅!"

제너럴 셔먼호에서 대포가 불을 뿜고 총알이 날아왔다. 사람들은 영문도 모른 채 대책 없이 당했다. 대포와 총 앞에 돌과 화살은 무용지물이었다. 여러 명이 죽고 수십 명이 부상을 당했다.

분노만으로 모인 사람들은 대포와 총이 무서워 뒤로 물러났다. 분노는 더욱 매섭게 타올랐다. 잠시 뒤 높은 벼슬아치인 듯한 사람이 나왔다. 그는 주위 상황을 살피더니 부하들에게 다음과 같이 지시했다.

"저들의 무기가 위력이 너무 강하니 정면으로 붙으면 이기지 못한다. 작은 배 두 척에 화약과 유황을 가득 싣게 한 뒤 이양선을 향해 보내라."

나는 다른 사람들과 함께 지시에 따랐다.

"배까지 거리와 속도를 잘 계산해서 심지 길이를 조절해라."

벼슬아치의 지시에 따라 거리와 속도를 계산하려고 했으나 머리가 아파왔다. 이럴 줄 알았으면 평소에 거리와 속도에 관한 수학 문제를 열심히 풀었을 걸 하는 후회가 밀려왔다. 물이 흐르는 강과 배를 주고, 거리와 속도를 묻는 문제가 나오면 나는 늘 "도대체 이 배는 왜 강을 흘러가는데, 그냥 배 타고 가지 마!" 하고 투덜거렸다. 친구들도 맞장구를 치며 "맞아, 배 타고 가지 말고 자동차나 기차 타고 가면 되잖아. 거긴 속도계가 있으니까 보면 되지. 진짜 쓸 데 없는 문제야." 하고 말했다.

그랬던 내가 물 위에서 배가 가는 거리와 속도를 계산해야만 하는 상황에 맞닥뜨렸다. 그것도 화포와 총으로 무장한 거대한 배를 물리치는데 반드시 필요한 긴박한 상황이다. 계산을 제대로 해내지 못하면 또 얼마나 많은 백성들이 목숨을 잃게될지 모른다. 고민에 고민을 거듭하며 계산을 했지만 답이 나오지 않았다.

"야, 이것도 못하냐?"

옆에 있던 친구가 내 머리를 툭 치더니 간단하게 계산을 했다.

"이양선까지 거리, 배가 이동하는 속도, 심지 타는 시간을 고려했을 때 두 자 반의 심지를 달면 됩니다."

너무나 자신감 넘치는 답변이었다.

"그러냐? 네 계산이 맞아서 이양선을 물리친다면 너에게 큰 상을 내리겠다."

벼슬아치는 옆 동료의 어깨를 힘차게 두드려주며 격려했다. 입맛이 씁쓸했다.

잠시 뒤 동료의 계산에 맞춰 심지가 준비되고 배 두 대를 강에 띄웠다. 심지에 불을 붙인 뒤 물이 흘러가는 방향에 위치한 이양선을 향해 배를 밀었다. 그때였다. 여유롭게 항해하던 제너럴 셔먼호가 요동을 치더니 움직이지 못했다.

"저기 보십시오. 이양선이 움직이지 않습니다."

"어찌된 일이냐?"

벼슬아치가 묻자 옆에 있던 백성이 답했다.

"며칠 전에 비가 오는 바람에 대동강 물이 불어나서 저 큰 배가 마음껏 대동강을 거슬러 올라왔는데, 물이 빠지니 배가 강바닥에 닿아 움직이지 못하는 게 분명합니다."

"좋다! 아주 좋다. 아주 때를 잘 맞췄구나!"

화약과 유황을 가득 실은 두 척의 배는 유유히 제너럴 셔먼호를 향해 다가갔다. 멀리서 보니 제너럴 셔먼호에 탄 선원들은 배가 움직이지 않자 당황한 기색이 역력했다. 유황과 화약을 잔뜩 실은 두 척의 배가 다가오는 것도 눈치 채지 못했다. 잠시 뒤 두 척의 배가 제너럴 셔먼호에 가 닿았고, 그와 동시에 엄청난 폭발이 일어났다.

"계산이 정확하구나! 장하다!"

동료에게 질투가 났지만 능력만큼은 인정할 수밖에 없었다. 제너럴 셔먼호는 곧바로 불길에 휩싸였다. 잠시 뒤 배 안에 있던 화약에 불이 붙었는지 더 큰 폭발음이 울렸다. 불길이 하늘 높이 치솟았다. 선원들은 불에 타 죽거나, 물에 빠져 죽었다.

"저기, 저쪽으로 몇 놈이 도망을 칩니다."

"당장 가서 죽이자!"

백성들은 벌떼처럼 달려갔고, 뭍으로 오른 몇몇 선원들은 그 자리에서 죽임을 당했다. 제너럴 셔먼호는 한참을 타다가 대동강 속으로 사라졌다.

＊　＊　＊

평양에 사는 사람들은 한동안 제너럴 셔먼호 사건을 화제로 삼았다. 그러던 어느 날 프랑스 군대가 강화도로 쳐들어왔다는 소문이 들렸다.

"큰일이네 그려."

"그러게 말이네. 저번에 양놈들이 쏘는 대포의 위력을 보니 우리 대포와 견줄 바가 아니더구만."

"강화도가 뚫리면 그대로 서울인데, 어휴 걱정이구만."

한 동안 이런 걱정으로 지냈는데 프랑스 군대를 물리쳤다는 소식이 들리자 다들 환한 웃음을 되찾았다.

★　★　★

"아니, 이번엔 미국 군대가 쳐들어 왔다네."

"왜 쳐들어왔다든가?"

"지난 번 평양에서 우리가 불태운 배 있잖은가."

"아, 그 뭐 제길할상선인가 뭔가 말인가?"

"제길할상선이 아니라 제너럴 셔먼호라네."

"그게 그거 아닌가."

"하긴 뭐, 제길할 놈들이긴 하지. 아무튼 그 책임을 묻겠다며 침략을 했다네."

"아니 그 놈들이 잘못을 해서 우리가 불태웠는데 도리어 우리에게 책임을 묻는다고? 적반하장도 유분수지, 아주 몹쓸 것들이구만."

"그 때도 우리가 잘 대해줬는데 우릴 향해 몹쓸 짓을 했잖은가. 양놈들은 도덕도 은혜도 모르는 오랑캐들이 분명허네."

그렇게 미군이 쳐들어온 소식도 한동안 평양성을 긴장시켰지만 곧이어 미군을 물리쳤다는 소식에 백성들은 안도했다.

★　★　★

"결국 굴복을 했다는구만."

"대원군께서 계속 계셨으면 이런 일은 없었을 텐데."

"일본놈들은 어떻게 양놈들 대포 기술을 그대로 배웠나 몰라."

"그놈의 대포만 아니어도 어떻게 해보는 건데, 대포가 무섭긴 무섭지."

"그지. 나라님도 대포에 벌벌 떨었을 것이여. 대포를 들이밀고 개항을 하라고 하는데 그냥 버틸 수가 있었는가."

"앞으로 걱정이 태산이구만. 양놈들도 몰려오고, 일본놈도 몰려오고. 나라의 앞날이 걱정이여."

평양성은 침울한 분위기로 빠져들었다.

꿈이 몇 개월씩, 몇 년씩을 건너뛰면서 이어지는 동안 걱정과 안도가 교차했다. 그러다 운요호사건과 강화도조약 소식이 알려지자 평양성 백성들은 걱정과 염려로 침울해졌다. 아마 조선이 이렇게 가다 식민지가 되고 만다는 사실을 미리 알았더라면 더욱 힘들어 했을 것이다. 나는 미래를 알았지만 아무 말도 않고 백성들이 나라 걱정하는 소리를 묵묵히 듣기만 했다.

동양의 화약이 발전하지 못한 이유

동양에서 발명하고, 전쟁 무기로 활용하던 화약은 서양에 전해지면서 더 빠른 수준으로 발전한다. 유럽은 수많은 나라로 쪼개져서 싸움이 끊이질 않았다. 전쟁이 멈추지 않으니 전쟁 무기를 발전시켜야 할 필요성도 그만큼 높았다. 과학기술의 발전과 산업혁명이 일어나면서 화약 무기 제조 기술이 눈부시게 발전한다. 18세기, 19세기에 서양의 화약 무기 제조 기술은 동양의 수준을 크게 뛰어넘었고, 1840년 중국과 영국이 벌인 아편전쟁에서 그 차이가 확연하게 드러났다.

임진왜란 당시 조선은 세계 최고 수준의 화포를 보유했다. 일본군은 세계 최고 수준의 조총 무기로 무장한 군대였다. 명나라는 정화 원정대가 넓은 바다를 누빌 정도로 배를 만드는 기술이 뛰어났다. 그러나 19세기, 서양의 군대가 들어왔을 때 상황은 뒤바뀌어 있었다. 한때 최고의 화포 기술을 보유했던 조선은 19세기에는 서양에 견줘 한참 뒤떨어졌고, 그나마 프랑스(병인양요)와 미국(신미양요)이 강화도로 침략해 왔을 때는 군인들의 희생과 용맹으로 이겨냈으나, 일본의 강력한 대포 앞에서는 무릎을 꿇을 수밖에 없었다. 1876년 강화도조약을 맺으면서 조선은 강제로 일본에 개항을 하였고, 이후 강대국들의 침략과 전쟁에 휩쓸리다 식민지로 전락하고 만다.

무기가 발전하기 위해서는 전쟁이 필수다. 화약이라는 위험한 불을 다루는 기술은 더 말할 나위가 없다. 임진왜란과 병자호란 시기 동아시아는 조선, 일본, 명나라, 청나라 등이 서로 전쟁을 벌였다. 당시 동아시아 전쟁은 세계 최고의 군사기술이 총 동원되었다. 그러나 그 뒤 중국 대륙은 청나라가 지배하고, 일본은 막부가 지배하는 안정적인 시기에 접어든다. 조선은 북벌론을 바탕으로 화승총 부대를 만들기도 했고, 러시아와 청나라의 전쟁에 참가해 큰 승리를 거두기도 했으나 큰 전쟁이나 긴장이 없었기에 무기를 발전시킬 동기가 없었다. 서구 유럽이 수많은 나라로 쪼개져 전쟁을 벌이고 식민지 개척을 하며 무기 체계를 발전시키는 동안, 동아시아 국가들은 역사상 유래를 찾기 어려운 평화 시기를 보냈다. 이러한 차이가 화약 무기 기술의 차이를 만들었고, 서양 군대에 동아시아 국가들이 패배하는 결과로 이어졌다.

08 석탄
억압받는 조선인의 검은 눈물

때 식민지 시대
곳 일제가 운영하는 탄광
人 광부

　　매캐한 기운에 정신을 차렸다. 눈앞이 어둑어둑했다. 좁은 불빛을 따라 검은 돌이 색깔을 드러냈다가 감추기를 반복했다. 코를 통해 폐로 들어오는 공기가 탁했다. 숨쉬기가 답답했다. 목을 타고 흐르는 끈적끈적한 땀이 불쾌한 감각을 부채질했다. 팔 근육은 떨리고 허리는 끊어질 듯 아팠다. 손에 쥔 도구는 끊임없이 어둠을 밝히는 불빛을 따라 힘차게 움직였다. 잠시 잠깐 옆으로 시선을 돌렸다. 검은 땀으로 범벅이 된 사람이 보였다. 목에 두른 수건이 검었다. 피부를 뚫고 흘러나오는 검은 땀이 수건에 가득했다. 사람이 검은 땀을 흘리다니 도대체 여긴 어딜까 하고 잠시 머리가 복잡했지만, 곧이어 검은 땀이 아니라 눈앞에서 캐내는 검은 돌 때문이라는 사실을 깨달았다.

　　손에 들린 도구는 곡괭이였다. 곡괭이가 벽을 때릴 때마다 검은 돌이 무더기로 바닥으로 떨어졌고, 희뿌연 먼지가 공기를 가득 채웠다. 입과 코를 마스크로 가렸음에도 검은 먼지는 거침없이 내 호흡기로 뚫고 들어왔다. 목이 무척 말랐다. 물 한 모금이 간절했다. 두리번거리며 살폈지만 물은 없었다. 배가 고팠다. 앉고 싶었다. 맑은 공기를 마시고 싶었다. 뜨끈한 목욕탕에 들어가서 몸을 깨끗이 씻고 싶었다. 그러나 그 어떤 소망도 이루어지지 않았다.

잠시 게으름을 피우기도 힘들었다. 조금 일하는 속도가 떨어진다 싶으면 채찍이 매섭게 날아들었다. 처음 채찍을 맞았을 때는 내가 다시 철기 시대로 돌아가 노예 신분이 된 줄 알았다. 그러다 옆에 있던 동료를 향해 채찍을 날리는 사람을 본 뒤에 감시자가 일본인이라는 사실을 알았다. 일본인 감시자는 곳곳을 돌아다니며 조금이라도 속도를 늦추는 사람을 향해 매섭게 채찍을 휘둘렀다. 맞기 싫으면 목마름도, 배고픔도, 근육의 고통도, 앉고 싶은 욕망도 견뎌야 했다. 시간은 느리게 흘렀다. 무한대의 시간 속에서 숨을 막아버릴 듯한 탁한 공기를 마시며 석탄을 캐내는 일을 해야만 했다.

끝없이 이어질 듯했던 노동도 끝났다. 어두운 동굴을 뚫고 눈에 들어온 하늘은 너무나 푸르고 맑았다. 폐를 채우는 공기만으로도 단맛이 났다. 물을 한 잔 마시는데 어찌나 시원하던지 온몸의 세포가 일제히 환호성을 질러댔다. 그때서야 나는 검은 동굴 위에 써진 글자가 눈에 들어왔다.

'은성탄광'

은성탄광은 경상북도 문경에 있는 탄광으로, 일제가 개발한 탄광이라고 했다. 산 전체가 석탄으로 가득한 탄광으로 이곳에서 캔 석탄이 일본과 중국으로 실려 간단다. 숙소에 가서는 씻을 힘도 없어서 그대로 잠들었다.

＊　＊　＊

발길질에 화들짝 놀라 눈을 떴다. 알아듣지 못하는 일본 말이 한꺼번에 쏟아졌다. 무슨 뜻인지 알아듣지 못했으나 몹시 화가 났다는 것만은 확실했다. 일어나려고 했다. 그러나 힘이 없었다. 잠들기 전까지만 해도 근력이 꽤나 강했는데 지금은 몸을 일으킬 힘조차 느껴지지 않았다. 그래도 일어나야 했다. 일어나지 못하면 죽음이라는 사실을 본능으로 알았기 때문이다. 살고자 하는 본능은 없던 힘마저 만들어냈다. 기운을 쥐어짜서 일어났다. 삐쩍 마른 몸들이 통나무처럼 움직였다. 내 몸도 말이 아니었다. 아프리카 난민처럼 삐쩍 마른 몸이었다. 피부는 온통 검었고,

상처가 없는 곳이 없었다. 곡괭이를 들었다. 날이 희미하게 밝아 왔다.

검은 입을 벌리고 있는 동굴 앞에 섰다. 동굴이 괴물처럼 보였다. 저 괴물의 입으로 들어가면 다시는 살아나오지 못하리란 불길함이 밀고 들어왔다. 동굴 옆에 일본말로 이런저런 글이 쓰여 있었다.

'여기는 은성탄광이 아니야! 도대체 어디지?'

동굴 속으로 끌려 들어가며 주위의 조선인들과 대화를 나누다 내가 어떤 처지인지 알았다. 나는 징용에 끌려와 있었다. 일본 어느 곳의 탄광에 끌려 와서 잠도 거의 못자고, 음식도 제대로 먹지 못한 채 무지막지한 탄광 일을 거듭하는 상태였다. 주위엔 목숨을 빼앗을 적들로 가득했다. 하늘에서 미군 비행기가 폭탄으로 목숨을 노리고, 땅이 무너져 그대로 흙속에 파묻히기도 하고, 폭탄이 잘못 터져 온몸이 찢겨 죽기도 하고, 오염된 가스에 질식해서 죽기도 한다. 무엇보다 견디기 힘든 비참함은 병들거나 다쳐서 맞이하는 죽음이다.

조선인 광부가 병이 들거나 몸을 다쳐서 더 이상 노동을 하지 못하는 상황이 되면 탄광 밖 들판에 버려졌다. 들에 버려진 조선인은 꼼짝도 못한 채 죽는 순간을 기다려야 했다. 아무 것도 먹지 못한 채, 스스로 죽지도 못한 채 서서히 죽어가는 고통은 지켜보는 이들에게도 견디기 힘든 고통을 안겼다.

다시 막장에 섰다. 곡괭이를 휘둘렀다. 힘은 없었지만 힘을 내서 휘둘러야 했다. 곡괭이가 제대로 들어가지 않았다. 여러 번 휘둘렀지만 단단한 돌덩이마냥 꿈쩍도 안했다. 동료 중 한 명이 우리를 뒤로 밀어내더니 바위에 구멍을 뚫었다. 폭탄을 채웠다.

"뒤로 물러서!"

폭탄을 터트려 바위를 깨뜨리려나 보다.

우리는 뒤로 물러섰다. 그때였다.

"위험해! 모두……"

그 뒤 소리는 들리지 않았다. 천지를 깨뜨리는 굉음이 들렸고 검은 흙더미가 몸을 뒤덮었다. 아무 것도 보이지 않았고 아무런 공기도 들이마시지 못했고, 손가락 하나 움직일 수 없었다. 시간이 영원으로 흘러갔다. 이런 게 죽음이구나. 호흡이 가쁘다.

죽음을 맞이하는 이는 고향에 두고 온 가족을 떠올린다. 어릴 때 놀던 고향이 아련하다. 꼭 살아서 돌아가겠다는 간절한 바람은 검은 흙 속에 영원히 묻힌다. 검은 어둠 속에 한 줄기 진한 눈물이 흐른다. 머나먼 곳에 끌려와 강제 노동에 시달리다 죽음을 맞이하는 이의 죽음은 안타깝고 처절하다. 이들을 이렇게 만든 일제에 대한 분노에 몸이 덜덜 떨린다.

심장이 멎는다. 머리가 백지처럼 바뀌더니 더 이상 아무런 영상도 감정도 떠오르지 않는다. 다만 들판에 버려진 채 서서히 맞는 죽음은 아니라서 다행이라는 짧은 위로를 남기고 내 의식도 저 하늘로 옮겨간다. 진한 눈물과 함께.

석탄, 현대 문명을 만든 힘

나무는 인류가 불을 처음 다루기 시작한 순간부터 가장 중요한 원료였다. 불을 다루는 기술은 바로 나무를 다루는 기술이었다. 방안을 밝히는 데는 동물이나 식물에서 얻은 기름을 활용하기도 했으나, 불을 만드는 재료의 99.9%는 나무였다. 그런데 인구가 늘고 불을 점점 더 많이 사용하자 나무를 불의 원료로 사용하는데 문제가 생겼다. 나무가 자라는 속도에 견줘 나무를 소비하는 속도가 너무 빨랐기 때문이다. 나무가 사라지면 문명도 사라진다. 태평양 한복판 이스터 섬은 옛날에 풍요로운 문명을 일궜다. 어느 때부터 거대한 석상을 만드는 풍습이 생겼는데, 거대한 석상을 만들기 위해 마구잡이로 나무를 베다 보니 나무가 사라져 갔다. 나무가 사라지자 땅은 황폐화되었으며 이스터 섬 문명은 멸망했다. 영국은 이스터 섬보다는 조금(!) 더 큰 섬이다. 영국은 나무를 사용해서 문명을 일구었다. 그러다 숲이 황폐화되면서 나무로 난방이나 불을 만들기 어려운 처지에 몰렸다. 그때 나온 대안이 석탄이었다.

예전에도 사람들은 석탄의 뛰어난 성능을 알았다. 성능은 뛰어났지만 석탄은 나무에 견줘 지저분하고, 연기도 많이 나고, 독성이 너무 강했다. 나무가 충분하다면 석탄을 쓸 이유가 없었다. 나무가 부족해지면서 어쩔 수 없이 석탄을 써야 했다. 나무는 주위의 숲에서 곧바로 얻지만 석탄은 땅 속에서 얻어야 한다. 깊은 땅을 파고, 먼 곳까지 옮겨야 한다. 사람이나 짐승의 힘으로 해결하기에는 너무 큰 부담이었다. 석탄을 써야 할 필요는 늘었지만, 석탄을 원활하게 캐내고 사용할 만한 기술과 기계는 없었다.

필요는 발명을 만든다. 석탄을 캐는 데 필요한 기술을 개발하던 과정에서 증기기관이 탄생한다. 증기기관은 석탄으로 물을 끓여서 나온 증기를 이용해 에너지를 만들고, 그 에너지를 이용해 움직이는 기계다. 증기기관이 개발되자 석탄 개발이 훨씬 편해졌다. 증기기관으로 석탄 생산량이 급격하게 늘어나자 석탄 수요는 폭발적으로 증가했다. 석탄은 빠르게 나무를 대체했고, 산업을 발전시키는 핵심 에너지가 되었다.

석탄을 캐기 위해 만든 증기기관이 당시 핵심 산업이었던 '섬유 제조업'과 결합하면서 생산력이 눈부시게 발전했다. 섬유를 만드는 자동화 기계가 빠르게 발전하고, 섬유를 대규모로 생산하는 공장이 들어섰다. 석탄을 이용한 기계를 만들기 위한 기계공업과 철광업도 눈부시게 발전했다. 석탄을 에너지원으로 사용하는 큰 배가 만들어지고 세계의 바다를 누볐으며, 석탄으로 움직이는 철도가 대륙 곳곳을 연결했다. 석탄은 산업혁명의 바탕이었고, 산업혁명은 지구를 전혀 다른 세상으로 바꿔 놓았다.

09 광부

피와 땀으로 대한민국을 일구다

때   1960년대~1980년대
곳   강원도 태백
人   광부

"제가 광부가 되겠습니다."

어쩔 수 없는 선택이었다. 공부 잘하는 동생 둘은 계속 학교를 다녀야 한다. 부모님이 농사를 지어서 학비를 대기는 불가능하다. 계속 공부하고 싶지만 어쩔 수 없다. 똑똑한 동생들이 공부를 포기하게 만들어선 안 된다. 부모님 고생을 더 이상 지켜볼 면목도 없다.

"탄광 일이 장난이 아니라던데, 괜찮겠나?"

"젊은 몸이 그깐 일 하나 못하겠습니까? 괜찮습니다."

누구 말인가 싶어 주위를 살폈다. 헉, 이런 내가 몸에 들어 온 사람이 한 말이다. 탄광을 두 군데나 가서 일하고, 결국 죽기까지 했는데 또다시 광부라니……. 미치겠다.

'하지 마! 안 한다고 그래!'

속으로 죽어라 외쳤지만 내가 어떻게 할 방법이 없었다. 내 정신이 들어 간 사람은 힘이 넘쳤다. 책임감도 강했다. 가족을 위해 자신이 탄광으로 가겠다는 의지는 확고했다.

＊　＊　＊

곡괭이를 들었다. 팔뚝에 강한 힘이 들어갔다. 어둠을 따라 한참을 들어갔다. 또다시 막장이라니 미치겠다. 숨이 막혔다. 30℃를 넘는 기온은 몸에 담긴 물을 전부 짜낼 기세였다. 그나마 일제 때와 달리 감시자가 없어서 일할 만했다. 가끔 오가는 농담은 땀으로 가득찬 등을 식혀주었다.

오전 일이 끝나고 잠시 쉬는 시간, 다들 집에서 싸온 도시락을 꺼냈다. 먼지 가득한 막장에서 먹는 음식이 깨끗할 리 없었다. 언뜻 보기에도 밥에 붙은 먼지가 눈에 거슬렸다. 그렇다고 식욕이 떨어지진 않았다. 너무 배고팠기 때문이다.

찍, 찍이, 찍!

혹시 이건 쥐?

나는 화들짝 놀라서 피하려고 했다. 광부들은 그 어느 누구도 놀라거나 피하지 않았다. 아니 피하지 않을 뿐만 아니라 쥐들에게 먹던 음식을 나눠주었다. 쥐들도 사람을 무서워하거나 피하지 않았다. 마치 강아지가 사람에게 음식을 얻어먹듯 자연스럽게 받아먹었다.

내 휘둥그런 눈을 본 선배 광부가 한 마디 했다.

"여기선 쥐가 은인이야. 막장에서 제일 위험한 게 가스야. 메탄은 폭발하고 일산화탄소는 사람을 죽이지. 쥐들은 가스 냄새를 귀신 같이 맡아. 쥐가 있다는 것은 막장이 안전하다는 뜻이야. 만약 쥐가 도망을 친다면 그때는 사람도 재빨리 도망쳐야 해. 그러니 쥐들을 잘 대접해야지. 쥐는 우리 목숨줄이니까."

그러면서 선배 광부는 가장 맛있어 보이는 반찬 중 하나를 쥐에게 주었다. 쥐는 행복하게 음식을 받아먹었다.

"가스뿐 아니야. 지하수가 터지거나 갱도가 무너지는 사고도 위험하기 짝이 없는데 쥐는 그런 사고가 나기 전에 알아채고 도망을 가. 그러니 항상 쥐의 움직임을 주시해야지."

내 옆에도 쥐가 한 마리 다가왔다. 쥐가 징그럽기는 했지만 나는 쥐에게 음식을 조심스럽게 건넸다.

오후 일은 더 힘들었다. 땀이 비가 오듯 쏟아진다는 말은 결코 과장이 아니었다. 튼튼하다고 믿었던 근육도 부들부들 떨렸다. 방진마스크가 답답해서 벗었더니 검은 가루가 코와 입을 가득 채웠다. 포기하고 싶었다. 인생 막장이 무슨 뜻인지 절절하게 다가왔다.

'내가 여기서 포기하면 내 동생들이 공부를 못한다. 동생들도 공장에 가서 일을 해야 한다. 절대, 포기해선 안 된다. 절대 안 된다.'

말 그대로 이를 악물었다. 죽음보다 더 한 고통이 휘몰아쳤지만 이겨냈다. 한참 일을 하는데 교대할 사람들이 들어왔다. 반가웠다. 곡괭이를 휘두르던 팔을 멈췄다. 환한 웃음으로 맞아주고 싶었지만 웃음 한 점 꺼내기 어려웠다. 피곤에 지친 두 다리를 끌고 저물어가는 해가 반겨주는 땅 위로 나왔다. 하! 땅 위 세상이 이렇게 좋구나!

* * *

첫째 동생은 공업고등학교에 진학해 취업을 했다. 둘째 동생은 대학까지 진학했다. 15년 동안 내가 탄광에서 번 돈으로 이룬 성과다. 두 동생 덕택에 늙으신 부모님은 편안하게 사신다. 이제는 탄광 일을 그만두고 싶지만 그럴 수 없다. 내게도 자식이 생겼기 때문이다. 내 자식을 동생들에게 맡길 수는 없다. 내 자식들은 내가 책임지고 키워야 한다. 이 아이들은 나와 같은 광부가 되면 안 된다. 공부 열심히 해서 더 나은 삶을 살아야 한다. 자식들을 위해 나는 오늘도 어둠 속 갱도로 들어간다.

* * *

아침 해를 맞으며 갱도를 나오는데 갱도가 무너지는 듯한 소리를 누가 전했다.

"새벽에 연탄가스를 마셔서 자네 부인이 병원으로 실려 갔다네. 빨리 가보게."

심장이 내려앉았다. 갱도가 무너져 갇힌다 한들 이보다 놀랄 일은 아니었다. 정신없이 뛰었다. 내가 끌고 간 자전거가 내 자전거인지 남의 자전거인지 구별할 여유도 없었다. 정신없이 자전거를 타고 병원으로 가서 아내를 찾았다.

병실에 누운 아내는 호흡기를 단 채 가쁜 숨을 몰아쉬었다. 손을 움켜쥐었다. 대답 없는 아내의 이름을 계속 불렀다. 내가 캐는 석탄으로 내 아내가 죽을 고비를 맞다니……. 연탄이고 석탄이고 모조리 곡괭이로 박살내고 싶었다.

"저… 괜찮…아요."

가느다랗지만 내겐 천둥보다 큰 소리였다.

"괜찮아? 여보 진짜 괜찮아?"

"그래요. 괜찮아요. 미안해요. 놀라게 해서."

"무슨 소리야. 다행이다. 정말 다행이다."

참았던 눈물이 한꺼번에 쏟아졌다. 아내 손을 붙잡고 하염없이 울었다.

* * *

30년을 일한 탄광이 오늘 문을 닫았다. 동생들이 공부할 돈을 벌어다 주고, 내 자식들을 대학까지 보내준 탄광이 오늘 문을 닫았다. 30년 동안 내 삶을 지탱해 준 탄광이 사라졌다. 탄광은 경제성이 없다는 말이 귀에 따갑게 들리더니 탄광이 문을 닫았다. 전국의 거의 모든 탄광을 다 폐쇄한다는 뉴스를 들은 지 얼마 되지 않았는데 금방 현실로 닥쳤다.

"이젠 깨끗한 석유와 가스를 수입해서 난방을 해결한다네. 지저분하고 가스로 인해 위험한 연탄은 사람들이 싫어해."

가스로 인한 위험이란 말에 이맛살을 찌푸렸다. 연탄가스로 하마터면 아내를 잃을 뻔했던 기억이 떠올랐기 때문이다. 시원하면서 섭섭했다. 이제 뭘 하며 살아야 할까? 아득함이 밀려들었다. 아직 일할 기운이 남아 있으니 뭐라도 하겠다는 막연한 다짐만 추스렸다.

* * *

호흡이 가쁘다. 툭하면 기침이 나온다. 기침을 숱하게 하지만 답답함은 줄어들지 않는다. 가슴이 쥐어짜듯 아프다. 감기인 줄 알고 약을 지어 먹었지만 전혀 차도가 없다.

"큰 병원에 가보세요."

동네 의사가 권한다. 나는 의사의 권유를 무시했다. 내 나이 육십이 다 되었으니 감기가 걸리면 오래 가는 법이다. 조금 지나면 나을 감기 때문에 큰 병원에 가서 돈을 쓰고 싶지는 않다. 그러다 아들 손에 이끌려 강제로 큰 병원으로 갔다.

"진폐증입니다. 탄광에서 30년을 일해서 탄가루 때문에 생긴 병으로 보입니다."

진폐증이라니! 허허! 허긴, 30년을 깊은 어둠 속에서 검은 가루를 마시며 살았는데 폐가 정상이면 오히려 이상할 일이다. 30년 광부 생활이 동생들과 자식들을 키우는 돈만 준 줄 알았더니, 그게 내 몸도 갉아 먹었다.

병원을 나오면서 아들과 아내의 손을 꼭 붙잡았다. 기나긴 내 삶이 이제 끝을 향해 가는 구나. 슬플 만도 하건만 의외로 슬프지 않았다. 동생들과 자식들을 위해 일한 대가로 얻은 병이니 기꺼이 받아들이겠다고만 생각했다.

* * *

30년 광부의 몸속에 깃든 나는 울음을 멈출 수 없었다. 고통과 힘겨움을 이겨낸 기나긴 세월을 지켜보았기 때문이다. 30년 세월을 깊은 땅속에서 견뎌낸 꿋꿋함이 가족과 형제들이 살아가는 밑거름이 되었을 뿐 아니라, 대한민국의 현재를 만드는 밑거름이 되었다. 생명을 바쳐 이 땅을 일궈온 광부들인데 진폐증에 걸려 남은 생을 고통 속에 보내야 하다니, 슬프고 서러웠다. 고마움을 전하지 못한 채 나는 그분의 영혼을 뒤로 하고 빠져나왔다.

우리나라 석탄 산업의 역사

19세기 말 러시아가 석탄채굴권을 얻으면서 우리나라에서 석탄 개발이 시작되었으며, 1903년 평양 사동탄광이 석탄을 본격 개발한 첫 탄광이다. 1915년 일제는 석탄을 비롯한 조선의 지하자원을 약탈하기 위해 '조선광업령'을 발표한다. 조선광업령은 일본인이 조선의 광업권을 독점하고, 조선인의 광업 개발을 차단하고, 기존의 광업개발권도 빼앗으며, 조선인의 토지도 광산 개발을 위해 빼앗을 수 있도록 하는 등 조선의 광물자원을 수탈하기 위한 법이었다.

1930년대 들어 만주사변과 중일전쟁이 벌어지면서 석탄 수요가 급증했고, 1940년대 태평양 전쟁이 벌어지자 수탈이 극에 달했다. 일제가 전쟁을 벌이던 시기에 북부지역과 태백산맥 일대에서 많은 탄광이 개발되어, 일제의 전쟁 물자로 동원되었다. 자원뿐 아니라 사람에 대한 수탈도 극심했다. 수많은 조선인들을 강제로 끌고 가 탄광에서 노예와 같은 노동을 시켰으며, 수많은 조선인들이 탄광에서 인간 이하의 취급을 당하다 죽음을 맞이하기도 했다.

해방 뒤에도 탄광은 중요한 자원이었다. 석탄 개발이 반드시 필요했던 정부는 6.25전쟁이 한창 진행 중이던 1950년 11월에 '대한석탄공사'를 만들어 석탄 개발에 나섰다. 석탄을 개발하고 이용하기 위해서는 철도가 시급했기에 탄광이 있는 곳과 도시를 연결하는 철도 공사도 활발하게 벌였다. 1960년대 들어 석탄 생산을 늘리기 위한 노력이 더욱 가속화되었다. 정부가 석탄 생산에 박차를 가한 이유 중 하나는 숲이다. 1960년대 초까지만 해도 농촌 지역은 대다수가 숲에서 나무를 베어다가 연료로 사용했다. 그러다 보니 천둥벌거숭이처럼 나무가 전혀 없는 산이 많았다. 나무가 없으니 산사태나 가뭄이 자주 발생하고, 농촌이 살기가 힘들었다. 이에 정부는 나무 사용을 억제하고 석탄을 가정용 난방에 사용하도록 장려하였다.

석탄 산업이 발전하면서 태백, 정선, 문경, 화순과 같은 석탄 생산지에는 농촌을 떠난 많은 사람들이 몰려들었다. 탄광촌이 늘어나다 보니 탄광 관련 사고도 많이 발생했다. 탄광에서 사고가 날 때마다 많은 광부들이 목숨을 잃었으며, 긴급 뉴스로 탄광 사고도 종종 전해졌다. 많은 광부들이 탄가루가 폐에 달라붙어 생기는 진폐증과 같은 심각한 병에 걸려 장애인이 되거나, 목숨을 잃었다. 연탄으로 난방을 하다 연탄가스 중독으로 죽는 사건도 비일비재했다. 해마다 겨울이면 연탄가스 중독 사고가 뉴스에 빠지지 않고 등장했다.

1960~70년대 석탄은 가장 중요한 난방연료였다. 1970년대에 터진 석유파동은 석탄의 중요성을 더욱 높였다. 1980년대 들어 국제 석유 가격이 안정되고, 경제 수준이 올라가면서 석유와 가스가 각 가정의 난방 연료가 되면서 석탄 산업이 더 이상 유지될 수 없는 상황에 이른다. 정부는 '석탄 산업 합리화'를 내세우며 대부분의 탄광을 폐쇄했고, 하나의 산업으로서 석탄 산업은 종말을 고한다.

한국 경제를 움직이는 에너지

1941년부터 2010년대까지 　때
도쿄와 서울 　곳
여러 사람 　人

이번에는 정말 여러 사람을 옮겨 다녔다.

* 　* 　*

주위에는 온통 일본 군인들이다. 칼과 총이 가득했다. 두려웠다. 이들이 나를 죽이겠다고 마음먹으면 나는 그냥 죽어야 한다. 내 정신이 깃든 사람은 아무렇지 않은 듯 이야기를 듣는다. 들리는 말은 전부 일본어인데 무슨 뜻인지 이해가 됐다. 그러다 내 입에서 나오는 말을 듣고 화들짝 놀랐다. 일본말이었다.

"더 이상 고민하고 말고 할 시간이 없습니다. 이대로라면 우리 대일본제국은 꼼짝없이 망합니다. 지금 동남아시아는 주인 없는 산입니다. 유럽 제국은 독일과 싸움에 정신이 없습니다."

"미국이 있지 않소. 동남아시아의 석유가 우리에게 오지 못하도록 하고 있는 나라는 영국이 아니라 미국이요."

"그래서 미국 태평양함대가 있는 진주만을 쳐야 합니다. 기습공격으로 미국 태평양함대를 박살내고, 동남아시아 일대를 기습 공격하면 대일본제국이 동북아시아부터 동남아시아까지 거대한 땅을 점령하고, 우리가 꿈에도 바라던 대동아를 이루게 됩니다. 지금이 기회입니다. 더 지나면 그동안 쌓아두었던 석유가 부족해지고, 경제가 흔들리며, 전쟁을 하고 싶어도 못하게 됩니다."

"미국이 가만히 있겠소?"

"초기에 강력히 제압하고, 협상을 해야지요. 우리의 강대함을 보여주면 저들도 쉽사리 전쟁을 확대하지는 못할 것입니다."

"장담하시오?"

"물론입니다. 동남아시아에 묻힌 석유를 생각해 보십시오. 석유가 없어서 그동안 얼마나 미국에 굽실거렸습니까? 우리가 석유만 확보하면 우리도 미국, 영국 못지않은 강대한 힘을 지니게 됩니다. 우리에겐 100만 황군이 있습니다. 검은 황금(석유)까지 쥐게 된다면 두려울 게 무엇입니까?"

"다른 분들 의견은 어떻소?"

반대는 없었다. 모두들 하와이 진주만을 기습 공격하는데 찬성했다. 1941년, 어느 날 일본제국주의 한복판에서 벌어진 대화였다.

＊　＊　＊

"와! 이게 그 시발(始發)자동차라는 겁니까?"

나는 자동차 안에 앉아서 많은 사람들의 관심을 즐겼다.

"흐흠! 대통령께서도 늘 관심을 두신다는 바로 시발자동차가 바로 이 차요. 흠흠."

내 목소리는 허세가 가득했다.

"근데 이게 그렇게 좋답니까?"

"이를 말이요. 이게 우리나라 최초로 만든 자동찹니다. 외국 자동차에 견줘 전혀 뒤떨어지지 않아요."

"아무렴 미제만 하려고."

운전석 바깥 유리에 바짝 붙어서 차 안을 구경하던 사람이 부러움 반 시샘 반으로 말했다.

"내참! 미제가 별거요? 이게 보통 자동차가 아니란 말입니다. 이게 얼마나 인기가 좋으면 돈 꽤나 있단 부자들도 시발차를 사지 못해서 안달이라지 않습니까?"

"부자들도 사기 힘들다면서……. 재주가 용하시네요."

"하하하! 내 동생이 시발자동차 사장과 잘 아는 사이요. 이게 빽이 없으면 절대 쉽게 살 수가 없거든요. 하하하!"

나는 주위의 부러운 시선을 마음껏 즐겼다.

"자, 자! 이제 비키세요. 자동차는 달리라고 바퀴가 달렸으니, 비켜요."

나는 경적을 울리며 자동차 페달을 밟았다. 차를 몰고 가다가 신문팔이가 보이기에 차를 세워두고 신문을 한 부 샀다. 1959년 5월 14일의 신문이 내 차 조수석을 떡하니 차지했다.

＊　＊　＊

줄을 맞춰 선 수많은 사람들이 앞에 보였다. 같은 옷을 입은 사람들이 대부분이었다. 단상 위에는 고위직으로 보이는 사람들이 많았다. 연설을 하는 사람들 앞에는 카메라를 든 기자들이 수두룩했다. 이 사람 저 사람 나와서 연설을 하면, 기자들은 연설 내용을 열심히 받아 적었다. 연설은 지루하기 짝이 없는데 도대체 뭘 받아 적는지 모르겠다. 연설자들의 말은 다 비슷비슷했다. '제2차 경제개발개년 계획의 성과'라는 둥, 대한민국 '석유화학 산업'을 선도한다는 둥, '울산 석유화학단지 기공을 축하한다'는 둥 지루한 연설을 길게 늘어놓았다.

나는 시골에서 더 이상 돈벌이가 없어서 일자리를 찾아서 부산을 떠돌아다니다 이곳 울산 촌구석까지 왔다. 울산에 큰 공단이 들어선다는 소문을 듣고 왔는데, 정말 으리으리한 큰 공장이 들어서고 있었다.

오늘이 바로 공장 운영을 시작하는 날이다. 시작하는 날이니 공장을 바로 돌리면 될 터인데 높은 사람들 때문에 이 무슨 고생인지 모르겠다. 아무튼 행사가 끝나면 공장이 돌아가고, 여기서 석유로 만든 제품이 나온다.

지루한 행사가 끝나고 마침내 공장이 움직였다. 첫날은 기계를 점검하는 수준이었다. 둘째 날 아침, 1970년 10월 31일이 박힌 신문이 공장에 배달되었는데 '울산 석유화학단지'가 본격 가동되었음을 알리는 기사가 크게 나왔다. 혹시 사진 속에 내가 있는지 눈이 빠져라 뒤졌지만, 똑같은 복장을 한 사람들 사이에서 뒤통수만 보고 나를 찾기란 불가능했다.

＊　＊　＊

나는 바퀴 다는 일을 한다. 자동차는 네 바퀴다. 네 곳의 바퀴를 달고 볼트를 조이는 것이 내 일이다. 일은 끝이 없다. 자동차는 쉼 없이 컨베이어 벨트를 타고 내 자리로 다가온다. 한 대에 바퀴를 다 달고 나면 그 다음 자동차가 오고, 그 다음 자동차에 바퀴를 달고 나면 또다시 바퀴 없는 자동차가 내게 온다. 조금 빨리 바퀴를 달아 봤자 쉬는 시간은 몇 초뿐이다. 그 몇 초를 위해 손을 잽싸게 놀린다. 나는 자동차가 처음부터 끝까지 어떻게 만들어지는지 전혀 모른다. 그저 기다란 컨베이어 벨트의 한 점에 서서 바퀴를 다는 일만 반복할 뿐이다. 나와 같은 사람이 수백 명이 컨베이어 벨트에 매달려 있다. 모두 나와 비슷하다. 자동차 생산 과정을 다 아는 사람은 이 컨베이어 벨트에서 일하는 노동자 중에는 없다. 그럼에도 자동차는 몇 분에 한 대씩 척척 탄생한다. 컨베이어 벨트의 놀라움이다.

이렇게 만든 자동차가 거리를 달린다. 내가 만든 차는 미국으로도 수출이 된다. 미국에 처음 수출되었다면서 내가 만드는 차가 신문에 크게 실리기도 했다. 미국에 수출되는 차의 바퀴를 내가 조였다고 생각하니 뿌듯했다. 몇 년 뒤면 서울올림픽이 열리고, 미국에 자동차까지 수출하니 우리나라가 많이 발전하긴 했다. 발전한 대한민국에 사는 나도 이제 자동차를 몰고 싶다는 욕망이 부풀었다. 아무래도 앞으로 야근과 잔업을 더 많이 해야겠다. 열심히 일해서 내가 만든 차를 꼭 살 것이다.

　　　　　　＊　　＊　　＊

　　거리에 자동차가 가득하다. 고층 빌딩 외벽에는 커다란 전광판이 오늘의 뉴스를 보여준다. 트럭이 짐을 싣고 질주하고, 저 먼 하늘엔 비행기가 사람들을 실어 나른다. 답답하다. 환기를 시키려고 문을 내렸다. 트럭이 지나가면서 매캐한 매연을 내뿜었다. 얼른 문을 올렸다. 머리가 지끈거린다. 길가로 새로 짓는 아파트 단지가 보인다. 거대한 크레인이 부드럽게 물건을 바닥에서 들어 올려 건물 위로 나른다. 길 반대편엔 거대한 공장이 돌아간다. 멀리 대형마트 간판이 보인다. 대형마트 속에 가득 담긴 제품들을 잠깐 상상해 본다.

　　길은 꽉꽉 막힌다. 교통방송을 들으니 막히는 소식밖에 들리지 않는다. 답답한 마음에 석유가 확 없어져서 자동차들이 길거리에서 사라지면 어떨까 상상했다. 그러다 화들짝 놀랐다. 석유가 없으면 자동차뿐 아니라 도로도, 트럭도, 비행기도, 크레인도, 공장도, 대형마트도 존재할 수 없다는 사실을 깨달았기 때문이다. 석유가 문명의 자양분이었다.

신이 내린 선물, 석유

석탄은 무겁고, 지저분하다. 석탄은 활용 가능한 영역이 제한된다. 석유는 다르다. 석유는 석탄에 견줘 가볍고 깨끗하다. 운반이 쉽고, 다양한 가공품을 만들 수 있다. 석유는 신이 인간에게 준 선물이라고 할 만큼 놀라운 에너지다. 석유가 없는 현대 문명은 상상할 수 없다. 플라스틱, 옷, 고무, 페인트, 화장품, 의약품, 비료, 비닐, 아스팔트 등 쓰이지 않는 곳이 거의 없을 정도다. 석유가 사라지면 현대 문명도 없다.

석유를 활용해 동력을 얻는 엔진이 개발되자 석유는 빠르게 석탄을 대체했다. 석유가 석탄보다 훨씬 활용도가 높았고, 효용도 좋았다. 무엇보다 석유는 무기 체계를 완전히 바꿨다. 노벨이 다이너마이트를 만들어 화약의 불안정함을 해소하고, 화약 무기의 활용도를 크게 높였다. 거기에 석유를 기반으로 한 자동차가 탄생하면서 탱크, 비행기와 같은 강력한 무기들이 등장했다. 이런 무기들은 대규모 전쟁의 기반이 된다. 1914년 벌어진 세계 1차 대전은 강력한 화약 무기와 석유 무기가 결합된 최초의 대규모 전쟁이었다.

석유는 개화기 때 외국 문물과 더불어 들어왔지만, 한반도에서 석유가 나지 않기 때문에 석유와 관련된 산업은 형성되지 않았다. 한반도에서 석유와 관련된 공장은 일제가 만주와 중국을 침략하던 1930년대에 처음 들어선다. 대륙을 침략하기 위해 일제는 원산에 석유를 정제하는 공장을 만들어 운영했다. 원산에서 사용하는 원유는 미국을 통해 들여왔다. 일제는 여기서 정제한 석유를 중국과 전쟁에 사용했다. 이러한 사실을 안 미국은 원유 공급을 끊었다. 동남아시아에서 일본으로 가는 원유 수송로도 봉쇄했다. 1930년대 일본은 석유가 없으면 경제가 돌아갈 수 없는 상황이었다. 그대로 당할 수 없었던 일제는 석유를 확보하려고 1941년 미국의 진주만을 공격해 태평양전쟁을 일으켰다.

해방 뒤 한국에서 사용되는 석유 제품은 미군정을 통해 들여왔다. 그 뒤 늘어나는 석유 소비에 맞춰 공급을 잘 하기 위해 석유를 독점 공급하는 공기업을 만들었다. 1960년대 들어서는 석유를 정제하여 사용 가능한 원료로 만드는 정유 공장을 건설했다. 당시에는 우리나라가 정유 공장을 직접 지을 자본과 기술이 없었기 때문에 외국의 큰 석유 회사와 합작하여 여러 개의 정유 공장을 세웠다. 한국 자본과 외국 자본이 힘을 합쳐 공장을 세웠지만, 외국 자본과 기술이 바탕이었기에 정유 회사는 외국 자본이 장악했다. 외국 자본은 정유 공장과 석유 제품 판매를 통해 엄청난 돈을 벌었다. 어느 정도 기술이 쌓이고 자본을 축적한 국내 기업들은 1970년대 중반에서 1980년대까지 외국 자본이 지닌 주식을 인수하여 회사 경영권을 장악했다. 이후 여러 차례 경영권 인수와 이름 변경을 거쳐 오늘날 거리 곳곳에서 마주하는 석유 회사로 변화하였다.

석유 산업은 1970년대에 한차례 큰 변화를 겪는다. 1973년 4차 중동전쟁이 일어나자 아랍 산유국들이 석유 가격을 크게 올렸고(1차 오일쇼크) 세계 경제는 큰 혼란에 빠진다. 1차 오일쇼크 때 한국 경제는 별다른 타격을 받지 않았다. 1차 오일쇼크 이후에 유럽을 비롯한 선진국들은 석유를 대체하는 방향으로 산업 구조를 변화시켜 나갔으며, 한국은 선진국들이 떠넘겨준 중화학공업 생산 시설을 들여와 경제 개발을 하였다. 이로 인해 한국 경제에서 중화학공업이 차지하는 비중이 늘었다. 1979년 산유국인 이란에서 혁명이 일어나면서 석유 생산량이 크게 줄어들었고 석유 가격은 또 한 번 급격하게 오른다(2차 오일쇼크). 2차 오일쇼크가 벌어지자 중화학공업 비중이 커졌던 한국 경제는 크나큰 위기를 맞이한다.

1970년대 이후 한국 경제는 국제 석유 가격의 영향을 크게 받는 처지가 되었다. 국제 석유 가격이 오르면 물가가 오르고, 경제활동이 어려워지며, 반대로 석유 가격이 떨어지면 물가도 내려가고 소비도 활발하게 일어난다. 석유는 한국 경제의 생명줄이 되었다.

11 전기

편리함 뒤에 묻혀 있는 고통

때   1945년부터 2010년대까지
곳   히로시마, 그리고 한국 곳곳
人   원폭 피해자

1945년 8월 6일 아침, 히로시마의 하늘은 맑았다.

식민지 백성으로 일본에 끌려와 강제로 노동하는 생활은 늘 힘겹기만 했다. 꼭 살아서 고향에 돌아가겠다는 결심으로 기나긴 하루를 버틸 의지를 곧추세웠다. 망치를 손에 들었다. 얼핏 시간을 봤다. 9시 15분, 먼 하늘에서 옅은 비행기 소리가 들렸다. 잠시 뒤, 들어본 적도 없는 소리가 도시 전체에 울렸다. 버섯처럼 생긴 구름이 도시 중심부에서 피어올랐다. 강렬한 빛이 주위를 밝히더니, 건물이 부서지는 소리, 울부짖는 소리가 뒤엉켜 울렸다. 지옥에서 들리는 소리가 저럴까 싶었다. 주위에서 일하던 동료들은 모두들 영문도 모른 채 낯선 버섯구름만 바라봤다. 잠시 뒤 뭔가 이상한 재가 땅에 떨어졌다. 내 몸에도 얼떨결에 재가 묻었다. 재를 완전히 뒤집어 쓴 사람도 있었다.

나는 불길한 예감에 최대한 재를 피했다. 재를 뒤집어 쓴 사람은 고통에 몸부림치며 괴로워했다. 그때까지 어리둥절해 하며 공장에 머물던 사람들은 그때서야 미친 듯이 밖으로 도망쳤다. 나도 사람들을 따라 도망쳤다. 도망치며 마주한 도시는 지옥이었다. 수많은 사람들이 울부짖으며 뛰어다녔고, 도시 중심부에는 제대로 서 있는 건물이 없었다. 몸에서 이상한 변화가 느껴졌지만 신경 쓸 겨를이 없었다. 무조건 도시 바깥쪽을 향해 뛰었다. 나는 살아남았지만 수많은 조선 사람들이 히로시마에서 죽었다.

일본인들이야 전쟁을 일으켰으니 폭탄에 맞아 죽어도 싸지만, 죄 없이 끌려와 강제 노동에 시달리던 조선인들이 왜 미친 폭탄에 목숨을 잃어야 한단 말인가? 일본이 미국에 무조건 항복을 하고, 그리운 고향 땅으로 돌아온 뒤에야 히로시마에 떨어진 미친 불덩어리가 원자폭탄이란 이야기를 들었다.

★　★　★

차라리 히로시마에서 죽었으면 이런 꼴을 당하지 않을 텐데. 도대체 이게 무슨 비극이란 말인가? 자식이 태어났는데 한 명은 몸이 병신이고, 한 명은 정신이 병신이고, 한 명만 괜찮다. 내 몸도 정상이 아니다. 갈수록 이상한 증상이 나타난다.

피부는 짓무르고 아프지 않은 곳이 없다. 아내는 하늘을 원망하지만 나는 히로시마에 나타났던 그 버섯구름이 원인임을 알아차렸다. 내 몸 아픈 거야 내가 감당하며 살면 그만이지만 자식들이 모두 병신이라니, 어떻게 살아간단 말인가?

★　★　★

그토록 돌아오고 싶었던 고향을 오늘 떠난다. 일본에 끌려 가 모진 노동을 하면서도 고향에 돌아갈 희망만을 안고 살았다. 일본이 망한 뒤 고생고생하며 돌아온 고향이었다. 몸이 망가지고, 자식들이 병신으로 태어났어도 고향과 친척들에 의지하며 살아왔다. 내게 고향이 없었다면 나는 진즉에 죽었을 운명이었다. 그런 고향을 이제 떠난다. 댐 때문이다. 댐을 만들어 도시에 물을 공급하고, 전기를 만든단다. 도대체 도시 사람들은 얼마나 물을 많이 마시기에 이렇게 큰 댐을 만든단 말인가? 도대체 전기가 무엇이기에 수 만 명이 고향을 등지고 떠나가야 한단 말인가? 푼돈 몇 푼 쥔 채 내 영혼이 깃든 고향을 떠나려니 가슴이 찢어진다.

＊　＊　＊

고향을 떠나 바닷가 마을로 옮겨왔다. 같이 살던 사람 몇몇이 이곳으로 왔다. 그들과 이웃하며 살았다. 아픈 자식들도 힘을 내서 살아갔다. 두 번째 고향을 만든다고 여기고 힘을 쥐어짜서 살았다. 병들어 곧 죽을 줄 알았는데 모진 목숨은 끊어지지도 않고 이어졌다. 그러던 어느 날, 내가 일군 땅 위에 발전소를 짓는다며 땅을 내놓으라고 했다. 도대체 이 바닷가에 무슨 발전소를 짓는지 궁금하여 물었더니 돌아오는 말이 충격이다.

원자력발전소!

원자력이라면 원자폭탄을 만드는 그거랑 비슷한 거 아닐까? 나는 히로시마의 악몽이 생각나 부들부들 떨었다. 겨우 억누르고 지내오던 고통이 다시 치솟아 올랐다. 다 늙은 나이에 또다시 원자폭탄의 공포를 안고 살아야 한단 말인가?

"안전합니다. 이건 원자폭탄이 아니라 원자력발전소에요. 최첨단 기술로 관리하니 걱정하지 마십시오."

둥근 모자를 쓴 사람이 환하게 웃으며 우리를 설득한다. 나는 고개를 절래절래 흔들었다. 믿을 수가 없다. 사람들은 그 환한 웃음에 넘어가 땅을 내주었고, 보상비 몇 푼 받고 그대로 살기로 했다. 나는 자식들에게 이곳을 떠나라고 했다. 여기선 절대 살아선 안 된다고 신신 당부했다.

＊　＊　＊

나는 원폭 피해를 입은 분의 손자의 정신 속으로 옮겨갔다.

＊　＊　＊

할아버지 말씀대로 다른 곳으로 이사를 하길 정말 다행이다. 이사를 하지 않고 그곳에 살던 분들 중에는 암이 걸려 죽은 분들이 많았다. 발전소 측에서는 원자력발전소와 암은 아무런 관련이 없다고 말하지만 그 말을 믿는 사람은 거의 없다. 나는 할아버지와 아버지로부터 우리 집안의 슬픈 역사를 들어 잘 알고 있다. 다시는 그런 비극이 일어나지 않기를 바란다. 솔직히 말하면 내 몸도 그리 정상은 아니다. 할아버지가 원폭 피해를 받았는데 그 영향이 나에게까지 내려왔다. 원폭의 저주는 무섭고도 질기다.

일본 후쿠시마에서 쓰나미로 인해 원자력발전소에 큰 사고가 생겼다는 소식은 나를 두려움에 떨게 했다. 쓰나미로 인한 피해는 복구가 가능하나 원자력발전소 사고는 수습이 불가능했다. 몇 년 동안 계속 바다로 오염된 물이 흘러들어간다는 소식은 공포 그 자체였다.

휴, 내가 남 걱정할 때가 아니다. 아버지가 사는 동네에 고압 송전선이 들어선다고 한다. 나라가 아버지 땅을 강제로 빼앗아 송전선을 건설하는데, 송전선을 건설하면 근처에 살 수가 없다면서 아버지는 한숨을 내쉬셨다. 계속 반대를 하지만 경찰까지 와서 밀어붙이니 막을 수가 없다면서 어떻게 해야 하냐고 나에게 전화할 때마다 걱정을 늘어놓으셨다.

형광등을 켰다. TV를 켰다. 냉장고를 열었다. 전자레인지를 돌렸다. 컴퓨터를 켰다. 청소기를 돌렸다. 세탁기를 돌렸다. 휴대전화를 만졌다. 문득 멈췄다. 모두가 전기다. 이 전기가 할아버지의 고향을 빼앗았고, 아버지의 땅을 망쳐놓았으며, 멀쩡한 사람을 암에 걸리게 만들었다. 이 전기를 만들다가 후쿠시마는 영영 사람이 살지 못하는 땅이 되었다. 과연, 내가 이 전기를 계속 써야 할까? 긴 한숨과 함께 어둠이 밀려왔다.

전기, 빛과 어둠의 이중주

석유와 더불어 전기는 인류의 삶을 바꿨다. 전기가 사라지면 컴퓨터도 없다. 우리를 편리하게 해주는 냉장고, 세탁기, 자동차, 정수기, 보일러, 엘리베이터, 전화기, 스마트폰 따위도 사라진다. 전기가 없으면 현대 문명도 없다.

전기는 개항을 한 뒤 조선에 처음 들어왔다. 당연히 왕궁이 처음이었다. 전기가 들어와도 전기가 급속히 퍼지진 않았다. 식민지 시대에는 도시 지역에 보급되었지만, 농촌엔 전기가 들어오지 않은 곳이 많았다. 오늘날과 같이 전기선이 전국 곳곳에 깔리고, 전자제품이 활발하게 보급되기 시작한 때는 1970년대다. 그렇다고 곧바로 모든 집이 오늘날처럼 전자제품을 가지지는 못했다. 1970~80년대만 해도 가정에 냉장고, TV 있는 집을 학교에서 조사할 만큼 전자제품은 일부 가정에서만 특별하게 사용했다. 1980년대 중반, 한국 경제가 급격하게 성장하면서 전자제품이 빠르게 보급된다. 특히 1990년대 한국의 전자산업이 눈부시게 성장하면서 웬만한 가정이라면 텔레비전, 냉장고 등을 갖추게 된다. 전자제품 보급이 늘어나면서 전기사용량도 급격하게 늘어났다. 늘어나는 전기사용량을 감당하기 위해서 전국 곳곳에 수많은 발전소가 들어섰다. 2011년 9월에는 늘어나는 전력 수요를 공급이 따라가지 못하면서 대규모 정전이 전국 단위에서 벌어지는 엄청난 사건이 벌어지기도 했다.

전기를 만들려면 발전소를 세워야 한다. 우리나라 발전소는 크게 세 종류로 화력발전소, 수력발전소, 원자력발전소다. 화력발전소는 석탄, 석유, 가스 등을 이용해 전기를 만들고, 수력발전소는 댐을 세워 떨어지는 물을 이용해 전기를 만들며, 원자력발전소는 원자가 깨지면서 쏟아내는 에너지를 이용해 전기를 만든다. 발전소는 대규모 시설이기에 설립되는 과정에서 갈등이 생기기 마련이다. 화력발전소는 환경오염 문제를 일으키고, 수력발전소는 댐을 만들면서 수많은 사람들의 터전을 물에 잠기게 했다. 당연히 그곳에 사는 사람들과 갈등이 생기기 마련이다. 화력발전소와 수력발전소를 둘러싼 갈등은 원자력발전소를 둘러싼 갈등에 견주면 아무 것도 아니다.

1900년대 초, 인류 역사상 최고의 과학자라는 아인슈타인이 'E=mc^2'이라는 간단해 보이지만 범상치 않은 공식을 발표한다. 이 공식은 언뜻 단순해 보이지만 놀라운 원리가 숨어 있으니, 바로 원자폭탄의 원리다. 아인슈타인이 발견한 공식은 결국 핵무기로 만들어지고, 1945년 8월 6일 세계 최초로 히로시마에 원자폭탄이 떨어진다. 그 위력은 지금까지 인류가 만든 그 어떤 불보다 강력했다. 원자력 발전은 원자폭탄과 원리가 동일하다. 다만 폭발하는 속도를 늦춰서 에너지로 사용할 뿐이다. 우리나라, 아니 세계 곳곳에서 운영되는 원자력발전소는 따지고 보면 그 하나하나가 바로 원자폭탄이다. 소련의 체르노빌 사고, 미국의 쓰리마일 사고, 일본의 후쿠시마 사고는 원자력발전소가 원자폭탄과 별반 다르지 않다는 사실을 증명했다.

원자력발전소가 지닌 위험성 때문에 원자력발전소를 둘러싼 갈등은 끊이지 않는다. 원자력발전소 주위에서는 방사능 누출로 인해 암환자가 많이 발생한다는 의심 사례도 여러 차례 보고되었다. 2010년대에 밀양에서 송전탑 건설을 둘러싸고 벌어진 갈등도 원자력발전소에서 만든 전기를 대도시로 보내는 시설을 만드는 과정에서 벌어졌다. 사고가 나지 않는다고 해도 문제가 끝나지는 않는다. 원자력발전소를 돌리고 난 뒤에 생기는 방사능 물질은 10만년이 지나야 위험이 없어진다고 한다. 10만년 동안 안전하게 방사능 물질을 보관할 기술이 인간에겐 없다. 지금의 편리함을 누리는 대가치고는 원자력발전소가 끼치는 위험은 너무나 크다. 일본 후쿠시마 원자력발전소 사고 이후, 세계 각국은 원자력발전소 건설을 중단하거나 기존 발전소를 폐쇄하는 쪽으로 에너지 정책을 전환했다. 그럼 한국은?

12 에너지
인류 문명을 지탱하는 주춧돌

때 　지금
곳 　여기
人 　나

보일러가 주는 따스함에 안겨 잠을 잔다.

휴대전화 알람 소리에 눈을 뜬다. 화장실에서 따스한 물로 샤워를 한다. 샴푸로 머리를 감고, 칫솔로 이를 깨끗이 닦는다. 부엌에 가니 가스 불이 맛있는 음식을 익히는 중이다. 냉장고 문을 연다. 플라스틱 상자와 병에 보관된 음식과 음료수가 나를 유혹한다. 사과 주스를 꺼내 마시고 냉장고 문을 닫는다. 엄마는 찬 음료수를 마시지 말라며 커피포트로 따뜻한 물을 데워서 차를 만들어 주신다. 따끈한 차 한 잔이 들어가니 온 몸이 포근하다. 전기밥솥이 하얀 수증기를 내뱉는다.

음식을 먹고 교복을 입은 뒤 집을 나선다. 엘리베이터를 타고 내려가 1층에 도착한다. 버스를 타러 조금 걷는다. 버스를 타고 학교로 간다. 친구들과 떠들썩하니 하루를 보내고 다시 버스를 타고 집으로 온다. 학원에 가기 전에 컴퓨터를 잠깐 한다. 세탁기 돌아가는 소리와 청소기 소리가 방해하지만 아랑곳하지 않는다. 청소를 마친 엄마는 좋아하는 드라마를 본다며 소파에 앉으신다. 엄마가 벽에 붙은 전자시계를 힐끔 쳐다보신다. 신호다. 나는 얼른 컴퓨터를 끄고 학원으로 향한다. 학원 공부를 끝내고 집에 오는데 가로등이 밝게 빛난다. 온갖 자동차들의 불빛과 간판이 거리를 휘황찬란하게 장식한다. 집에 돌아와 다시 씻고 옷을 갈아입고 책상에 앉아 플라스틱으로 만든 볼펜으로 공부를 한다. 스탠드 불빛이 집중력을 돕는다. 책을 덮고 침대에 눕는다. 따뜻하고 편안하다.

잠이 들다 말고 문득 정신을 차린다. 내가 기나긴 꿈을 꾸고 지금 여기 나로 돌아왔다는 사실을 깨닫는다. 지금의 나는 내 몸과 정신이 일치한 상태다. 오늘 하루 내 삶은 전부 불과 관계되어 있음도 깨닫는다. 석유와 전기와 가스가 내 삶을 유지하는 근본이다. 내가 먹는 음식도 석유와 전기와 가스가 있기에 가능하다. 어느 하나도 석유, 전기, 가스와 관계없는 물건이 없고, 석유와 전기와 가스 없이 가능한 삶이 없다. 나는 기나긴 세월 동안 인간이 쌓아 올린 불의 문명이 주는 혜택을 하루 종일 누리며 사는 존재다.

나를 가능하게 한 밑바탕은 불이다. 불이 나를 만든다. 불이 인간을 만들었다. 그리고 불이 인간을 위협하는 시대에 산다. 전등을 다시 켠다. 무심코 사용하는 저 전등에 인류 역사의 핵심이 담겨 있다니……, 놀랍다. 불의 역사는 나와 별개가 아니다. 불의 역사가 지금의 나를 만들었다. 전등을 끈다. 깊은 어둠 속에서 불이 주는 따스함을 누리며 깊은 잠에 빠져든다.

* * *

깨어 보니 교실이다. 밝은 형광등이 나를 반긴다. 반가운 불을 향해 눈인사를 한다. 그리고 조용히 속삭인다.

"고마워, 불!"

제 2 부

부의 역사

—

경제, 변화와 다툼의 근원

작성자 _ 이한비

문명의 싹을 틔우다

때　신석기 혁명이 일어나는 시기
곳　어느 강가 평평한 땅
人　어린 소녀

"여기다 똥 누지 말랬지. 지저분한 파리들이 똥냄새 맡고 몰려온다고 했잖아. 저쪽 떨어진 곳에 싸라고 내가 몇 번 말했어. 말 안 들을래?"

엄마가 머리를 쥐어박았다. 입을 삐죽 내밀고 얼른 도망쳤다.

＊　＊　＊

"이게 뭐지?"

똥을 누다 말고 땅을 살폈다. 예전에 내가 싸 놓은 똥에서 자라나는 싹을 발견했다. 새파란 싹이 예뻤다.

"어! 이건 내가 예전에 먹었던 거랑 똑같네. 신기하다. 어떻게 여기서 자랐지? 내 똥에서 이런 신기한 일이 생기다니……."

똥에서 내가 먹은 야채와 똑같은 야채가 자랐다. 도대체 어떻게 된 일일까? 궁금증을 참지 못하고 엄마에게 쪼르르 달려가 물었다.

"엄마, 엄마, 내가 똥 눈 데서 내가 먹은 야채랑 똑같은 야채가 자랐어. 어떻게 된 거야?"

"너 거기다 똥 싸지 말랬지. 계속 그럴래?"

"아냐, 아냐, 오늘은 거기다 똥 안 쌌어. 거기서 내가 먹은 야채랑 똑같은 야채가 자랐다니까. 가서 봐봐."

나는 엄마 손을 끌었다.

"그러게, 어떻게 된 일이지?"

엄마도 왜 이런 일이 벌어졌는지 몰랐다. 엄마는 뭐든지 다 알 줄 알았는데.

＊　＊　＊

"엄마 뭐 하는 거야?"

엄마는 평평한 땅에 잡초를 제거하더니 무언가를 뿌렸다.

"씨앗을 뿌리는 거야."

"씨앗이라니?"

"우리가 먹고 나면 딱딱한 거 남잖아. 그걸 씨앗이라고 해. 씨앗을 뿌리면 거기서 똑같은 생명이 자라나는 것 같아. 그래서 확인해 보려고."

"그럼 고생해서 음식 구하러 돌아다니지 않아도 되는 거야?"

"아마도 그렇게 될 거야. 그리고 너 다른 데다 똥 싸지 말고 이 근처에 똥을 싸. 아무래도 똥을 자꾸 싸는 곳에서 씨앗이 더 잘 자라는 것 같거든."

"히히! 그거야 걱정 마셔. 내가 열심히 똥 쌀게."

＊　＊　＊

"와! 엄청나네! 이렇게나 많은 음식이 한 곳에서 자라다니. 엄마 진짜 대단하다."

"다 네 똥 덕분이다."

엄마가 네 머리를 쓰다듬었다. 똥을 아무 데나 싼다고 야단맞던 때가 엊그젠데 이젠 똥 때문에 칭찬을 받으니 기분이 좋았다.

＊　＊　＊

　　더 이상 동굴에서 살지 않기로 했다. 음식을 길러서 먹을 수 있게 되니 음식이 잘 자라는 곳 옆에서 사는 게 나았기 때문이다. 나무로 기둥을 세우고 풀로 주변을 가려 집을 지었다. 가운데엔 모닥불을 피워 따뜻하게 만들었다. 여러 채의 집들이 옹기종기 모였다. 물이 가까운 곳에서 흘러 고기를 잡기도 편했다.

　　"엄마, 너무 좋아!"

　　"다 네 똥이 만든 변화야. 기특한 녀석!"

＊　＊　＊

　　엄마는 씨앗을 별도로 모아 놓고 무언가 표시를 해 두었다. 나는 궁금증을 참지 못하고 물었다.

　　"이게 다 뭐야?"

　　"씨앗을 언제 뿌려야 하는지 표시해 둔 거야."

　　"씨앗을 언제 뿌려야 하다니? 아무 때나 뿌리면 안 돼?"

　　"응. 씨앗은 제때에 뿌리지 않으면 싹이 트지 않아. 그래서 각 씨앗별로 언제 뿌려야 하는지 적어 놓은 거야."

　　엄마는 구불구불 지렁이가 기어가는 듯한 표시들이 무엇을 뜻하는지 알려주었다.

　　"이것은 분홍색 꽃이 막 피어나면 뿌리라는 뜻, 이것은 하늘에 검은 새가 날아가면 뿌리라는 뜻, 이것은 나뭇잎이 진한 색으로 바뀌면 뿌리라는 뜻이야. 그리고 이건……."

　　나는 엄마가 해 준 설명을 최대한 기억하려고 애썼다. 시간이 지난 뒤에도 표시를 보면 기억이 떠올랐다.

엄마는 계속 하늘을 보았다. 나도 덩달아 하늘을 보며 걱정을 했다.

"엄마, 왜 비가 안 와? 비가 안 오면 어떻게 되는데?"

"왜 안 오는지는 나도 모르겠다. 비가 안 오면 싹이 트지 않아. 그러면 우리가 먹을 음식이 많이 부족하겠지."

"아, 아, 싫어! 배고픈 거 싫어."

나는 투정을 부리다 하늘을 나는 새를 보았다.

"엄마, 혹시 저 새한테 부탁을 하면 하늘에 있는 비에게 내려달라고 전해주지 않을까?"

엄마는 나를 한 번 보더니 날아가는 새를 한 번 보았다.

"그럴 수도 있겠구나. 하늘에서 비가 오니 하늘을 나는 새라면 우리의 바람을 전할지도 모르겠다. 그래 빌어보자."

나는 두 손을 모으고 하늘을 나는 새를 보면서 간절히 기도했다.

그로부터 며칠 뒤 진짜 비가 내렸다.

"엄마! 우리의 바람을 새가 하늘에 전해주었나 봐!"

"그러게, 이제 비가 안 오면 새를 통해 하늘에 기도를 해야겠구나."

엄마와 나는 마주보며 환하게 웃었다.

＊　＊　＊

맛있게 음식을 먹다 문득 엄마를 봤다. 내가 알던 엄마와 비슷하지만 우리 엄마는 아니었다. 어! 그리고 보니 내 몸도 내 몸이 아니었다. 아주 어린 여자 아이였다. 이게 어떻게 된 거지? 당황해서 음식을 떨어뜨렸다. 불길이 맹렬한 기세로 타올랐다. 눈앞이 하얘지면서 머리가 텅 비었다.

농업이 불러온 혁명

사람은 먹어야 한다. 먹지 못하면 죽는다. 그러니 식량은 역사의 뿌리요 줄기다. 인류는 오랜 옛날부터 먹을 걱정 없이 다 같이 편안히 먹고 살기를 바랐다. 인간이 불을 소중하게 다루고, 불을 다루는 기술을 발전시켰던 이유도 따지고 보면 더 잘 먹기 위해서였다. 더 많이 먹고, 더 안전하게 먹고, 더 좋은 음식을 먹기 위해 불을 이용하다보니 불을 사용하는 기술이 늘었고 그로 인해 금속을 활용할 줄 아는 기술이 생겼다.

구석기 시대에 사람들은 모닥불을 중심에 두고 수십 명이 빙 둘러 앉았다. 원의 중심에서 타오르는 불은 따스함을 주고, 같은 무리를 뭉치게 했으며, 주위의 맹수로부터 인간을 지켜주었다. 불을 피우고 모여 있는 인간, 불을 중심으로 함께 지내는 인간, 이것이 인간의 밑바탕이며 인간을 동물과 다르게 했다. 모닥불 위에는 음식이 익어간다. 사냥을 해서 잡은 동물이나 물고기가 모닥불 위에서 맛있게 익는다. 사냥을 한 음식은 혼자 먹지 않는다. 다 같이 골고루 나눠 먹는다. 혼자 먹기에는 양이 너무 많고, 자기 몫으로 남겨 봐야 금방 상해서 나중에는 먹지도 못한다. 혼자만 음식을 차지했다가는 주위 동료들의 힘이 약해지거나 병이 든다. 주위 동료가 없으면 사냥을 못한다. 사냥은 협동이 중요하다. 사냥을 못하면 자기도 죽는다. 그래서 음식을 혼자 독차지하지 않는다. 당시 사람들은 나의 생명이 곧 공동체의 생명이었고, 공동체의 행복이 곧 나의 행복이라 여겼다. 인류의 피 속에는 모닥불에 둘러앉아 사냥한 음식을 나눠먹던 전통이 수백만 년 동안 새겨졌다. 나만 살겠다는 이기심의 유전자가 아니라 공동체 유전자가 인류의 밑바탕이다.

무언가가 얼마나 중요한지 알려면 없다고 가정하면 된다. 농사는 인류에게 얼마나 중요한 가치를 지닐까? 농사가 사라지면 인류는 어떤 삶을 살까? 씨를 뿌려서 길러 먹지 않는다면 인간은 지금처럼 살지 못한다. 아니 지금의 인간 자체가 없다. 농사가 없었다면 그 어떤 문명도 탄생하지 못했다. 문자도 발명하지 못했고, 사회 조직도 발전하지 못했으며, 문화도 원시적인 수준에 머물렀을 것이다. 불로 인해 다른 동물보다 조금 강한 생명체였던 인간은 농사로 인해 전혀 새로운 차원의 존재로 탈바꿈했다. 농사로 인해 인간은 이성을 지닌 존재, 문자를 지닌 존재, 문화를 지닌 존재, 정치를 하는 존재, 학문을 하는 존재, 건축을 하는 존재, 자연을 개발하려는 존재가 되었다.

농사를 하자 옮겨 다닐 필요가 없었다. 씨를 뿌리고 곡식을 거두려면 일 년 단위로 생활해야 하므로 농사짓는 곳을 중심으로 생활 공간이 고정된다. 동굴에서 나와 평지에 집을 짓고, 곡식을 저장할 공간을 만들며, 음식을 담아 먹을 그릇도 만들었다. 농사를 짓기 위해서는 다양한 도구가 필요하므로 돌이나 뼈를 갈아 도구를 만들고, 다양한 토기도 제작했다. 주변에서 생산된 농산물로 옷도 만들고, 집터를 더 잘 닦고 집을 더 안전하고 튼튼하게 만드는 방법도 연구했다. 여러 사람이 어울리다보니 의사소통을 더 정확히 할 필요가 생겼고, 사회조직도 더 체계적으로 만들어야 했다. 농업에 관한 지식을 후손에게 물려주기 위해 가르치고 배우는 관계도 형성되었다. 농사를 짓다보니 자연의 변화에 민감했다. 별들의 흐름, 태양의 움직임, 달의 변화에 따라 계절을 알아야 했고, 씨를 뿌리고 거두는 시기를 정확히 파악할 필요가 있었다. 농사를 지을 때는 날씨가 매우 중요하므로, 날씨에 영향을 주는 신령스런 존재를 믿기 시작했다. 농사로 인해 종교까지 발생했다. 이처럼 농사는 그때까지 인류의 삶을 송두리째 바꾼 거대한 혁명이었고, 지금의 인류 문명을 만든 출발점이었다.

계급이 생긴 원인

때   신석기 시대에서 청동기 시대로
곳   집단 거주지
人   농업 생산 관리자

이런, 이런, 내 몸이 남자 속으로 들어왔다. 일단 얼굴이 궁금했다. 잘생겼을까? 얼굴을 어디 비춰보고 싶어도 비출 대상이 없었다. 거울도 없고, 물에 비춰도 선명하지 않았다. 몸은 괜찮아 보이는데 얼굴은 전혀 모르겠다. 제발 잘생겼기를 바랄 뿐이다.

이 남자, 무언가 깊은 고민에 빠졌다.

'음식이 남아. 남는 음식을 내가 차지하면 나는 더 이상 일을 하지 않아도 돼. 옛날에야 식량이 부족해서 다 나눠 먹어야 했지만, 이제는 다 먹고도 충분히 남아. 이런 상황에서 굳이 일할 필요는 없지. 다른 사람은 일하고 나는 놀고먹으면 진짜 좋을 텐데. 방법이 없을까?'

얼굴이 어떤지는 모르지만 속이 시커먼 놈은 확실하다. 혼자 편하게 놀고먹으려고 잔머리를 쓰다니, 아주 못돼 처먹었다. 왜 하필 이런 놈에게 정신이 깃들었는지. 쩝!

* * *

"자 봐요. 계획을 잘 짜서 농사를 지으면 훨씬 효과가 좋아요. 농사를 지을 땅도 많고 복잡하니까 관리를 하는 사람도 필요하잖아요? 제가 머리가 좋으니까 농사를 계획하고 관리하는 일을 할게요. 시켜만 줘요."

나는 일하는 사람들을 쫓아다니며 설득했다. 검은 속내는 감추고 모두에게 이익인 듯 속임수를 썼다. 처음엔 귓등으로도 듣지 않던 사람들은 귀찮음 반, 혹시나 하는 마음 반으로 나에게 관리자 역할을 맡겼다.

✳ ✳ ✳

"제가 없었으면 이렇게 생산량이 늘지 않았어요. 농사를 지을 때는 머리가 좋아야 되요. 불만 있어요?"

어, 나 좀 보게! 내 자세가 완전히 바뀌었다. 얼마 전까지 계획하고 관리하는 일을 맡겨달라고 사정하고 다녔는데, 어느새 사람들에게 큰소리를 치는 위치를 차지했다.

"나도 열심히 일했는데 몫이 너무 적잖은가?"

"그렇게 불만이면 나가요. 앞으로는 이쪽 땅도 제가 직접 관리할 테니까 일하기 싫으면 꺼져요."

"아니, 그런 게 아니고. 사정 좀 봐주게."

"일단 가 있어요. 생각해 볼게요."

앞에 있던 사람은 기가 죽어서 어깨를 푹 떨어뜨리고는 밖으로 나갔다. 나는 내가 차지한 식량을 흐뭇하게 보다가 밖으로 나갔다. 길을 가다가 몇몇 사람이 모여서 얘기를 나누기에 끼어들까 하다가 몸을 감추고 이야기를 들었다.

"도저히 참을 수가 없어. 우리 모두의 땅을 자기 땅이라고 우기지 않나, 우리가 고생해서 생산한 식량의 절반을 자신이 차지하려고 하지 않나."

"가만히 두면 안 되겠어. 아무래도 힘을 합쳐서 내 쫓아야겠어."

몰래 이야기를 듣던 나는 화들짝 놀랐다.

'안 되겠어 무언가 특별한 수를 써야지. 이러다 큰일 나겠다.'

*　*　*

"나는 하늘에게서 특별한 이야기를 들은 특별한 사람이다. 나는 하늘이 하시는 말씀을 내귀로 똑똑히 들었다. 하늘이 내게 힘을 주셨다."

이건 또 무슨 귀신 씨 나락 까먹는 소리야?

"허참! 도대체 증거가 뭐야?"

나는 청동방울을 흔들었다. 딸랑딸랑 소리가 은은하게 퍼졌다. 사람들은 난생처음 보는 물건에 화들짝 놀랐다.

"이뿐 아니다. 하늘께선 내게 하늘의 빛도 보내주셨다."

시커먼 놈은 청동으로 만든 거울을 사람들을 향해 흔들었다. 청동거울은 햇빛을 사람들에게 되돌려주었다. 번쩍이는 빛이 사람들의 눈을 향하자 모두들 두려워하였다.

"원래 나는 하늘의 아들이었으나 일부러 그 사실을 숨기고 사람들과 함께 하였다. 이제 하늘이 내게 신령스런 물건을 주어 내가 하늘의 아들임을 당당히 내세우도록 하셨다. 지금부터 내가 하늘을 대신해 너희들을 다스릴 테니 나에게 복종하라!"

사람들은 두려움에 떨며 무릎을 꿇었다. 이런 황당한 논리에 속아서 시커먼 놈을 왕으로 받들다니 어이가 없었다. 그러면서 한편으로는 내가 깃든 몸이 왕이 된다니 기대가 되기도 했다. 무엇보다 청동거울에 얼굴을 비춰보고 싶었다. 그러나 그럴 기회는 오지 않았다.

*　*　*

나는 몸에 장식을 잔뜩 하고 다녔다. 내 가족들도 다들 놀고먹으며 화려한 옷차림을 했다. 사람들은 내가 나타나면 두려움에 떨었다. 속에 깃든 내 관심은 이 시커먼 놈의 얼굴이었다. 도대체 어떻게 생겨먹었을까? 그러다 우연히 청동거울에 비친 얼굴을 봤다.

'이런 세상에, 이렇게 못생겼다니! 속도 나쁜 게 얼굴까지 이런 더러운 꼴이었던 말이야? 어휴 창피해!'

겉은 못생기고 속은 시커먼 놈의 엄마가 어느 날 죽었다.

"내 엄마는 진짜 내 엄마가 아니다. 이 엄마는 단지 하늘에서 땅으로 내려오기 위한 통로였을 뿐이다. 내 진짜 엄마는 하늘신이시다. 그래도 내가 이 세상에 오는 통로가 되는 큰 역할을 하였으니 성대하게 장례를 치러야겠다. 뒷산에 돌을 옮겨서 큰 무덤을 만들겠노라."

사람들은 어이가 없었지만 하늘이 두려워 그대로 따랐다. 수백 명의 사람들이 나무를 베고, 흙을 쌓고, 바위를 날랐다. 수십 일 동안 고생해서 고인돌을 만들었다. 고인돌 밑에는 겉은 못생기고 속은 시커먼 놈(그러니까 나!)의 엄마를 묻고, 여러 가지 껴묻거리를 묻었다. 남들은 없어서 못 쓰는 물건을 땅속에다 묻다니 진짜 어이가 없었다. 속이 메스꺼워지더니 구토와 함께 속에 깃든 내가 튀어나왔다.

계급사회의 출현

식량이 부족하면 계급이 생기지 않는다. 식량이 남아 돌 때 계급이 생긴다. 식량이 부족할 때 누군가 식량을 독차지하면 음식을 못 먹는 사람이 생기고, 그 사람은 죽거나 약해진다. 작은 무리를 이루고 사는데 몇몇이 약해지고 죽으면 무리 전체가 위기에 빠진다. 따라서 사냥과 채집을 중심으로 하던 구석기 시대나, 농업생산력이 낮았던 신석기 시대 초기에는 계급이 생길 수 없었다.

계급은 농사 기술의 발전과 더불어 나타났다. 다 먹어도 남는 음식이 생기니 그 음식을 누가 차지하느냐는 문제가 발생하고, 남아도는 음식은 힘이 세거나 머리가 좋은 사람들이 차지했다. 그들은 힘과 지식뿐 아니라 자신들이 지배 계급이 될 만한 위치에 있다는 점을 드러내기 위해 '신'과 통하는 능력이 있다고 주장하기도 했다. 청동기를 이용한 전쟁도 계급 형성을 부채질했다.

그나마 청동기 시대에는 계급이 작은 단위에서만 생겼다. 철기를 자유롭게 사용하면서 아주 큰 규모로 전투가 벌어지고, 대제국이 형성되면서 노예도 늘어나고, 지배계급의 힘은 더욱 강해졌다. 고조선 8조법에는 사유재산과 노예제도가 담겼는데 계급사회인 청동기 시대의 특징을 잘 보여주는 예라 하겠다.

고조선을 풍요와 멸망으로 이끌다

기원전 109년 　때
한나라 궁성 　곳
한 무제의 궁녀 　人

수십 명의 신하들이 황제 앞에 무릎을 꿇고 늘어섰다.

황제는 약간 기우뚱하니 앉아서 손끝으로 의자 끝을 톡톡 쳤다. 무언가 고심하는 표정이 뚜렷했다.

"그러니까 저 동쪽에 있는 작은 나라가 도대체 뭐가 그리 문제라는 것이냐? 지금까지 흉노와 전쟁을 치르느라 백성과 병사들이 고생을 했는데 또다시 전쟁을 벌이라는 이유가 무엇이냐? 제대로 설명해 보거라!"

나는 한 무제 뒤에서 큰 부채를 흔들며 서 있었다. 얼핏 궁녀가 입은 옷을 봤는데 화려함이 장난이 아니었다. 이런 옷을 입어보다니……. 꿈이냐, 생시냐! 황홀함에 정신을 차리기 힘들었다. 황제의 옷은 말 그대로 황금이었다. 단지 황금빛이 나는 옷이 아니라 머리에서 발끝까지 온통 황금으로 뒤덮인 옷이었다.

"폐하의 크나크신 은혜로 북쪽의 흉노를 몰아내고 비단길을 개척했사옵니다. 그리하여 우리 한 제국의 무역은 크게 활발해지고, 크나큰 이득을 보고 있습니다"

황제는 흐뭇하게 웃었다. 자신이 가장 힘을 들여 이룩한 성과를 거듭 인정해주는 신하의 아부는 기특함 자체였다.

"그런데 동쪽에 있는 조선이라는 나라가 우리에게 크나큰 피해를 주고 있습니다.”

"그 조그만 나라가 우리에게 무슨 피해를 준다는 말인가? 자세히 설명해 보라."

황제는 웃음을 거두지 않고 말했다.

"조선의 남쪽에는 풍족한 땅이 많습니다. 또한 우리 한나라에는 없는 물건이 참 많아서 우리와 활발하게 무역을 합니다. 뿐만 아니라 조선의 동쪽 바닷가에 위치한 나라들은 깊은 바다와 험한 산에서 나는 신기한 물건이 많습니다. 그 나라들과도 활발히 무역을 벌이고 있습니다."

"무역을 활발하게 하고, 그들 나라의 신기한 물건들이 우리에게 많은 도움을 준다면 뭐가 그리 문제라는 거냐?"

"중간에서 조선이 막대한 이익을 가로채고 있습니다."

"이익을 가로채?"

황제가 허리를 곧추 세웠다. 얼굴에서 웃음기가 사라졌다. 부채질을 하던 내 손이 조금 떨렸다.

"조선이 사이에 끼어서 무역을 이어주는 역할을 하는데 그 사이에서 이익을 챙겨갑니다."

"당연히 중간에 이익을 챙겨야지. 작은 이익도 챙기지 않는다면 무엇 때문에 중간에서 무역을 이어주는 역할을 하겠는가? 난 또 뭐라고."

황제는 다시 허리를 뒤로 눕혔다. 별다른 문제가 아니라는 반응이다. 긴장으로 굳어졌던 내 손도 부드러워졌다.

"단순히 무역을 이어주고 챙기는 작은 이익이 아닙니다. 조선은 자신의 땅을 이용하는 대가를 받을 뿐 아니라, 물건을 중간에 사서 다시 파는 방법으로 중간 이익을 상당 부분 챙깁니다. 예를 들어, 동쪽 산에서 나는 호피의 경우 무려 다섯 배나 되는 가격을 부른다고 합니다. 제가 다양한 통로로 알아본 바로는 적게는 서너 배, 많게는 열 배에 이르는 이익을 본다고 하니, 이 어찌 그대로 두겠습니까?"

황제가 의자를 강하게 내리쳤다. 황금으로 된 의자가 흔들렸다.

"그게 진짜인가?"

"신이 뉘 앞이라고 거짓을 아뢰겠습니까?"

"그들이 보는 이득은 우리 한 제국이 얻어야 할 이득이 아닌가? 이런 고얀 놈들! 당장 조선에 그따위 수작을 하지 말라고 알려라! 만약 그리 전했는데도 따르지 않는다면 그때는 가만 두지 않으리라."

"황은이 망극하옵니다."

큰일이다. 고조선이 한나라의 침략을 받게 생겼다. 걱정스럽긴 했지만 힘없는 궁녀인 내가 어떻게 할 방법은 없었다.

✲　✲　✲

한 달 쯤 지난 뒤 조선과 관련된 문제가 다시 황제 앞에서 다뤄졌다.

"폐하, 조선이 제안을 거절했습니다."

"조그만 나라가 감히 내게 반항한단 말인가? 이것들이 나에게 도전을 해? 대장군은 어디 있는가?"

칼을 찬 대장군이 황급히 뛰어들어 왔다.

"폐하, 여기 대령했습니다."

"지금 당장 군사를 일으켜 조선을 쳐라!"

"네, 폐하!"

황제를 위해 흔들던 부채가 잠시 부르르 떨렸다. 한나라가 대군을 일으켜 고조선을 치면 고조선이 위험하다. 안타까움과 걱정이 밀려들었지만 어쩔 방도가 없었다.

✲　✲　✲

처음엔 조선이 강하게 저항한다는 소식이 들렸다. 황제는 손에 든 물건을 집어던지며 불같이 화를 냈다. 나는 속으로 은근히 고소해 했다. 전쟁이 일어난 지 일

년이 지나도록 고조선은 한나라에 저항했다. 대단했다. 황제와 대신들의 분위기는 심각했지만 나는 신났다. 나는 기분이 좋아 더 열심히 부채질을 했다. 황제가 힐끗 나를 봤다. 나는 상냥한 미소로 황제를 향해 고개를 숙였다.

그러나 힘의 차이는 어쩔 수 없었다. 다음 해, 조선이 멸망당했다는 소식이 들렸다. 황궁에선 잔치가 벌어지고, 황제는 공을 세운 장군들에게 큰 상을 내렸다. 얼마 뒤에는 조선이 멸망한 곳에 네 개의 식민지 국가를 건설했다는 얘기도 들렸다. 단군이 세운 고조선이 이렇게 망하다니, 안타까운 일이었다. 손에 들고 있던 부채로 한 무제를 한 대 치고 싶은 마음이 굴뚝같았지만, 그랬다간 끔찍한 일을 당할 게 분명하기에 꾹 참았다. 휴, 미칠 노릇이다.

탐욕과 전쟁

전쟁은 막연한 정복 욕심으로 일으키지 않는다. 누군가 전쟁을 일으킨다면 그 뒤에는 반드시 경제적 목적이 있다. 무수한 자원과 생명을 투입해서 전쟁을 했는데 경제적 이득이 없다면 누가 전쟁을 일으키겠는가? 사유재산이 출현한 청동기 시대 이후, 전쟁은 대부분 경제적 이익을 둘러싸고 벌어졌다.

고조선을 멸망으로 이끈 한나라의 침략도 마찬가지였다. 고조선이 농사만 짓는 나라였다면 한나라와 싸울 이유가 없었다. 한나라가 지배하는 땅은 충분히 넓었기 때문에, 동북쪽에 농사 짓는 땅을 조금 더 확보하기 위해 전쟁을 벌일 이유는 없었다. 그런데 고조선은 농사만 짓는 국가가 아니었다.

오늘날에도 그렇지만 한 지역에서 필요한 물건을 그 지역에서 모두 생산하기는 어렵다. 자신의 지역에서 많이 나는 생산품을 다른 지역에 팔고, 부족한 생산품을 다른 지역에서 구해오면 훨씬 더 풍족한 생활이 가능하다. 풍족하면 인구가 늘고, 부자가 되며, 힘도 강해진다. 고조선이 딱 그랬다. 고조선은 한반도 남단 및 동해안 쪽 국가와 중국 사이에서 중계무역을 하며 큰 이득을 보았기에 한나라는 이를 내버려 둘 수 없었다. 자신들의 이득을 고조선이 가로챈다고 판단해서 한나라는 군대를 동원해 공격했고(기원전 109년), 강력한 한나라 군대에 맞섰던 고조선은 기원전 108년에 왕검성이 함락당하며 멸망당한다.

한나라의 고조선 침략 이후 한반도에 들어선 국가들은 어쩔 수 없이 대륙에서 침략해 오는 적과 맞서야 했다. 대륙에서 침략해 왔던 국가들은 괜히 쳐들어오지 않았다. 한반도는 풍족한 땅이었고, 경제 이익 면에서 매우 중요한 위치였다. 만주와 몽골 초원에 자리한 북방 유목민족들이 황하강과 양자강 유역에 자리한 중원 국가들을 끊임없이 침략한 이유도 경제 이득이 핵심이었다. 북방은 유목에는 좋았지만, 풍족하지 못했다. 날씨가 추워지면 따뜻하고 풍족한 남쪽 중국 대륙을 부러워하는 마음이 커졌다. 북방민족에게 풍족한 중국 대륙은 늘 탐나는 땅이었다. 만주와 한반도도 마찬가지였다. 거대한 평야 지대, 풍족한 농산물, 바닷가에서 나는 다양한 수산물은 대륙에 위치한 국가, 초원에 자리 잡았던 민족들에게는 탐나는 대상이었다. 전쟁은 괜히 벌어지지 않는다. 풍요를 바라는 욕심이 전쟁을 부른다.

차별을 제도로 만들다

삼국시대 때
신라 경주 곳
신라인 여자들 人

자주 빛깔을 띤 고급 옷이 부드러웠다. 색깔도 고급스러웠지만 무늬와 촉감은 격이 달랐다. 세상에 이런 옷이 있다니 믿을 수 없었다. 청동거울에 비친 얼굴은 아름다웠다. 눈빛은 맑고 입술은 붉은 기운이 감돌았다. 내가 예쁜 여자 몸에 들어가니 너무 기뻤다. 더구나 집안을 장식한 장식품은 한결같이 고급스러웠고, 집은 넓고 컸다. 이런 신분으로 계속 지내면 얼마나 좋을까?

"잡찬께서 오십니다."

남편 얼굴에 만족한 웃음이 가득하다. 어쩌면 저렇게 화려하고 멋진 관복이 있을까? 젊은데 벌써 벼슬이 '잡찬'이다. 이제 두 단계만 더 오르면 최고 관직인 '이벌찬'이다. 진골은 이래서 좋다.

"아니 왜 그리 싱글벙글이십니까?"

웃는 남편을 보고 내가 물었다.

"오늘 10년째 아찬 벼슬을 하는 늙은 놈이 내가 제대로 일처리를 못했다고 타박을 하는 게 아니겠소. 그래서 지그시 밟아줬소."

"아찬만 10년이라니 안 됐군요."

"6두품 주제에 아찬까지 올랐으면 다 오른 거지. 어디 6두품이 진골인 나에게 일을 못한다고 타박을 하느냐 말이오.”

“잘 하셨어요.”

남편은 콧노래까지 부르며 옷을 갈아입었다. 나는 예쁜 내 얼굴을 확인하기 위해 다시 거울을 봤다. 예쁜 얼굴과 화려한 장식품에 흐뭇해하는데 거울이 빙그르르 회전하며 눈앞이 하얗게 변했다.

＊　＊　＊

아쉬웠다. 그렇게 예쁘고 화려한 집은 처음이었는데, 더구나 남편도 멋지고! 주위를 둘러봤다. 귀족보다는 못했지만 그런대로 괜찮았다. 나름대로 화려했다. 얼른 옷을 살폈다. 비취 빛을 띤 옷이었다. 장신구는 거의 없었고 집에서 사용하는 물건들은 화려하진 않았지만 나름대로 괜찮았다. 집에 청동거울이 있는지 살폈지만 보이지 않았다. 내 얼굴이 어떤지 궁금했지만 확인할 방법이 없었다.

“아찬께서 들어오십니다.”

남편이 들어온다. 나이가 제법 들어 보인다. 그렇다고 늙은이는 아니다. 딱 우리 아빠 얼굴이다. 남편이 저런 얼굴이면 나도 40대란 말일까? 아! 싫다.

“벼슬길에 오른 지 벌써 20년, ‘아찬’ 벼슬만 10년째요.”

남편이 긴 한숨을 내쉬며 말을 했다.

“당신이 6두품만 아니라면 얼마나 좋을까요? 오를 수 있는 관직이 ‘아찬’까지라니, 당신처럼 능력 많은 남자가 거기서 멈춰야 하다니 안타까워요.”

나는 눈물을 훔쳤다.

“그래서 하는 말인데 이제 그만 벼슬을 내려놓을까 하오.”

남편이 폭탄 발언을 했다.

“벼슬을 내려놓으면 어쩌시려고?”

“좋은 곳으로 가서 남은 생을 즐기고 싶소.”

나는 짐작이 가는 바가 있어 물었다.

"혹시 오늘 궁궐에서 안 좋은 일 있었어요?"

"휴~! 오늘 새파랗게 젊은 놈이 나에게 욕을 했소이다. 그놈은 진골이라 나보다 어린데 벌써 벼슬이 잡찬에 이르렀소. 일을 엉망으로 처리해 놓았기에 '이러저러하게 하셔야 합니다' 하고 말씀드렸더니 다짜고짜 화를 내는 게 아니겠소. 심한 욕까지 들었소이다."

나는 속으로 뜨끔했다. 조금 전 남편, 그러니까 '잡찬 벼슬을 하는 남편'과 있던 일이 떠올라 입에 쓴맛이 돌았다.

"힘드시겠어요."

나는 진심으로 위로했다.

"괜히 아랫것들에게 화도 내보았지만 답답하고 억울함이 풀리지 않는 구려."

남편이 땅이 꺼질 듯이 한숨을 지었는데, 진짜로 땅이 꺼지더니 세상이 울렁거렸다.

*　*　*

재빨리 옷부터 살폈다. 청색 옷이었다. 재질도 거칠었다. 자색과 비취색 옷에 견주면 볼품이 없었다. 집도 좁고 가재도구는 평범했다. 대문을 박차며 남편이 들어왔다.

"어휴, 더러워서 못해먹겠네."

남편은 문을 닫자마자 불만을 터트렸다.

"왜 그러세요? 무슨 안 좋은 일 있었어요?"

"멀쩡하게 일하고 있는데, 아찬 벼슬을 하는 자가 갑자기 나를 찾더니 생트집을 잡으며 난리를 피우지 않겠소."

"'아찬'이나 되는 분이 왜 당신에게 생트집을 잡아요."

"그러니까 말이요. 나중에 알아봤더니 '잡찬' 벼슬을 하는 젊은 진골 귀족에게 된통 당한 화풀이를 내게 한 것이었소. 에이, 기분 더러워서."

"어휴, 그래도 화 풀어요. 5두품인 당신이 6두품에게 악감정을 품어봤자 득이 될 게 없어요."

남편은 쩝, 쩝 하며 입맛을 다셨다.

"나도 아오. 그래서 나도 4두품 '사지' 벼슬을 하는 놈을 반 죽여 놓고 왔소."

"잘하셨어요. 그냥 4두품들에게 화풀이하세요. 그게 우리가 살아남는 방법이잖아요."

서글펐다. 먹이사슬이었다. 위는 아래를 쪼이고, 아래는 마냥 위를 보며 굽실거려야 했다. 타고난 신분은 어쩔 수 없었다. 풀이 죽어 좁은 방으로 들어가는 남편을 보니 내 마음도 풀이 죽었다. 세상이 오그라들더니 나는 다른 곳에 있었다.

*   *   *

재빨리 옷을 살폈다. 황색 옷이었다. 집을 살폈다. 초라하다. 남편이 들어온다. 화가 잔뜩 난 목소리다.

"어휴, 5두품이면 다야! 왜 괜히 일 잘하는 나를 두들겨 패냐고? 어휴, 신경질나!"

어떤 일이 벌어질지 뻔하다. 머리가 몽롱했다.

*   *   *

흰 옷을 입었다. 집도 구질구질하다. 남편이 축 처진 한숨을 가늘게 뱉으며 들어온다. 무언가 푸념을 내뱉으려 한다. 4두품에 당한 이야기일 게 뻔했다! 지긋지긋하다. 이번엔 내가 냅다 소리를 질렀다.

"이제 그만!"

신분제와 중앙집권국가

농업은 가장 중요한 산업이었다. 농사를 잘 지어서 생산물을 풍성하게 거두면 풍족하게 살고, 농사가 잘못되면 가난해졌다. 농사는 농업혁명 이후 산업혁명이 일어나기 전까지 인류의 핵심 산업이었다. 농사를 지으려면 비옥한 평야가 필요하며, 농사를 짓는 노동력인 농민들이 필요했다. 전쟁은 농사를 지을 땅과 농민들을 확보하기 위한 수단이었다. 고구려, 백제, 신라는 이러한 정복 전쟁의 결과로 탄생한 국가였다.

농사기술이 발달하면서 농업 생산량은 크게 늘어난다. 다양한 농기구가 나오고, 소를 이용해 벼농사를 짓는 기술도 발전하며, 거대한 저수지를 만들어 기후에 상관없이 농사를 짓는 토대가 마련된다. 농업기술이 발달하고 생산량이 늘었지만 일반 백성들은 그리 풍족하지 못했다. 넓은 땅과 좋은 농기구, 소를 보유한 이들은 소수였다. 소수의 사람들이 넓은 땅에서 좋은 농기구와 소를 이용해 많은 수확을 얻었고, 점점 더 부자가 되었다. 전쟁을 하려면 엄청난 물자가 필요한데 그 물자를 공급하기 위해 수많은 농민들이 피와 땀을 짜내는 노동을 했고, 세금으로 부를 빼앗겼다. 귀족들은 전쟁 비용을 거의 대지 않았지만, 전쟁에서 얻은 이익인 땅과 포로는 대부분 귀족이 차지했다. 수만 명의 젊은 병사들이 농사를 짓지 못하고 오랫동안 군대에서 지내는 동안 남아 있는 가족들이 힘겨운 농사를 감당했다.

부담은 부담대로 지고, 툭하면 전쟁이 나서 젊은이들이 끌려가 죽고, 그나마 전쟁에서 얻은 이득은 귀족들이 차지하는 상황이 계속 되면 어떨까? 백성들은 억울함과 분노를 느끼고, 억울함과 분노가 쌓이면 반란으로 폭발하고, 반란은 지배체제에 위협이 된다. 귀족들은 이러한 위험을 막기 위해 신분제를 만들고, 강력한 중앙집중식 지배체제를 구축했다.

신분제는 가난과 피지배를 숙명으로 받아들이게 만든다. 신분제는 귀족의 특권이 유지되는 든든한 버팀목이다. 신분제를 받아들이는 백성들은 비참한 삶이 어쩔 수 없는 신분 때문이라 여기고 저항을 포기한다. 신분제는 엄격함이 특징이다. 엄격하지 않으면 신분제가 유지되기 힘들기 때문이다. 신분을 정해서 집의 규모, 사용하는 도구, 복장의 형태, 제사까지 시시콜콜 규제했다. 신라의 '골품제'는 '골(骨)'과 '품(品)'으로 신분을 나누고, 각 신분마다 올라갈 관등을 정해두었다. 백제도 고위 관리는 8개 성씨가 독점했으며, 일반 관리들도 등급을 엄격히 나누었다. 고구려 고분벽화에 그려진 인물의 크기나 복장 등을 볼 때 고구려도 신분제가 엄격했다는 점이 드러난다.

아무리 신분제를 통해 운명을 받아들이게 만든다 해도 한계가 있다. 신분제를 보완하는 것이 강력한 중앙집중식 통치 체제다. 강력한 중앙집중식 통치 체제는 피지배계층이 감히 저항하지 못하도록 만드는 수단이다. 농민에게 세금을 거두고, 정복한 땅을 관리하기 위해서 행정조직을 중앙에서 지방까지 꼼꼼하게 만들었다. 삼국이 고대국가로 발전하는 과정에서 '율령 반포'가 꼭 있었는데 이는 법률 체계를 정비하고, 행정조직을 탄탄하게 마련했다는 뜻이다. 국가가 강력해지려면 부가 쌓여야 하고, 국가의 부는 세금과 노동력에서 나온다. 세금을 많이 거두려면 농업이 발전하고, 농업노동력이 늘어야 하며, 세금을 많이 거둬서 중앙으로 집중시켜야 한다. 율령과 행정조직은 이러한 목적을 실현하기 위한 기반이었다. 강력한 중앙집중식 행정 체제는 강력한 군사력으로 뒷받침했다.

생존과 탐욕의 용광로

신라후기 | 때
옛 백제 땅 | 곳
농민 | 人

또다시 남자다. 에고 이게 무슨 꼴인지. 여학생인 내가 툭하면 남자 정신 속으로 들어가다니……. 그나마 잘생겼다면 괜찮은데, 잘생겼는지 확인하고 싶어도 방법이 없다. 옷을 보니 옛날 군인들이 입는 옷이다. 헉! 설마 전쟁에 나가지는 않겠지? 아무리 정신만 깃들었어도 전쟁의 공포를 맛보기는 싫다. 내가 들어간 남자의 뇌를 잽싸게 뒤졌다. 나당전쟁이 끝나서 이제 집에 돌아간단다. 다행이다. 저 멀리 집이 보인다. 가족들이 여럿 뛰어나온다. 늙으신 분도, 젊은 여자도, 어린 아이들도 뒤엉켜서 나에게 달려온다. 젊은 여자부터 봤다. 예뻤다. 다행이다.

★ ★ ★

"우리 땅이 없단 말이야? 내가 전쟁에 나가기 전에는 있었잖아? 도대체 어떻게 된 거야?"

나는 아내를 다그쳤다. 전쟁에 나가기 전까지 있었던 내 땅이 사라지다니 앞이 깜깜했다.

"여긴 이제 신라 땅이에요. 신라 군대가 들어와서 우리 땅을 빼앗았고, 그 땅은 신라 귀족이 차지했어요. 우리가 뭐 힘이 있나요."

손에 다시 칼을 쥐고 싶었다. 쫓아가서 죽이고 싶었다. 그러나 내겐 귀족을 죽일 힘도 없고, 만약 죽인다 해도 더 큰 보복이 돌아올 게 분명했다. 전쟁만 끝나면 다 괜찮을 줄 알았는데, 어떻게 살지 막막하다.

"걱정 말아요. 그 귀족이 계속 농사는 짓게 해준댔어요."

그나마 다행이었다.

"공짜는 아니겠지?"

"농사를 짓고 귀족에게 세금을 바치면 된다고 하네요."

"세금을 귀족에게? 나라에 바치는 게 아니고?"

"이쪽 땅을 귀족이 신라 왕한테서 녹읍으로 받았대요. 이 땅 안에서는 그 귀족이 왕이나 마찬가지라네요."

나는 곰곰이 따져봤다. 따져보니 왕에게 세금을 내나, 귀족에게 세금을 내나 매한가지였다. 귀족에게 잘 보이기만 하면 크게 문제가 생기지도 않을 것이다. 나는 불만이 있기는 했지만 지그시 눌렀다. 어차피 힘없는 농민들은 그저 조용히 권력에 따르며 살아야 한다. 전쟁에서도 살아남았는데, 전쟁이 사라진 지금은 걱정할 게 뭐가 있겠는가?

* * *

힘들게 농사를 짓고 점심을 먹으로 들어오는데 아내가 얼이 빠진 얼굴로 나를 맞이했다. 나는 무언가 큰일이 났구나 싶어 얼른 아내의 손을 잡았다. 예쁘던 얼굴도 10여 년이 지나니 주름이 많이 생겼다. 내가 아는 피부 관리법을 알려주고 싶었지만 알려줄 방법이 없었다. 아무튼 심각한 일이 뭔지 얼른 물었다. 내가 몇 번 물어도 정신을 못 차리던 아내는 머리를 뒤흔들더니 나를 똑바로 보고 말했다.

"우리 땅을 돌려준대요."

나는 아내가 헛소리를 하는 줄 알았다.

"농담하지 마. 그 귀족이 사악하진 않지만 그렇다고 땅을 그냥 줄 사람은 절대 아니니까."

"농담이 아니에요."

"그 귀족이 죽을 때가 됐나? 왜 자기 땅을 우리에게 돌려줘?"

"왕이 귀족들 땅을 빼앗아서 백성들에게 땅을 나눠준대요."

"왕이? 신라왕이 말이야?"

"귀족보다 왕이 위잖아요. 왕이 시키니까 귀족들도 어쩔 수 없이 땅을 내놓나 봐요. 당신, 어서 관청에 가요. 빨리 가서 땅문서를 받아와요."

어안이 벙벙했다. 내 땅이 다시 생긴다니 실감이 나지 않았다. 관청으로 가는 길에 사람들이 점점 늘었다. 관청이 가까워질수록 내 땅이 생긴다는 현실을 받아들였다. 기쁨이 강물처럼 흘렀다. 살다보니 이런 날도 오는구나!

＊　＊　＊

"땅문서를 내놓아라."

웬 날강도 같은 놈들이 몽둥이를 휘두르며 땅문서를 내놓으라고 강요했다.

"그 땅은 우리 할아버지 때 나라에서 받은 땅입니다. 당신들은 누군데 저희 땅을 빼앗아 가려고 하십니까?"

흠, 내가 그 사람 손자 몸으로 들어갔군. 이번에도 남자다. (제발 여자 몸으로 들어가게 해달라고요)

"세상이 변했다. 당장 내놓아라! 곧 우리 주인어르신이 이곳에 오신다. 괜히 땅문서 움켜쥐고 있다간 죽음을 면치 못하리라."

몽둥이를 든 자들은 신라 중앙 귀족의 부하들이었다. 수십 년 전에 녹읍을 폐지하고 정전으로 나눠 준 땅을 왜 다시 빼앗아 가는지 설명을 듣고 싶었지만 몽둥이를 든 자들도, 관리들도 설명이 없었다. 그저 몽둥이를 들고 설명 없이 몽둥이만 휘둘렀다.

할아버지 때 받았던 땅문서를 내놓았다. 저항할 힘이 없었다.

"너희에게 바뀐 것은 없다. 앞으로도 계속 그 땅에서 농사를 지어라. 대신 세금만 우리 주인님께 내면 된다. 알겠느냐?"

알겠다고 대답하는 수밖에 없었다. 이놈의 나라는 도대체 어떻게 돌아가는지 모르겠다. 땅을 빼앗았다, 주었다, 다시 빼앗는다. 세금을 임금이 걷다가, 귀족이 걷다가, 다시 임금이 걷다가, 또다시 귀족이 걷어간다. 위에서 무슨 짓들을 하는지 모르지만 확실한 건 옛날 임금은 힘이 강했지만, 지금은 임금보다 귀족이 더 힘이 강해 보인다는 사실이다.

* * *

또다시 세월이 한참 흐른 분위기다. 몸을 살폈다. 와! 드디어 여자다. 이젠 옷차림이나 경제 상황은 기대도 안 한다. 그냥 여자 몸으로 들어가기만 하면 된다. 이번에는 무슨 일일까 두리번거렸다. 집이 낡긴 했지만 익숙하다. 아마 후손이 되는 여자 몸으로 들어온 듯하다. 이번에는 빼앗긴 땅을 돌려받을 수 있을까?

"여보! 꼭 가셔야 하나요?"

이건 무슨 분위기? 남편이 꼭 죽으러 가는 듯하다.

"어쩔 수 없소. 이 지역을 지배하는 호족이 군대에 들어오라니 어쩌겠소."

나는 눈물을 훔치며 남편의 손을 잡았다.

"곳곳에서 호족들이 군대를 모으고, 전쟁을 일으킨다는데 당신이 군인이 되면 당신도 전쟁에 나가야 할 거예요. 가지 마세요. 아프다고, 아니 다쳤다고 나가지 마세요."

남편은 내 손을 살짝 떼어 놓았다.

"내가 가지 않으면 우리 가족뿐 아니라 이 근처에 사는 일가친척들을 전부 내쫓아 버린다 하니 가지 않으면 안 되오."

"당신이 가면 전 어떻게 살아요."

내 눈에서 닭똥 같은 눈물이 하염없이 떨어졌다. 남편은 눈물을 감추려 하늘을 보더니 내 손을 한 번 꼭 잡은 뒤 문밖을 나섰다.

군대에 들어간 남편은 1년 쯤 뒤에 집에 잠깐 들렀다. 남편은 이 지역 호족이 고려 쪽으로 넘어가기로 했다고 전했다. 자기 딸이 고려 왕인 왕건과 결혼을 해서 장인이 된 기념으로 잠깐 휴가를 주었단다.

그리고 그게 마지막이었다. 남편은 다시 돌아오지 않았다. 어느 땅 어느 전투에서 죽었는지 아무도 알려주지 않았다. 나는 자라나는 아들들을 바라보았다. 불쌍했다. 저 아이들도 자라서 아버지처럼 전쟁터에 끌려가 아무런 이득도 없는 싸움을 벌이다 죽을지도 모른다. 끔찍함에 세상이 아득해졌다.

심각한 빈부 격차와 신라 멸망

삼국전쟁에서 승리한 신라의 영토는 그 전과는 차원이 다르게 넓어졌다. 인구도 많아졌다. 귀족들은 넓은 땅을 자기 소유로 만들고 그곳의 땅뿐 아니라 농민들까지 마음대로 지배하였다. 전쟁에서 승리한 뒤 신라 문무왕은 새로 생긴 많은 땅을 귀족들에게 나눠줬는데 이것을 '식읍(食邑)'이라고 한다. 또한 관직에 따라 등급별로 '녹읍(祿邑)'이라는 땅도 주었다. 귀족들은 녹읍과 식읍을 기반으로 부를 축적해 나갔다. 녹읍과 식읍은 귀족들의 사유지였다. 거대한 영토를 장악한 귀족들은 자기 영토 안에서는 왕이었다. 세금도 마음대로 거두고, 노동력도 마음대로 부렸다.

신문왕은 귀족들의 힘을 약화시키고자 녹읍을 폐지하고, 대신 관료들에게 녹봉을 주었다. 오늘날로 치면 귀족에게 월급을 준 것이니 귀족들의 반발이 거셌다. 그러나 왕권이 약해진 경덕왕 때가 되자 녹읍이 부활하였다. 성덕왕 때는 귀족들이 지나치게 땅을 독점하는 현상을 막고자 '정전(丁田)'이라 하여 농민들에게 땅을 나눠주기도 했다.

다시 녹읍을 갖게 된 귀족들은 수탈을 더욱 강화했다. 생산물의 절반을 거둬갔으며, 필요할 때는 강제로 노동력을 동원하여 귀족들이 필요한 일을 시켰다. 농민 수탈을 기반으로 귀족들은 엄청난 사치를 누렸다. 안압지, 포석정과 같은 유적은 신라 귀족들이 얼마나 사치스런 생활을 했는지 보여주는 증거다.

각 지역마다 거대한 영토와 인구를 보유한 귀족들은 서서히 왕과 맞먹는 강한 권력을 쌓아갔다. 수백, 수천의 사대를 보유하기도 했다. 그러다 보니 귀족들끼리 권력 다툼이 끊이지 않았다. 신라 말에 수많은 왕이 죽고, 권력이 수도 없이 바뀌었던 이유는 귀족들이 지닌 힘이 그만큼 강했기 때문이다. 귀족들의 등쌀을 견디지 못한 농민들은 곳곳에서 반란을 일으켰다. 농민 반란과 귀족들의 권력다툼은 신라 사회 전체를 혼란에 빠뜨렸다. 혼란한 상황에서 강력한 경제력과 군사력을 기반으로 한 세력이 지방 곳곳에서 등장했다. 새로운 세력들은 자신이 지배하던 지역을 기반으로 실제 통치력을 행사하며, 신라와 완전히 결별한다. 이들 새로운 세력이 바로 '호족(豪族)'이며, 호족들에 의해 신라는 멸망의 길로 들어선다. 후삼국을 이룬 왕건, 궁예, 견훤 등도 모두 호족 출신이었다.

06 수탈
귀족이 누리는 풍요의 원천

때 고려시대
곳 황해도와 개경
人 귀족의 부인들

가마가 흔들거린다. 가마 밖으로 널따란 들판이 황금물결에 물들어 나를 반긴다. 내가 무척 높은 신분임이 틀림없다. 들판을 지나 마을로 들어서니 입구부터 사람들이 길가에서 무릎을 꿇고 나를 맞이한다. 다들 고개를 숙이고 '대부인'과 '마마'와 '만수무강'을 읊조린다. 내가 대부인에 마님이라니 행복했다. 옷을 살폈다. 황금색이었다. 황금색이라면 임금을 상징하는 색이다. 황금색 옷을 입었다면 내가 왕의 부인이란 뜻이다. 왕후라고 불리지 않은 걸 보면 왕의 여러 부인 중 뒤쪽에 속한 듯했다.

머리를 내밀어 앞뒤를 살폈다. 수십 명의 군인들이 앞뒤를 지키며 나를 따랐다. 짐을 가득 실은 수십 대의 마차도 보였다.

"마마, 곧 친정에 당도하옵니다."

가마 옆에서 종종걸음을 걷던 상궁이 반가운 목소리로 보고했다. 그때 농부로 보이는 자가 가마 앞으로 뛰어와 '마마'를 외치며 길을 막았다.

"마마, 제 억울함을 풀어주소서. 마마!"

"아니, 이 자가 감히 어느 분 앞이라고 이따위 짓을 하느냐! 당장 끌어내라!"

군인들이 앞 다투어 농부를 끌어내려 했다.

"아아! 잠깐만요. 오랜만에 오는 친정 길이에요. 안 좋은 기분으로 들어가고 싶지 않아요. 무슨 말인지 들어보고 싶으니 가만 두세요."

군인들이 좌우로 물러섰고 초라한 농민은 내 앞에서 무릎을 꿇었다.

"저는 원래 양인이었습니다. 제 땅에서 농사를 짓고, 나라에 세금도 성실히 냈습니다. 자식들은 군대에 가서 후백제를 물리치는 데 열심히 싸웠습니다."

"본론을 말하세요."

임금과 결혼했으면 오만할 만한데도 내가 깃든 이 부인은 상당히 착했다. 가난한 농부에게 존칭을 써주다니 괜찮은 여자였다.

"그런데 며칠 전 몇몇 사람들이 몰려와 다짜고짜 제 땅과 집을 빼앗고, 저를 노비로 삼았습니다. 억울합니다. 마마님. 저는 선량한 고려의 백성입니다. 어찌 이런 일을 당해야 한단 말입니까?"

속에 깃든 나는 언짢았다. 신라 때 농민으로 살면서 당했던 아픔이 떠올랐다. 왕의 부인인 나는 주변에서 호위하던 자들을 살피며 말했다.

"왜 멀쩡한 양민의 땅을 빼앗고 노비로 삼았는지, 이유를 아는 사람 있나요?"

아무도 대답하지 않았다. 갑자기 피곤이 몰려왔다. 이 일을 차근차근 따져서 판단하고 싶지 않았다.

"무슨 이유인지 모르나 이 사람을 다시 양인으로 되돌려주고, 땅도 돌려주도록 하세요."

"마마, 다 이유가 있는 일인데 마마께서 그리 명령하시면……."

아버지를 모시는 자 중 한 명이 얼굴이 어두워지며 말했다.

나는 귀찮기도 하고 화도 치밀었다.

"너 따위가 감히 내 명령을 따르지 않겠다는 것이냐? 아버지께서 하신 일이라면 어찌 이유가 없겠느냐만 내가 오랜만에 친정에 오는 길이기에 은혜를 내리고 싶어서 결정하였을 뿐이다. 명령대로 얼른 시행하라!"

"황송하옵니다. 마마! 명령대로 시행하겠습니다."

아버지의 부하는 머리를 여러 번 조아리며 뒤로 물러섰다.

"감사합니다. 감사합니다. 마마! 마마 만수무강하십시오. 마마!"

농부는 가마가 지나간 뒤에도 땅에 엎드려 내게 절을 했다. 잠시 뒤 가마가 거대한 대문 앞에 도착했다.

＊　＊　＊

지금까지 꿈 속 역사 여행을 하면서 이보다 화려한 곳은 한 무제의 황궁밖에 없었다. 어떤 면에서는 한 무제의 황궁보다 더 화려했다. 한 무제의 황궁이 금빛으로 번쩍여서 화려해 보였다면, 여기는 비단과 도자기, 가구가 아기자기했다. 무늬는 신비했고, 비단과 한지와 그림이 어우러진 방은 고급스러움의 극치였다.

이곳은 고려의 수도 개경, 개경 중에서도 왕이 머무는 궁궐이었고, 나는 태종 왕건의 스물아홉 부인 중 한 명이었다. 문이 열렸다. 초조한 기색이 역력한 노인이 들어왔다. 나는 자리에서 일어나 그 노인을 맞이했다.

"연락도 없이 어찌 이리 급히 오셨습니까?"

그 노인은 내 아버지요, 태조 왕권의 장인이며, 유명한 호족이었다.

"마마! 어찌하면 좋습니까?"

자리에 앉기도 전에 아버지는 떨리는 음성으로 말을 꺼냈다.

"기분을 가라앉히시고 차분히 말씀하세요. 어쩐 일이세요?"

"폐하께서 제 땅을 모조리 빼앗았습니다. 제가 거느리던 노비도 열에 아홉은 양민으로 되돌려 보내버렸습니다. 어찌 이런 경우가 있답니까? 돌아가신 태조 임금의 장인인 저를 어찌 이렇게 함부로 대한단 말입니까?"

현재 왕은 내 아들이나 마찬가지다. 아쉽게도 왕이 내 친아들은 아니다. 지금 왕은 돌아가신 태조 임금이 둔 29명의 부인 중 신명순성왕후 유씨의 아들(광종)이다.

"아니 폐하께서 이유도 없이 다짜고짜 땅을 빼앗는단 말입니까?"

"그놈의 노비안검법을 내세워 밀어붙이십니다. 제가 거느린 노비들을 무조건 다 풀어주고 양인으로 돌려주고, 과거 양인들이 농사짓던 땅까지 전부 돌려주라고 하니, 이게 말이 됩니까? 제가 태조 임금께 충성한 대가가 이렇게 돌아오다니 억울해서 미치겠습니다."

"그렇다고 저항할 수도 없는 노릇 아닙니까?"

"그랬다간 죽음뿐입니다. 노비안검법을 따르지 않은 몇몇 호족들은 이미 죽임을 당했고, 재산까지 모조리 빼앗겼습니다. 폐하는 무자비합니다."

나는 가슴이 덜컥 내려앉았다.

"아버지! 말을 삼가세요. 여기는 궁성입니다. 눈과 귀가 많습니다."

"휴~! 저도 압니다. 조금이라도 거역하는 기색을 보이면 반역죄로 처형하겠다니 속이 부글부글 끓는데……. 속병이 나 죽겠습니다."

나는 이런저런 위로의 말을 전했지만 딱히 어떻게 해 볼 도리는 없었다.

* * *

"너는 하라는 공부는 안 하고 뭔 짓을 하고 다니는 게냐?

나는 대청마루에 서서 술이 취해 들어오는 아들을 향해 소리를 질렀다. 술이 덜 깼는지 아들은 비칠비칠하였다. 아마 나의 몸은 또 다른 사람 속으로 들어갔나 보다. 이제 놀랍지도 않다.

"죄송합니다. 어머니! 제가 기분이 좋아서 친구들과 술 좀 마셨습니다."

"사내대장부가 큰일을 하려면 공부를 게을리 하지 말아야 하느니라. 도대체 너는 언제 정신을 차릴 것이냐?"

"네, 어머니! 그 뜻 받들어 모시겠습니다."

아들은 꾸벅 고개를 숙이다가 픽! 소리를 내며 쓰러졌다. 뒤에서 안절부절 못하던 하인이 내 눈치를 보더니 아들을 부축해서 방으로 끌고 들어갔다.

"어휴, 아무리 과거시험을 안 봐도 벼슬길에 나가는 특혜가 있다지만 그래도 공부를 해야지, 저렇게 놀아서 어쩌려는 건지……."

그때 굵은 남자 목소리가 들렸다.

"허허, 부인! 사내가 젊어서 그럴 수도 있지 너무 야단치지 마시오. 대대손손 물려줄 공음전도 있겠다, 노비들도 수백 명이겠다, 벼슬길은 음서로 계속 보장되겠다, 뭐가 그리 걱정이시오."

남편이었다. 아버지란 사람이 저러니 아들이 저런 꼴을 하고 다닌다.

"사내대장부로 태어났으면 더 큰 꿈을 꿔야지요. 주어진 안락에 만족하다간 분명 큰일 납니다."

"허허, 걱정도 팔자시구려. 100년이 지나는 동안 우리 문벌은 떵떵거리며 살았소. 앞으로도 그럴 텐데 뭐가 걱정이오."

남편은 사람 좋아 보이게 너털웃음을 터트렸다. 남편은 권력과 부를 한 손에 거머쥔 문벌귀족이었다. 나는 남편의 지위와 부를 떠올리고는 피식 웃고 말았다.

* * *

나는 명색이 귀족의 부인이지만 집은 가난하다. 일반 양인들보다 조금 잘사는 정도다. 남편은 무인이다. 아침에 칼을 차고 나가면 며칠씩 못 들어오는 경우가 비일비재하다. 문신들이 벌이는 잔치를 쫓아다니며 경비를 서느라 바쁘단다. 같은 귀족인데 문신들은 떵떵거리며 살고, 무신들은 무시를 당하며 산다. 집안 살림은 늘 빠듯하다. 화려한 보석이나 비단은 꿈에서나 바랄 일이다. 예쁘게 꾸미고 싶지만 그랬다간 집안이 풍비박산이 될지도 모른다.

며칠 째 돌아오지 않던 남편이 대낮에 집으로 왔다. 뒤에는 평소에 보이지 않던 여러 군사들이 따르고 있었다. 남편을 대문 앞에서 맞이했는데 몸에서 피 냄새가 났다. 전쟁이라도 치른 분위기였다. 실제로 갑옷 곳곳에 피가 묻어 있었다. 가슴이 덜컹 내려앉았다. 난리라도 났단 말인가?

"부인, 안심하시오. 이제 세상이 바뀌었소. 거들먹거리던 문신들은 이제 세상에서 싹 사라졌소. 우리 무신들의 세상이 왔소."

남편은 무신정변에 대해서 자세히 말해주었다. 무신의 세상이 왔다는 게 믿어지지 않았다.

"허허, 아직 믿지 못하는가 보구려. 그럼 내가 지금 당장 보여주리다."

남편은 나를 이끌고 밖으로 나갔다. 수십 명의 병사들이 남편 뒤를 따랐다. 남편은 곧바로 우리 동네에서 가장 권세가인 집으로 갔다. 수백 명의 노비를 거느리고 거대한 땅을 다스리던 문벌귀족의 집이었다. 평소에는 쳐다보지도 못한 집이었다.

걱정이 되어 남편을 만류했지만 남편은 거침없이 그 집으로 들어가더니 집안 식솔들과 하인들을 불러 들였다. 모두 벌벌 떨면서 마당으로 모였다.

"지금부터 내가 여기 주인이다. 여기 이분이 너희들이 모셔야 할 마님이시다. 알겠느냐?"

식솔들과 하인들이 일제히 무릎을 꿇으며 복종을 맹세했다. 남편은 나를 이끌고 가장 화려한 건물로 들어갔다.

"여기가 이제부터 부인 방이요. 이 집의 모든 재산은 부인 것이며, 이 집의 모든 식솔과 노비들도 부인의 재산이요. 물론 땅도 전부 부인 것이요. 평소에 미운털 박힌 자가 있다면 노비로 삼아도 좋고, 갖고 싶은 땅이 있으면 그냥 차지해도 되오. 이제 이 동네에서는 부인이 왕비나 마찬가지요."

이게 꿈인가, 생시인가? 너무 좋아서 입이 다물어지지 않았다.

* * *

"여기 산이 참 마음에 드는구나."

옆에 있던 남편이 거들먹거리며 말했다. 나와 남편은 따스한 봄볕을 받으며 산책을 하는 중이었다. 몽골 복장으로 차려입은 옷 사이로 남편의 손이 개울을 끼고 흐르는 산을 가리켰다. 산 밑에는 개울이 흐르고, 개울 위에는 넓은 밭이 펼쳐져 있었다. 그 밭에는 몇몇 농부들이 부지런히 일을 하는 중이었다.

"지금 당장 저들을 내쫓고 저 밭에 정자를 지어라!"

남편이 부하들에게 명령을 내렸다. 역시 몽골 복장을 한 부하들이 남편의 명령을 받고 산 밑에서 일하는 농부들에게 다가갔다. 잠시 뒤 부하들은 몽둥이를 꺼내 농부들을 마구잡이로 때렸다. 인정사정 두지 않는 몽둥이질을 당한 농부들은 손을 싹싹 빌며 무릎을 꿇었다. 부하들은 허리춤에 차고 있던 밧줄로 농부들을 묶었다. 세 명의 농부가 피를 흘리며 우리 앞으로 끌려왔다.

"곱게 말을 듣지 않은 모양이구나."

남편이 시큰둥하게 말했다.

"아무래도 벌을 더 받아야할 놈들입니다."

"됐다! 내 특별히 용서할 테니 매질은 그만하고 데려다 노비로 삼아라!"

부하 둘이 농부 셋을 묶어서 끌고 갔다. 농부들은 양인이었다. 자기 밭에서 부지런히 일을 하고 있을 뿐이었다. 풍경이 예쁘다고 남의 땅을 빼앗아 놓고, 마치 은혜를 베풀 듯이 하는 남편이 가증스러웠다. 그러나 나는 속마음을 비치지 않았다.

"부인, 저 밭에 정자를 짓고, 술 한 잔 하면 멋지지 않겠소?"

나는 살포시 웃을 뿐 아무 말도 하지 않았다. 나는 새도 떨어뜨린다는 권문세족인 남편을 잘 만난 덕에 아무런 거리낌 없이 산다. 심지어 왕의 눈치도 살피지 않는다. 남편은 그만큼 권력이 강했다. 한편으론 두려웠다. 남의 땅을 몽둥이로 빼앗고, 멀쩡한 양민을 노비로 삼는 짓을 밥 먹듯이 하면서 누리는 권력이 오래 갈까? 원한이 쌓이면 힘없는 양민들도 들고 일어서는 법이다. 그러나 나는 이런 속마음을 남편에게 하나도 드러내지 않았다. 남편 귓구멍에는 들어가지도 않을 말이기 때문이다.

바뀌는 지배세력, 계속되는 수탈

백성의 비난을 받는 국가는 망하고 백성이 지지하는 국가는 성공한다. 왕건은 백성들의 생활을 안정시키기 위해 세금을 생산물의 10%만 받게 했다. 국가가 동원하는 노동도 줄였고, 노비들을 평민으로 되돌아가게 해주고, 떠돌이 농민을 정착하게 도왔다. 왕건의 정책은 백성의 지지를 이끌어냈고, 백성들의 지지는 왕건이 후삼국을 통일하는 데 큰 힘이 된다. 고려는 송나라, 여진, 일본뿐 아니라 멀리 사라센제국(요즘의 중동지역)과도 무역을 할 정도로 상업과 무역이 발전했지만 부를 만드는 핵심은 여전히 땅과 농민이었다.

고려는 토지를 국가가 보유하고 관리들에게 토지를 나눠주는 '전시과(田柴科)' 제도를 시행하였다. 일반 농지를 '전지(田地)'라 하였고, 나무나 수풀이 많은 토지를 '시지(柴地)'라 하였다. 벼슬과 지위, 직급에 따라 관리들에게 토지를 나누어 주었고, 이 토지는 관리들이 부를 축적하는 원천이었다. 노비는 호족들이 보유한 거대한 땅을 경작하는 노동력이었으며, 위급한 일이 발생하면 호족들의 개인 군대가 되기도 했다. 광종은 노비안검법을 통해 노비들을 대규모로 양인으로 만들었고, 이는 호족들의 힘을 크게 약화시켰다. 광종은 '과거제'를 시행해 권력을 호족이 독점하지 못하도록 하고, 자기에 충성하는 신하들을 뽑았다.

광종에 의해 호족의 힘이 크게 약화되었으나 성종 때 최승로는 '시무28조'를 올려 유교 원리에 따른 통치를 주장하면서, 고려를 건국하는 데 공을 세운 호족들에게 특별한 혜택을 주어야 한다고 주장했고, 성종은 이를 받아들였다. 최승로의 건의에 의해 시행된 제도가 '공음전'과 '음서'다. 공음전은 5품 이상 고위관리들이 받은 토지인데, 공음전은 전시과와 달리 후손에게 물려주어도 되었기에 귀족들이 부를 축적하는 원천이 되었다. 음서는 귀족들이 대대손손 벼슬을 하도록 보장해주는 제도였다. '노비환천법'을 통해 양민으로 되돌렸던 사람들을 다시 노비로 삼았다. 거대한 토지와 노비를 거느리고 벼슬을 대대손손 이어가다보니 몇몇 문신들은 왕에 버금가는 강력한 권력을 누리게 됐다. 이들을 '문벌귀족'이라고 한다. 고려 초기는 문벌귀족이 특권을 누리며 부와 권력을 독점하던 시기였다.

같은 귀족이면서도 차별받던 무신들은 문벌귀족만큼 특권을 누리지 못했다. 문신들에게 심각한 차별을 받기도 했다. 무신들은 문신들을 몰아내는 '무신정변'을 일으키고 권력을 장악한다. 거듭 말하지만 모든 전쟁과 다툼 뒤에는 항상 '부(富)'를 향한 욕망과 갈등이 웅크리고 있다. 무신정변도 문신이 누렸던 풍족함, 그 풍족함을 보장해주는 권력을 욕심냈던 무신들의 욕망이 배경이었다. 문벌귀족의 수탈에 고통 받던 농민들은 무신들을 지지했다. 백성들은 차별 당하는 설움을 아는 무신들이니 문신과는 다를 거라 믿었다. 그러나 무신들은 권력을 장악하자 문벌귀족과 똑같이 거대한 땅을 소유하고, 농민들을 수탈했으며, 수많은 노비를 거느렸다.

몽골 침략이 끝나고 원나라의 지배를 받던 시기의 지배세력은 주로 친원파로 이루어진 권문세족으로, 고려시대 세 번째 귀족 집단이다. 문벌귀족 → 무신귀족 → 권문세족으로 이어진 고려의 귀족 세력 중 권문세족이 가장 악랄하게 농민을 수탈했다. 농민들이 살기에 고려는 더 이상 적합한 나라가 아니었다.

신라가 망하고 고려가 들어선 것은 단지 호족들이 들고 일어나고, 궁예, 왕권, 견훤 등이 군대를 일으켰기 때문이 아니다. 고려가 망하고 조선이 들어선 이유도 이성계가 위화도회군을 해서 권력을 잡았다는 단순한 이유 때문이 아니다. 농민들이 안정적으로 생활하는 환경이었다면 신라도, 고려도 결코 망하지 않았을 것이다. 신라 말과 고려 말의 지배층은 거대한 땅과 수많은 농민들을 지배하면서 사치와 향락을 일삼았다. 법을 지키지 않았고 잔인하게 백성들을 수탈했다. 백성들의 삶은 밑바닥까지 추락했고 백성들은 세상이 뒤집어지기를 바랐다. 귀족들의 타락과 지독한 빈부격차가 신라와 고려를 망하게 한 근본 원인이었다.

정도전과 정몽주의 갈등

고려 말	때
정도전의 집	곳
하녀	人

정신을 차리니 손에 쟁반이 들려 있었다. 쟁반에는 척 보기에도 잘 만든 청자가 비색의 아름다움을 자랑했다. 청자에서는 익숙하지만 낯선 향기가 났다. 향기의 정체를 고민하던 나는 그것이 곧 술 냄새라는 것을 알아차렸다. 현실 속 아빠가 술 마시고 들어와서 내 방문을 열 때 나는 냄새였다.

"대감, 술 대령했습니다."

방문 앞을 지키던 남자 하인이 안쪽을 향해 말하며 방문을 열었다. 나는 조심스럽게 쟁반을 들고 안으로 들어갔다. 두 사람이 술상을 마주하고 앉았는데, 분위기가 심상치 않았다.

"예전에 신돈이란 고약한 중놈이 귀족들의 땅을 모조리 빼앗고, 귀족들의 재산인 노비들까지 닥치는 대로 양인으로 되돌려 놓으려 했던 일을 기억하오?"

눈매가 부드러우면서도 매서운 남자가 말했다. 눈가의 주름은 인자했지만, 진한 입술은 단단한 고집을 드러냈다. 짧고 검은 수염은 약간 통통한 얼굴에 별로 어울리지 않았다.

"잘 알지요."

길게 수염을 기른 남자가 말했다. 수염이 긴 남자는 눈빛이 예사롭지 않았다.

말투도 강한 기운이 넘쳐났다.

"신돈이란 자가 전민변정도감이란 괴상한 기관을 만들어 귀족들을 핍박하고, 심지어 죽이려고까지 하였소."

"포은은 내가 신돈과 같다고 비난하는 것이오?"

"무엇이 다르오?"

포은이라면? 짧은 수염의 남자는 단심가로 유명한 포은 정몽주었다.

"신돈이 과격하긴 하였으나 무엇이 잘못되었단 말이오?"

정몽주 앞에 앉은 수염 긴 남자는 누굴까?

"그럼 삼봉은 그 괴이한 승려가 옳은 짓을 했다고 보오?"

삼봉이라면, 정도전이다.

"권문세족의 행패가 얼마나 극심했는지는 다 아는 사실이오. 멀쩡한 양민들을 몽둥이찜질해서 노비로 만들고, 그들의 땅을 빼앗고, 처자들을 겁탈했소. 그자들이 지닌 재산이란 전부 양민들의 것이니, 그들의 재산을 빼앗아 양민들에게 돌려주는 것이 뭐가 그리 잘못이란 말이오? 포은은 권문세족이 옳다고 보시오?"

"누가 권문세족이 옳다고 했소. 삼봉처럼 모든 땅을 빼앗아서 일제히 양민들에게 나눠주고, 이유를 따지지 않고 노비들을 양민으로 되돌리는 정책을 펴면 안 된다는 뜻이외다."

정도전은 술잔을 잡았다. 나는 얼른 술병을 들어 술을 따랐다.

"흥! 누가 포은의 속을 모를 줄 아시오? 포은 집안은 대대로 땅이 많은 대지주였소. 포은 주변에서 포은을 지지하는 자들도 전부 대지주 출신이오. 포은은 자기가 지닌 땅을 지키기 위해, 자신이 누리던 부를 잃어버릴지도 모른다는 두려움 때문에 내 개혁 정책에 반대하는 것 아니오?"

"뭐요?"

정몽주가 책상을 쾅 내리쳤다.

"듣자듣자 하니 못하는 소리가 없구려!"

"흥, 속이 찔리니 그렇게 화를 내시겠지요."

"그래서 삼봉은 이 고려를 없애고 새로운 나라를 세우려 하시오? 충신은 두 임금을 섬기지 않는다 했거늘, 어찌 그리 도리에 어긋나는 짓을 하려 하시오? 부끄럽지도 않소?"

정도전은 술을 거칠게 들이켰다.

"포은은 어찌 하나만 알고 둘은 모르시오. 맹자는 백성이 곧 하늘이며, 하늘을 거스른 임금은 임금이 아니니 내쫓아도 된다 하였소. 고려의 하늘 아래서 마음 편히 사는 백성이 어디 있으며, 배 곯지 않고 사는 백성이 어디 있소? 고려는 권문세족의 나라이니, 권문세족의 나라를 멸하고 백성의 나라를 세워야 하지 않겠소?"

정몽주가 박차고 일어났다.

"궤변이오. 궤변! 고려의 하늘 아래서 천천히 개혁을 해도 충분하거늘 무엇이 그리 급하여 모든 땅을 한꺼번에 빼앗고, 한꺼번에 노비를 풀어주려 하는 것이오? 무엇이 그리 탐나서 고려를 멸하고 새로운 나라를 세우려 하오? 그대 속에 시커먼 권력욕이 자리 잡은 것은 아니오?"

"권력욕은 포은 마음에 더 강하지 않소?"

정몽주가 벌떡 일어났다.

"말을 더 섞을 필요가 없어 보이오. 나는 가오."

정몽주가 문 쪽으로 몸을 틀었다.

"배웅하지 않겠소. 밤길 조심해서 가시오."

정몽주는 나가면서 문을 쾅 닫았다.

정도전은 내가 들고 있던 술병을 낚아채더니 병째 들고 마셨다.

"네가 듣기엔 누가 옳은 듯 하드냐?"

난데없이 정도전이 하녀인 내게 물었다.

"네? 아, 네. 글쎄요. 전 대감의 말씀이 옳다고 여겼습니다."

"네가 내 하녀여서 하는 말이 아니냐?"

"아닙니다. 백성을 잘 살게 하지 못하는 나라는 나라로서 의미가 없다고 믿사옵니다. 땅도 나라도 모두 백성을 위해 있어야 한다고 믿습니다."

정도전은 내 말을 듣더니 껄껄껄 웃었다.

"네가 포은보다 백배 낫구나. 포은이 너의 절반만이라도 된다면 나와 같은 길을 가련마는, 고집스럽게 자기 이익만 지키려 하는구나. 알았다. 나가 보아라."

나는 술병을 놓고 인사를 드린 뒤 뒷걸음으로 나왔다. 뒷걸음질로 물러나던 나는 방문을 나간 뒤 몸을 돌리려 했는데 그만 발이 꼬여서 뒤로 넘어지고 말았다. 다리를 굽히려 했지만 통나무에 묶인 듯 굽히지 않았다. 가슴이 철렁 내려앉았다.

토지개혁, 조선 건국의 힘

고려 말, 왕위에 오른 공민왕은 신돈을 앞세워 '전민변정도감'을 설치하여 권문세족이 보유한 땅과 노비를 원래 위치로 되돌리는 개혁을 실시한다. 권문세족에게서 땅과 노비를 빼앗아 원래 위치로 되돌리면 농민들은 살기 좋아지고, 나라는 세금이 늘어 부강해지며, 권문세족은 힘이 약해진다. 당연히 권문세족은 이에 반발했지만 농민들은 신돈을 '미륵불'이라 칭하며 환호했다. 신돈의 개혁이 성공했다면 고려는 전혀 새로운 사회가 되었을 것이고, 어쩌면 망하지 않았을 지도 모른다. 그러나 권문세족은 신돈의 개혁에 강하게 저항했고, 권력 투쟁에서 밀린 신돈은 반역죄를 뒤집어쓰고 죽임을 당한다. 신돈의 죽음으로 땅과 농민은 다시 권문세족의 손아귀에 들어갔다. 신돈의 죽음은 고려가 농민들의 삶을 나아지게 할 수 없는 국가임을 확인해 주었다. 고려에는 더 이상 희망이 없었다. 이런 상황에서 고려를 뒤엎으려는 세력이 등장하지 않는다면 이상한 일이었다.

정도전과 정몽주는 스승 이색 아래서 함께 공부했고 한때는 뜻을 같이하는 동지였다. 처음에 정몽주는 정도전과 마찬가지로 이성계의 위화도회군을 지지했고, 창왕을 몰아내는 등 이성계와 한 길을 갔다. 그러다 권문세족의 땅 문제를 두고 갈등이 생겼다. 정도전은 권문세족이 차지한 막대한 땅을 전부 빼앗아 이를 재분배하려고 했다. 신돈과 같은 정책이었다. 정몽주는 잘못이 있는 몇몇 권문세족의 땅을 빼앗는 것은 찬성하지만 모든 땅을 압수하여 재분배하는 방식은 과격하다는 이유로 반대했다. 한때 뜻을 같이했던 두 사람이 의견이 갈린 이유는 무엇일까?

생각은 삶에서 나오고, 자기 이익 쪽으로 움직인다. 대다수 사람은 자신의 경제 이익에 따라 생각이 움직인다. 불안정한 삶을 살았던 이들은 급진 개혁을 원하고, 안정된 생활을 하던 이들은 개혁에 반대하거나 느릿느릿 개혁하기를 원한다.

어머니가 첩의 딸이었을 정도로 어릴 때부터 순탄하지 않은 삶을 살았던 정도전은 빠른 변화를 원했다. 대지주 출신이었던 정몽주는 정도전식 토지개혁에 찬성하지 않았다. 대다수 신진사대부들은 권문세족의 땅을 빼앗으면 자신들에게 이익이었기에 정도전의 개혁에 찬성했다. 권문세족의 잔혹한 수탈에서 벗어나게 된 백성들은 정도전식 개혁을 지지했다. 이성계 세력은 권문세족의 땅문서와 노비문서를 빼앗아 불태웠는데, 백성들은 권문세족에게서 자신들을 해방시켜주고, 땅을 되돌려준 이성계를 지지했다. 백성들의 지지는 이성계가 새로운 국가인 조선을 세우는 든든한 밑거름이 된다.

땅을 움켜쥐다

조선 전기　때
경기도 어느 곳　곳
양반 가문의 아들　人

　　머리를 뒤흔들었다. 햇살에 안개가 걷히듯 천천히 정신이 들었다. 하얀 어둠에 갇혔던 눈도 점차 주위를 구별해 나갔다. 먼저 동그란 상이 보였다. 상 위에는 갖가지 음식이 먹어주기를 기다렸다. 상 주위에 앉은 사람들도 얼굴이 드러났다. 오른쪽은 30대, 왼쪽은 50대로 보였다. 내 맞은편에 앉은 분은 70대는 훌쩍 넘어 보였다. 주위를 확인한 뒤 내 몸을 살폈다. 10대 초반의 어린이였다. 입은 옷을 보니 남자였다. 아이의 기억을 뒤져보니 오른쪽은 아버지, 왼쪽은 할아버지, 맞은편은 증조할아버지셨다. 나는 무릎을 꿇고 공손한 자세로 말씀을 들었다.

　　먼저 증조할아버지가 말을 꺼내셨다.

　　"너의 고조할아버지께서 벼슬에 나가시면서 나라에서 땅을 받으셨다. 그때는 과전법이라 하여 벼슬에 나가면 땅을 주었지. 과전법으로 받은 땅은 벼슬을 그만두어도 계속 소유했지. 그러다 세조 임금 때 상황이 바뀌었다. 세조 임금은 벼슬을 그만둔 관리들의 땅을 되가져갔다. 그 바람에 우리 집안의 땅이 모두 사라지면서 한동안 어려움을 겪었지. 내가 과거 시험에 합격해서 벼슬에 나간 덕분에 겨우 땅을 다시 받게 되었다."

　　"제가 어릴 때였는데 한동안 고생했던 기억이 생생합니다."

할아버지가 증조할아버지를 보며 말했다.

"상당히 힘들었지. 네가 참 고생했어. 나는 벼슬길에 나간 뒤로 땅 문제로 고민을 했단다. 벼슬 생활이 끝나면 또다시 어려움에 처하게 될 줄 알았기 때문에 대책이 필요했어. 해결책은 간단했어. 나라에서 주는 땅 말고, 우리 집안의 땅을 마련하면 되었지. 그때부터 악착같이 돈을 모았고 팔겠다는 땅이 나오면 무조건 사들였단다."

증조할아버지 말씀이 끝나자 할아버지가 말을 이었다.

"그나마 증조할아버지가 벼슬길에 계실 땐 나았다. 내가 벼슬에 나갔을 때는 아예 땅을 주지 않아. 나라에서 녹봉을 지급했는데 녹봉만으로 살 생각을 하니 아찔하더구나. 그나마 땅이 있을 때는 농사꾼들에게 더 많은 수확물을 거두기라도 했는데, 이건 뭐 어떻게 해 볼 도리가 없었지. 그래서 눈에 불을 켜고 땅을 장만했단다."

마지막으로 아버지가 말했다.

"나는 부끄럽지만 벼슬에 나가지 못했다. 하지만 우리 가문은 그 어느 때보다 풍족했지. 그건 내가 학문에는 소질이 없었지만, 땅을 관리하고 땅을 마련하는 데는 탁월한 재주를 발휘했기 때문이다. 이 근방에서 우리 집보다 많은 땅을 가진 집안은 없다. 이는 증조할아버지부터 땅의 중요성을 알고 땅을 사들이고, 땅을 통해 돈을 벌어들이는 능력을 키웠기 때문이다."

나는 살살 아파오는 무릎 때문에 꼼지락 거렸다.

"허허! 어른들 앞인데 가만히 있지 않고?"

아버지가 엄하게 야단쳤다.

나는 저려오는 발의 고통을 애써 참으며 머리를 조아렸다.

"너를 이렇게 앉혀 놓고 우리 집안의 땅 역사를 알려주는 이유는 네가 선택할 때가 되었기 때문이다."

무엇을 선택하라는 말씀일까?

"우리 집안의 땅은 상당히 넓다. 땅만으로도 우리 가문은 충분히 힘이 강하다. 그러나 우리는 양반 가문이다. 양반 가문은 학문을 갈고 닦아 벼슬길에 나가야 한다. 한 몸으로 두 가지 일을 모두 잘하면 좋겠지만, 그러기에는 무리가 따른다. 그리하여 너에게 선택의 기회를 주겠다. 네가 선택하는 바에 따라 네 동생들의 길이 달라진다."

나는 아버지 말을 대략 이해했다.

"우리 집안의 땅을 관리하는 일을 도맡겠다고 결심하면, 너는 과거 공부 대신 땅을 관리하는 기술과 방법을 배우는데 힘을 쏟아야 할 것이다. 반면에 네가 벼슬을 목표로 한다면 과거를 보기 위한 공부에 힘을 기울여야 한다. 증조할아버지와 할아버지, 그리고 이 애비가 의논을 해보니 너는 딱히 어느 쪽이 재주라고 보기 어렵다. 그래서 너의 뜻을 묻는 것이니 잘 생각해 보고 결정해라!"

솔직히 말하면 나는 전혀 고민하지 않았다. 제안이 무엇인지 알아차리는 즉시 내 결정은 끝났다. 나는 땅의 힘을 안다. 땅을 지닌 자가 곧 권력자다. 벼슬길은 겉은 번지르르하지만 언제든지 내쳐질 위험이 있다. 무엇보다 힘들게 공부하고 싶지 않다. 나는 주변 동네 사람들이 아버지를 하늘처럼 대하는 모습을 많이 봤다. 나도 이 동네에서 하늘처럼 떠받들어지며 살아갈 것이다.

나는 결심을 했지만 일부러 신중하게 고민하는 시늉을 했다.

"쉽게 결정하기 힘든 줄은 알지만 결정해라. 열두 살이면 충분히 네 인생을 결정할 힘이 있다."

나는 한 호흡만 더 고민하는 척하고는 조심스럽게 답변했다.

"저는 땅을 선택하겠습니다."

나는 다른 설명은 덧붙이지 않았다. 그저 또박또박 내 뜻을 전했다. 증조할아버지와 할아버지와 아버지는 내 결정에 고개를 끄덕였다. 가타부타 질문도 없으셨다. 옛날 분들이어서 아이의 의견이라고 무시할 줄 알았는데 전혀 아니었다. 충분히 나를 존중해 주셨다.

"오늘 결심이 네 인생을 정했고, 우리 가문의 미래를 정했다. 선택은 존중한다. 그리고 그 결정의 책임이 얼마나 무거운지 깨닫고 땅을 관리하고 주민들을 다스리는 일을 잘 배워야 한다. 알겠느냐?"

아버지가 무겁게 말했다.

"네, 제 책임의 무거움은 잘 압니다. 믿어주십시오."

나는 당당하게 대답했다. 증조할아버지와 할아버지 입가에 작은 웃음이 걸렸다.

양반, 토지를 장악하다

농민들이 자기 땅에서, 직접 농사를 짓고, 그 생산물을 자기 것으로 하며, 일정 부분 세금을 내는 제도가 가장 좋다. 관리들은 자신들이 일한만큼 월급을 받으면 충분하다. 그러나 현실은 그리 되지 않았다. 권문세족의 땅을 빼앗아 농민들에게 직접 땅을 나눠주는 개혁은 대다수 신진사대부의 반대로 실패했다. 그 대신 도입된 제도가 바로 '과전법'이다.

권문세족의 땅은 대부분 국가 차지가 되었다. 국가는 이 땅에서 농민들이 농사를 짓게 하고, 세금을 거둬갔다. 세금은 생산물의 10%였다. 권문세족들이 생산물의 절반 이상을 빼앗아 갔던 현실에 견주면 큰 변화였다. 국가 소유가 아닌 땅은 대부분 신진사대부(양반)가 차지했고, 농민들은 국가의 땅과 양반의 땅에서 농사를 지었다. 물론 자기 땅에서 농사를 짓는 농민들도 있었다. 땅은 국가와 양반 소유였지만 농민이 농사를 지을 경작권도 인정해주어서, 기존에 농사 짓던 땅에서 농민을 함부로 내쫓지 못했다.

관리가 된 양반들은 국가로부터 오늘날처럼 월급을 받는 것이 아니라 '수조권'을 받았다. 수조권이란 토지에서 세금을 거둘 권리다. 국가는 경기도 땅 대부분을 국가 소유로 만들고, 관리들의 지위에 따라 땅을 나눠주었다. 관리들에게 나눠 준다 해도 그 땅은 국가 소유였다. 다만 관리들은 그 땅에서 세금 명목으로 10%를 거둬갔다. 국가가 세금을 거둬 관리들에게 월급을 주는 방식이 아니라, 관리들이 직접 자기에게 할당된 땅에서 월급에 해당하는 세금을 거둬들인 제도가 '과전법'이다. '전시과'가 전국토를 대상으로 한 반면에 과전법은 경기도 땅만을 대상으로 했다는 점에서 전시과와 과전법이 다르다.

'수조권'이란 원래 벼슬자리에 머물 때만 준다. 초기엔 남편이 빨리 죽거나, 남편이 죽고 어린 자식을 키워야 하면 수조권을 유지하게 해주었으나 부작용이 많았다. 그러자 세조 때부터 원칙대로 제도를 운영했다. 자신이 벼슬자리에 있는 양반이라고 생각해 보자. 벼슬을 그만두면 자기 땅도 사라진다. 자식들까지 대대로 벼슬자리를 차지하리란 보장이 없다. 그러니 벼슬자리에 있을 때 최대한 많이 농민들에게 생산물을 거둬들여서 재산을 축적할 것이다. 이렇게 쌓은 재산으로 개인 땅을 마련할 것이다. 법에는 생산물의 10%만 거두라고 하였지만, 법을 어기고 더 많은 생산물을 농민들에게서 거둬들일 것이다.

양반들 처지에서는 그나마 과전법을 시행하며 '수조권'을 줄 때는 괜찮았다. 성종 때부터 관리들에게 나눠줄 땅이 부족하다면서 관수관급제라 하여 녹봉(월급)을 주는 제도로 바뀐다. 벼슬자리에 있는 양반들은 더 땅에 집착한다. 땅이 많으면 벼슬에 나가지 않아도 먹고 사는데 아무런 지장이 없고, 땅만 많으면 권력은 자연스럽게 따라온다. 그래서 양반들이 점점 더 많은 땅을 차지한다. 농사를 지으려면 농사짓는 농민이 필요하다. 양민인 농민은 법으로 보호를 받았기에 아무리 양반이라 해도 수탈을 하는데 한계가 있었기에 노비가 늘어났다. 수많은 노비들이 양반 집에서 물건처럼 다뤄졌다.

자기 땅을 가지고 있던 농민들도 점점 자기 땅을 잃고 양반들의 땅을 빌려서 농사를 짓는 소작농으로 전락했다. 소작료도 원래는 10%였는데 점점 늘어나더니 생산물의 절반을 가져갔다. 농민들은 국가에 세금도 내야하고(전세), 국가가 원하는 특별한 물건도 바쳐야 하고(공납), 군대를 가거나 군대를 유지하는데 필요한 돈도 바쳐야 하고(군역), 국가가 시키는 강제적인 일(부역)도 나가야 했다. 이래저래 농민들의 삶은 다시 피폐해졌고, 양반들은 거대한 땅을 소유한 지주로 탈바꿈했다. 양반들은 고려의 귀족들과 마찬가지로 세금을 내지 않았다. 모든 부담은 양민들이 졌다. 양반들은 온갖 혜택은 누리면서도 아무런 의무가 없었다. 고려에서 일어났던 일이 또다시 조선에서 반복되었다.

변하는 시대와 변하지 않는 양반

조선 후기　때
시장　곳
주막집 주모의 딸　人

　　우리 집에선 늘 술 냄새가 난다. 현실의 아빠가 어쩌다 술 냄새를 풍기는 것도 싫었는데, 계속 술 냄새를 맡아야 하니 미치겠다. 그러나 어쩔 수 없다. 왜냐하면 내 정신이 들어간 여자 아이의 엄마가 주막집 주모이기 때문이다. 주막집은 시장 귀퉁이에 자리 잡았다. 시장 귀퉁이다 보니 손님들이 많았다. 엄마는 고생을 해도 돈이 많이 벌린다며 밤이면 돈을 세는 재미에 푹 빠졌다.

　　"주막은 앞으로 몇 년 만 더 할 거야. 나중에 좋은 땅을 사서 편하게 살 테니까 지금은 꾹 참으렴."

　　엄마는 밤이면 나와 남동생에게 늘 이렇게 말했다.

　　술 냄새 때문에 싫기는 했지만 마냥 싫지는 않았다. 시장에는 가게가 많고 사람도 많아서 구경하는 재미가 쏠쏠했다. 그래서 5일장이 열리면 나는 시장을 돌아다니며 이런저런 물건이며 사람을 구경한다. 내가 가장 좋아하고 오랫동안 머무는 곳은 다양한 물건을 파는 가게다. 호미, 낫, 삽, 멍에, 바가지, 코뚜레와 같은 생활용품뿐 아니라 그릇, 댕기, 신발, 거울, 인형, 비녀 등 갖가지 예쁜 물건들을 놓고 파는데 너무 신기해서 눈을 떼기 어렵다.

　　이 시장의 가게 주인들은 많은 수공업자와 계약을 맺고 물건을 공급받는다. 그렇게 공급받은 물건 중 좋은 물건은 간혹 보부상들에게 한꺼번에 넘기기도 하는데, 그렇게 한꺼번에 물건을 팔고 나면 기분이 좋아져서 우리집에 와서 술을 거나하게 마시고 간다.

내가 두 번째로 오래 머무는 곳은 옷가게다. 가게마다 화려한 옷이 넘치고, 시장 거리에도 다양한 옷들이 내걸린다. 구경할 뿐이지만 눈 호강만으로도 상쾌하다. 가끔 눈이 휘둥그레질 만큼 멋진 옷을 발견할 때면 사고 싶은 욕심이 치솟지만, 엄마가 사줄 리 없다는 걸 알기에 꾹 참는다. 그럴 땐 가슴이 아린다.

가슴 아린 얘기가 나와서 하는 말인데 가슴 아린 경우가 또 있다. 불쌍한 사람을 볼 때다. 5일장만 되면 거지 세 명이 꼭 나타난다. 처음엔 더러워서 피했다. 어느 날 엄마가 세 거지에게 국밥을 공짜로 주었다. 내가 싫다고 얼굴을 찡그렸더니 엄마가 나를 야단쳤다.

"사람이 그럼 못쓴다. 지금은 거지꼴이지만 저 사람들도 예전엔 어엿한 농민이었어. 열심히 농사를 지었지만 탐관오리나 나쁜 양반들에게 다 빼앗기고, 거지가 되어 이곳까지 흘러들어온 거야. 요즘은 열심히 일해도, 망해서 거지가 되는 농민들이 많단다."

탐관오리가 뭐고, 나쁜 양반은 어떤 사람인지 엄마에게 물어보려고 했지만 엄마는 더 이상 알려주지 않았다. 어쨌든 엄마 말을 듣고 난 뒤부터 나는 거지들을 무시하지 않고 불쌍히 여겼다. 게을러서가 아니라 열심히 노력했는데도 탐관오리와 나쁜 양반들 때문에 거지가 되다니…… 못된 사람들에게 화가 났다.

한 번은 새로운 거지를 보고는 엄마에게 쪼르르 달려가 새로운 거지가 나타났다고 말씀을 드렸다. 그랬더니 엄마가 내 입을 막으며 내 귀에 대고 속삭였다.

"저 사람은 거지가 아니야. 양반이지."

"아무리 봐도 거지꼴인데?"

나는 엄마처럼 조용히 말했다.

"옷차림이 저래서 그렇지 원래 양반이었어. 요즘엔 양반들이 망해서 양민보다 더 불쌍하게 된 경우가 많아. 그래도 양반은 양반이야. 저 앞에서 괜히 함부로 했다간 큰 코 다친단다."

불쌍한 사람이 있으면 꼴불견인 사람도 있기 마련이다. 우리 주막에서 5일장마다 공짜로 국밥을 먹는 사람이 한 명 있는데, 바로 못된 양반이다. 그 양반은 거지꼴은 아니지만 돈이 별로 없다. 내가 보기엔 공부도 제대로 하지 않은 양반인 것 같다. 늘 수염을 만지고 헛기침을 한다. 소나기가 쏟아지려고 하는데도 팔자걸음으로 느릿느릿 걷다가 비를 쫄딱 맞아서 물에 빠진 생쥐처럼 된 적도 있다. 돈이 없으면 그냥 달라고 하면 엄마가 인심이 좋아서 그냥 줄 텐데 꼭 "내가 오늘 깜박하고 돈을 안 들고 왔네 그려. 나중에 갚겠네." 하고 말한다. 엄마에게 물었더니 지금까지 한 번도 갚은 적이 없단다. 허세도 저런 허세가 없다. 꼴에 양반이라고 자존심은 절대 굽히지 않는다. 차라리 거지꼴을 한 양반이 훨씬 겸손하고 부지런하다. 거지꼴을 한 양반은 그래도 열심히 일하려 애쓰고, 비가 오면 뛰어서 피한다.

또 다른 꼴불견은 돈 많은 어떤 양반이다. 엄마 말로는 진짜 양반이 아니고 가짜 양반이란다. 가짜 양반이 뭐냐고 물었더니 엄마는 "돈 주고 산 양반이니 가짜 양반이지." 하고 말해주셨다. 돈을 주고 양반을 사다니 무슨 말인지 잘 모르겠다. 원래 양반은 양반 부모에게서만 태어나는 줄 알았던 나에게 가짜 양반은 상당한 충격이었다.

"원래 저 사람이 평민이었는데, 모내기법과 골뿌림법을 이용해 농사를 아주 잘 지었어. 거기다 농산물을 파는 재주가 남달랐나 봐. 그렇게 해서 엄청난 돈을 벌었는데, 그 돈으로 몰락한 양반한테 양반 신분을 샀다는 구나."

"그럼 엄마도 나중에 돈 많이 벌면 양반 신분 살 거야?"

"그렇게 많은 돈을 번다면 얼마나 좋겠냐."

"엄마, 돈 많이 벌어서 꼭 양반 사. 나도 양반으로 살고 싶어."

아무튼 그 꼴불견 가짜 양반은 시장을 거들먹거리면서 다니기를 좋아했다. 괜히 이 사람 저 사람에게 말을 걸고는 필요도 없는 물건을 샀다. 우리 주막에도 먹지도 않을 음식을 잔뜩 시키고는 대충 몇 술 뜨고는 그냥 나간다. 돈도 굉장히 거들 먹거리면서 준다. 자신이 돈이 많다고 자랑하지 못해서 안달난 사람 같았다. 꼴에 양반이라고 양반 아닌 사람들을 보면 괜히 양반처럼 소리를 지르고, 헛기침을 해 대기도 했다. 가짜 양반임을 아는 사람들은 앞에서는 네, 네 하면서도 뒤에서는 비웃었다.

　오늘도 5일장이 열린다. 나는 신기한 물건이 없나, 신기한 사람이 없나 구경하는 맛으로 시장을 돌아다닌다.

조선 후기, 자본주의 싹이 트다

　조선 후기, 농업에서 '모내기법'과 '골뿌림법'이라는 기술 혁명이 일어난다. 생산력 발전으로 식량이 넘치자 농산물 거래가 활발해졌다. 농산물을 가공해서 파는 거래도 늘었다. 모내기법과 골뿌림법으로 농사를 지으려면 농사에 필요한 농기구가 많이 필요했으므로 이에 대한 수요도 늘었다. 농기구를 만드는 수공업이 발달했고, 수공업자에게 원자재를 대주는 광업도 발달했다. 이래저래 시장이 활성화될 수밖에 없었다.

　조선시대에는 백성들이 세금으로 귀한 물건을 바치는 경우(공납)가 많았다. 공납은 백성들에게 부담이 매우 컸다. 백성의 부담을 덜어주기 위해 시행한 제도가 물건을 바치는 대신 쌀로 바치게 하는 '대동법'이었다. 백성들은 쌀로 세금을 바치고, 국가가 상인들에게 물건을 구입해서 나라에 필요한 물건을 공급하게 하는 제도가 대동법이었다. 대동법은 수공업과 상업 발전에 큰 영향을 끼쳤다.

　이앙법과 견종법으로 농업생산량이 늘자 땅은 더 중요한 부의 원천이 되었다. 양반들은 더 많은 땅을 차지하고자 했고, 경작을 잘한 농민 중에서도 땅 부자가 출현했다. 대다수 농민들은 경쟁에서 뒤지며 자기 땅을 잃고 남의 땅을 빌려 농사를 지었다. 지주소작제가 강화되었고, 한편으론 아무에게도 얽매이지 않고 '임금을 받으며 일하는 노동자'들도 생겨났다. 북부지방을 중심으로 광업도 활성화되었다. 전국을 무대로 활동하는 상인들도 생겨났으며, 곳곳에 시장이 형성되었다. 많은 수공업자를 고용하여 제품을 만드는 공장제수공업(매뉴팩처)도 늘었다.

　임금 노동자의 출현, 광업의 발달, 수공업의 발달, 공장제수공업의 형성, 시장의 확대는 자본주의 초기 모습이다. 바야흐로 조선의 산업 구조가 뿌리부터 바뀌고 있었다. 그때까지 부의 원천이 땅과 노동력이었다면 자본주의가 싹트면서 기술력과 상업 능력이 부의 원친이 된다. 바야흐로 조선은 부의 원천이 바뀌는 혁명기를 맞았다.

　실학은 조선이 근본에서 바뀌는 현실을 인식한 학문이었다. 실학 중 북학파(중상학파)는 농업에서 상업과 수공업으로 부의 원천이 바뀌는 걸 인식하고, 새로운 산업으로 조선을 바꿔야 함을 주장했다. 토지는 경작하는 농민에게 돌려주고, 농업 경쟁에서 패배한 농민들은 상업과 수공업, 광업에 종사하도록 적극 이끌자고 주장했다. 양반들도 더 이상 토지에만 얽매이지 말고 다양한 산업에 종사하게 하면 농민을 가혹하게 수탈하지 않아도 되며, 상업·수공업·광업이 발달하면 국가 세금도 늘어나 농민들에게만 가혹하게 세금을 거둬서 생기는 피해도 막는다고 주장했다.

조선의 지배층인 양반들은 토지만을 모든 부의 원천으로 여기는 사고방식에서 벗어나지 못했다. 양반 지주들은 더 넓은 땅을 차지하고, 더 많은 수탈을 자행하기 위해 나쁜 짓을 서슴지 않았다. 국가 관리들은 세금 징수권을 이용하여 가혹하게 농민을 수탈했다. 조선 후기 삼정문란 (전정, 군정, 환곡)은 백성들의 삶을 철저히 무너뜨렸다. 백성의 대다수가 농민인 상태에서 농민들의 삶은 지옥 그 자체였다. 가혹한 세금을 물지 않기 위해 양민들은 다양한 방법을 써서 양반으로 신분을 바꾸었다. 노비들도 꾸준히 줄어들었다. 양반은 급격히 늘었고, 기존의 양반들 중에는 빈곤해지는 경우도 많았다. 조선을 지탱하던 신분제도는 밑뿌리부터 흔들렸다.

신라 말기, 고려 말기, 조선 말기를 보면 사회 상황이 너무나 엇비슷하다. 소수 지배집단은 광범위한 토지를 소유하였고, 농민들은 관리와 지주들에게 가혹하게 수탈당했다. 백성이 지옥으로 여기는 나라는 멸망하기 마련이다. 신라도 망했고, 고려도 망했다. 조선은 그 시기가 문제였을 뿐 신라와 고려의 운명을 따라갈 가능성이 짙었다.

10 만주
생존을 위한 마지막 선택

식민지 시대   때
압록강 다리 밑   곳
만주로 떠나는 사람   人

초저녁에 낡은 옷을 입은 한 남자가 모닥불을 피웠다. 굳이 모닥불을 피우지 않아도 될 만한 날씨였지만 모닥불이 생기니 모두들 모닥불 주위로 모여들었다. 모닥불 주위에 침묵만 가득했다. 이윽고 모닥불을 지핀 남자가 침묵을 깼다.

"다들 내일이며 저 다리를 건너 만주로 가야할 사람들 아니오. 이 밤이 지나면 조선에 언제 돌아올지 모를 처지요, 이렇게 만난 것도 인연이니 우리 각자 사연이나 들어봅시다."

"말을 꺼냈으면 거 당신부터 한 번 얘기해 보시구래."

"그럴까요? 그러지요."

남자는 지저분한 옷매무새를 가다듬으며 입을 뗐다.

* * *

저는 군산에서 장사를 했습니다. 아시는 분은 아시겠지만 군산은 조선 최대의 곡창지대죠. 조선에서 나는 많은 쌀이 군산항을 거쳐 일본으로 건너갑니다. 쌀이 머무는 곳에 돈이 돌고, 돈이 도는 곳에 사람이 모여들기 마련입니다. 군산은 화려함으로 치면 서울 못지않았습니다. 군산에서는 다들 쌀과 관련된 일을 하려고 하지만 저는 쌀이 아니라 사람을 봤습니다. 쌀 시장은 크고 큰돈 만질 기회가 많긴 하지만, 그만큼 위험도 크고 망할 가능성도 높지요. 반면에 사람을 대상으로 한 장사는 다르지요. 그래서 식당을 차렸습니다. 미곡시장 주변에는 늘 사람들이 넘치니 식당은 그야말로 딱 좋은 사업이었습니다. 제 예상은 맞았습니다.

세상에 그렇게 쉽게 돈이 벌리나 싶었죠. 꽤나 떵떵거리며 살았습니다. 그런데 제 식당이 너무 잘 된 게 탈이었습니다. 일본 식당 주인은 이유 없이 저희 가게를 경찰서에 고발했고, 툭하면 경찰이 찾아와 조사를 해댔습니다. 특별히 잘못한 것이 없는데도 경찰이 오고가는 것만으로도 겁이 났습니다. 경찰이 자꾸 조사를 해대니 식당에 조선 사람들이 오려고 하지 않았고, 가게가 어려워졌습니다. 경찰이 조사를 나오는 이유를 몰랐다가 나중에 알게 됐죠. 어찌나 화가 나던지, 그래서 그 일본 가게로 쳐들어가서 따졌습니다. 아 그랬더니 일본 경찰이 득달같이 달려와서는 저를 잡아다 족쳤습니다. 경찰에 끌려가서 얻어맞고, 폭력죄로 2년 감옥살이를 하고 나왔더니 가게는 못된 일본놈이 차지했고, 가족들은 보이지 않았습니다. 어렵게, 어렵게 수소문해보니 만주 모처로 갔다기에 여기로 왔습지요.

* * *

댁은 장사를 하다 망했군요. 저랑 처지가 비슷하네요. 저는 경성(서울)에서 작은 회사를 운영했습니다. 생필품을 만드는 회사였는데 품질도 좋고 조선 상인들과 거래 관계도 좋아서 잘 나갔죠. 저희 회사는 아버지가 설립해서 꽤나 오래된 회사였기에 총독부가 회사령을 내렸을 때도 영향을 받지 않았습니다. 문제는 회사령이 철폐된 뒤였습니다. 회사령이 철폐되자 일본 기업들이 물밀 듯이 밀려들었습니다.

일본 기업들은 조선에 진출하자 엄청 싼 가격에 물건을 제공했습니다. 저희 회사와 오랫동안 거래를 하던 가게들은 처음엔 거래를 유지했지만, 일본 회사가 주겠다는 가격이 워낙 낮다 보니 하나 둘 약속을 저버리고 일본 기업 제품을 받아들였습니다. 저희도 어쩔 수 없이 가격을 낮춰야했습니다. 적자가 쌓여갔지만 어쩔 수 없었지요. 아버지가 피땀 흘려 일으킨 회사를 무너지게 둘 수는 없었으니까요. 쌓아 두었던 자본금을 다 까먹고 은행에서 돈을 빌려 겨우 버텼는데, 어느 날 총독부에서 뭔 조사를 한다고 회사를 발칵 뒤집었습니다. 그 뒤에 거래하던 가게들이 뚝 끊겼습니다.

은행 빚을 갚지 못하고, 월급도 주지 못하고, 에휴~ 하는 수 없이 회사를 정리해서 빌린 돈 갚고 밀린 월급 주고 나니 빈털터리였습니다. 저희 회사는 일본 기업에게 넘어갔죠. 그리고 얼마 지나지 않아서 일본 기업이 물건 가격을 예전보다 더 높게 올렸습니다. 저희 회사가 무너지면서 더 이상 경쟁할 조선 기업이 사라지니 자기들 멋대로 높은 가격을 매겼습니다.

이곳으로 떠나오기 전 몇몇 가게 주인들과 만났는데, 다들 땅을 치고 후회했지만 너무 늦었지요. 일본 기업의 속셈을 알아차리라고 제가 말하고 다닐 때는 알아듣지 못하던 사람들이라 불쌍하지는 않았습니다.

★　★　★

그래도 당신들은 한때 잘 살았네요. 저는 태어나서 지금까지 잘 산 기억이 없습니다. 저는 어린 시절부터 농사꾼으로 살았습니다. 그나마 아버지가 일구던 조그만 땅은 토지조사사업인가 뭔가 때문에 영문도 모른 채 빼앗겼습니다. 아버지는 헌병에게 따지다가 경찰서 앞에서 모질게 얻어맞고 그날로 일어나지 못했죠. 열 몇 살 나이에 가족들의 입을 제가 책임져야 했습니다. 땅은 없고, 할 줄 아는 재주라고는 농사밖에 없으니 어쩔 수 없이 소작농이 되었죠. 일 년 내내 죽어라 일했지만 소작료로, 세금으로 빼앗기고 나면 남는 게 없었습니다.

그래도 죽을 정도는 아니었는데, 산미증산계획인가 뭔가 때문에 완전히 망해버렸습니다. 소작을 짓는 땅인데 저보다 관계시설에 들어간 비용을 대라고 하더군요. 일본 지주가 시키니 어쩔 도리가 없었습니다. 소작료와 세금도 벅찬데 관계

시설에 들어간 돈까지 제가 부담하니 일 년 농사로는 어림도 없었습니다. 두 해가 가기 전에 감당 못할 수준으로 빚이 늘었고, 하는 수 없이 가족들과 몰래 도망쳤습죠. 만주로 간다고 뾰족한 수는 없겠지만, 조선에 사는 것보다야 낫겠지 하는 막연한 기대로 이렇게 떠나 왔습니다.

＊　＊　＊

제 아들은 공부를 참 잘했습니다. 경성(서울)에 있는 전문학교까지 진학했습니다. 저희 집의 자랑이요 고향의 자랑이었죠. 어느 여름 방학 때 저희 아들이 집에 돌아와서 쉬는데 형사가 찾아와서는 다짜고짜 아들을 잡아갔습니다. 이유도 밝히지 않았습니다. 몇 날 며칠을 이곳저곳 뛰어다니며 아들을 구하기 위해 애썼으나 아무도 도와주지 않았고, 왜 잡혀갔는지 이유도 몰랐습니다. 10일이 지난 어느 날 아침, 경찰에서 시체를 찾아가라는 연락이 왔습니다. 기가 막혔죠. 멀쩡한 아들을 잡아가서는 죽여 놓고 이유도 설명해주지 않다니요.

아들을 찾았습니다. 아들의 몸을 보고는 통곡을 했습니다. 얼마나 가혹한 고문을 당했는지 한 곳도 성한 몸이 없었습니다. 일본 형사를 붙잡고 우리 아들을 왜 이렇게 만들었냐고 울며불며 달려들었지만 돌아오는 건 매밖에 없었습니다.

그러다 두 달 뒤에 일본 형사가 술에 취해서 한 말이라며 술집 주인이 전해주었는데, 글쎄 아들이 사회주의자인 줄 알고 잡아다 고문을 했는데, 알고 보니 이름을 착각해서 잘못 수사를 했다는 거예요. 실수라며 허허 웃더랍니다. 이름을 착각 하다니요? 실수라니요? 그래놓고 웃다니요? 참을 수 없었습니다. 그날 밤, 낫을 들고 형사를 쳐 죽이려고 했지만, 죽이지는 못하고 팔에 낫 자국만 남겼지요. 그길로 가족들을 데리고 이렇게 도망을 쳤습니다.

＊　＊　＊

밤이 깊어가도록 고향을 잃고, 회사를 잃고, 가게를 잃고, 가족을 잃은 식민지 백성의 사연이 이어졌다. 슬프지 않은 사연이 없고 억울하지 않은 사연이 없었다. 어쩜 그리 다들 억울하게 당하며 살았는지 모르겠다. 꼬질꼬질한 옷에 밤새 눈물만 한가득 고였다.

식민지, 가혹한 수탈의 시대

개항 뒤 서양문물이 들어오자 조선의 산업은 크게 흔들린다. 조선의 수공업은 서양의 대규모 공장과 경쟁이 되지 않았다. 양반 지주들은 싸고 질 좋은 외국의 공업제품을 사기 위해 기꺼이 돈을 지불했고, 서양 물건을 사기 위해 더 가혹하게 농민들을 수탈했다. 석탄, 철, 금과 같은 풍족한 조선의 광물자원은 외국에 싼값에 팔려 나갔다. 국내에서 생산된 많은 쌀이 일본으로 빠져나갔는데, 국내에 쌀이 귀해지면서 쌀값이 크게 올라 백성들이 살기에 더욱 힘들어졌다. 조선에 일본 상인들이 계속 진출하면서 조선의 시장은 일본인에 의해 잡아먹혔다.

17세기부터 싹 텄던 조선의 자본주의는 일제의 침탈로 더 이상 발전하지 못하고 무너졌다. 일제는 조선을 식민지로 만들어 원료를 약탈하고, 자신들이 생산한 생산품을 파는 곳으로 만들고자 했다. 조선의 산업은 몰락했고, 농민들은 땅을 잃었으며, 상인은 망했고, 수공업자는 파산했으며, 광산은 일본인의 손에 넘어갔다. 더 이상 살기 어려워진 조선의 수많은 백성들이 압록강, 두만강을 건너 만주로 넘어갔다.

1910년 조선을 완전히 식민지로 만든 일제는 1912년 '토지조사령'을 발표해 토지조사사업에 나섰다. 겉으로는 토지 소유 제도를 확립한다는 이유를 내세웠지만, 실제로는 농민들의 토지를 빼앗고, 일본인이 더 많은 조선의 토지를 소유하기 위함이었다. 일제는 일정 기간 안에 자기 토지를 신고하면 신고자의 땅으로 인정한다고 알렸다. 지주들은 재빨리 신고하였으나 대부분의 농민들은 이러한 사실도 몰랐고, 일제를 싫어했기에 따르지 않았다. 이로 인해 일제는 최고의 땅 부자가 되었고, 지주들은 그 전보다 더 많은 땅을 가지게 되었으나, 일반 농민들은 그나마 가지고 있던 땅도 빼앗겼다. 대다수 농민들은 자기 땅을 잃고 조선인 지주나 일본인 지주 밑에서 소작농으로 살아야 했다.

1910년 일제는 회사를 설립하려면 조선 총독의 허가를 받아야 한다는 '회사령'을 통해 조선의 상공업을 철저히 억제했다. 조선의 상공업이 발전하면 일제에게 손해가 되기 때문이다.

1920년이 되자 '회사령'을 철폐하여 자유로운 회사 설립을 가능하게 했는데, 이는 일본 자본이 자유롭게 조선에 진출하도록 보장하기 위함이었다. 회사령이 철폐되자 조선의 산업이 약간 발전하기는 했으나, 더 많은 일본 자본이 자유롭게 조선에 진출함으로써 조선의 경제는 더 심하게 일본에 예속되었다. 일제는 '산미증산계획'이란 명목으로 쌀 생산을 늘리기 위한 정책을 폈는데, 산미증산계획을 추진한 결과 더 많은 쌀이 일본으로 넘어갔고, 쌀 생산을 늘리기 위한 시설을 농민에게 떠넘기면서 농민들은 과도한 빚을 지고 더 빠르게 몰락했다.

1929년 미국에서 발생한 세계대공황에 따른 위기를 극복하기 위해 일제는 조선을 더욱 가혹하게 수탈하는 한편, 만주와 중국을 침략했다. 한반도 북부지방은 만주와 중국을 침략하는 일제의 군수병참기지로 전락했다. 일제가 수행하는 전쟁을 지원하기 위한 공장들이 들어섰고, 자원은 더욱 심하게 약탈당했다. 태평양전쟁이 발발하자 무기 만드는 데 필요하다며 각 가정에 있는 솥, 수저 등도 약탈했다.

식민지 시대, 모든 부(富)는 일제에게 흘러갔고, 목숨까지 일제 마음대로 앗아갔다. 일제는 전쟁에 필요한 물자와 시설을 만들기 위해 우리의 백성들을 끌고 갔으며(징용), 강제로 군대에 동원했고(징병), 심지어 성욕을 풀기 위해 10대 소녀들을 성 노리개(일본군 위안부)로 삼기도 했다. 극소수 친일파와 지주들을 제외한 대다수 백성들이 부와 생명을 빼앗기며 살았던 시대가 일제 강점기 식민지 시대다.

11 역적

해방된 나라에서 부자로 사는 법

때 1945년 8.15광복 후
곳 전라북도 군산
人 친일파였던 지주

마루가 삐걱거린다. 일본풍으로 꾸민 정원은 굵은 나무와 맑은 물이 어우러져 정오의 햇살을 머금는다. 내가 깃든 사람은 부자인가 보다. 기모노를 입은 하녀가 밥상을 들여온다. 동생이 밥상따라 들어온다.

"형, 오늘 12시에 중요한 방송이 있다던데, 뭔지 알아?"

"중요한 방송? 처음 듣는 소린데?"

시계를 봤다. 12시가 거의 다 되었다.

"라디오 한 번 틀어 봐."

동생이 라디오를 틀었다. 라디오를 들으며 밥을 떴다. 천황의 귀하신 음성이 들렸다. 라디오를 향해 가볍게 목례를 하고 입으로 밥숟가락을 옮기려다 멈칫했다. 항복! 항복이라니, 무슨 말인가? 밥숟가락을 놓았다. 동생을 보니 눈이 튀어 나올 듯했다.

'일본이, 대일본제국이 연합군에 무조건 항복한다니, 일본이… 일본이… 망했다.'

거리에서 엄청난 함성 소리가 들렸다. 우린 망했다. 일본이 망했으니 이제 어쩐단 말인가? 일본이 천년만년 갈 줄 알고 일본에 붙어서 잘 먹고, 잘 살았는데 이제 어쩌란 말인가? 밥상을 뒤로 하고 나와 동생은 어디로 도망칠지 정하지도 못한 채 재빨리 밖으로 뛰어나왔다.

★ ★ ★

마루가 삐걱거린다. 일본풍으로 꾸민 정원은 여전히 아름답다. 한복을 입은 하녀가 밥상을 들여온다. 미군에게서 얻은 양주가 시선을 끈다. 미군에게서 얻은 소시지도 입맛을 돋운다. 동생과 나는 여유롭게 앉아서 밥상을 즐겼다. 밥을 먹고 양주를 한 잔씩 따랐다.

"이번에 토지를 빼앗아서 농민에게 나눠줘야 한다고 농민들이 들고 일어났다던데, 괜찮겠냐?"

나는 양복 깃을 여미며 동생에게 물었다.

"형님, 걱정 마십시오. 제가 아는 국회의원님께 여쭤 봤는데 아무 걱정할 거 없답니다. 무지렁이 농민들은 우리 땅을 모조리 빼앗아서 공짜로 자기들에게 나눠주라고 하는 모양입니다만, 충분한 값을 쳐주고 돈을 주고 지주들에게 산 뒤에 농민들에게 돈 받고 파는 방향으로 법을 만든다고 합니다. 우린 손해 볼 게 없습니다."

"흠흠, 당연히 그래야지. 일제 때 일본놈들에게서 독립운동 하듯이 우리 땅을 지키려고 얼마나 애썼는데, 이 땅을 공짜로 빼앗아. 흠흠, 안 될 말이지."

친일파였기에 독립운동은 완전 거짓말이었지만 내 양심은 털로 뒤덮여서 부끄러움을 몰랐다.

"형님, 지금은 땅이 문제가 아닙니다. 일본이 남기고 간 옆 동네 공장 있잖습니까?"

"아, 그거! 거기 일본 애들이 물러가고 난 뒤 공장 직원들이 자주관리인지 뭔지 하면서 운영하다가 미군정이 관리했고, 지금은 정부가 관리하고 있는 그 공장 말이냐?"

"그걸 아주 싼값에 팔 계획이랍니다."

"우리야 땅이 많은데 그런 공장 인수해서 골치 아프게 뭐하려고."

"제가 미군이랑 친해서 미국에 대해 이것저것 들었는데 미국은 농사가 아니라 공업을 통해서 엄청나게 큰 부자 나라가 되었답니다. 우리나라도 언제까지 농사로만 살지는 않을 겁니다. 두고 보십시오. 이제 돈은 공장에서 나옵니다."

"그래? 그럼 너 그 공장을 차지할 뾰족한 수라도 있어?"

"제가 누굽니까? 국회의원이랑도 친하고 미군과도 프랜드(Friend) 아닙니까?"

*　*　*

모든 일은 동생 말처럼 진행되었다. 나는 좋은 땅은 남겨두고 별 볼일 없는 땅만 비싼 값을 받고 나라에 넘겼다. 동생은 공장을 싼값에 인수해서 사장이 되었다. 가만히 보니 동생이 나보다 돈을 더 많이 벌어들였다. 동생 말이 맞았다. 이제 땅보다 공장이었다. 나는 미군을 통해 들어오는 물건에 눈을 돌렸다. 동생이 미군과 친하니 미군에게서 물건을 받아서 판다면 꽤나 돈이 될 성 싶었다. 미국 유학생을 고용해 영어도 열심히 배웠다. 옛날에도 일본어를 열심히 배워서 일본인들과 친하게 지낸 덕분에 큰 이득을 많이 봤다. 이제는 영어다. 영어를 잘해야 한다.

한 때는 반민특위(반민족행위특별조사위원회)라는 게 만들어져서 혹시나 처벌받지 않을까 걱정하며 잠깐 숨을 죽였지만, 반민특위도 사라졌으니 이제 아무런 걱정이 없다. 내 앞에는 부와 권력만 남았다. 아! 이보다 더 좋은 세상이 없다!

농지개혁에서 정경유착까지

1945년 8월 15일, 일제가 망하고 해방을 맞았다. 백성들은 수탈에서 벗어나고, 농민들은 빼앗긴 땅을 되돌려 받아서 농사짓기를 바랐다. 일본인 소유의 공장은 독립운동가의 후손이나 공장에서 일본인에게 억압받으며 뼈 빠지게 일했던 사람들에게 돌아가야 했다. 일본에 빌붙어서 부유한 생활을 했던 친일파들, 농민들을 수탈했던 지주들은 살기 어려운 세상이 되어야 했다. 그것이 해방된 나라가 나가야 할 길이었다.

우리나라의 경제는 출발부터 어긋났다. 남과 북으로 분단되었기 때문이다. 북쪽은 식량이 부족하지만 지하자원이 풍부하고 일제가 건설한 발전소, 공장이 많았다. 남쪽은 넓은 평야에서 풍부하게 식량을 생산했으나 자원과 공장이 부족했다. 남쪽 지역과 북쪽 지역이 서로 도우면 해방된 나라는 제대로 된 경제발전이 가능했다. 38선은 균형 잡힌 경제발전을 못하게 막아선 장벽이었다.

해방된 나라에서 절대다수 인구는 여전히 농민이었다. 농민들의 최대 관심사는 토지였다. 일본인이 강제로 빼앗아간 토지를 되찾고, 지주들이 부당하게 빼앗은 토지를 되찾기를 원했다. 북쪽은 일본인 소유의 땅과 지주의 땅을 강제로 몰수하여 농민들에게 나눠주었다. 남쪽에서도 농지개혁을 실시했는데, 대다수 사람들이 원하는 것과 달리 지주들에게 돈을 주고 땅을 사서, 농민들에게 돈을 받고 파는 형태를 취했다. 이른바 '유상몰수 유상분배'였다. 이는 남쪽 국회의원들 중 상당수가 지주 출신이어서 법을 지주들에게 유리하게 만든 탓이었다. 많은 문제점이 있었지만 어쨌든 이 과정을 거쳐 소작농이 크게 줄고, 자작농이 크게 느는 큰 변화가 생겼다.

토지는 그나마 농민들 손에 많이 돌아갔지만 공장은 전혀 아니었다. 한반도에 있던 공장은 대부분 일본인 소유였다. 일본인이 사라지자 일하던 사람들이 공장을 스스로 운영했다. 일제가 남기고 간 공장은 일하는 사람들에게 돌아가거나, 독립운동가들이 차지해야 올바르다. 공장 외에도 일제가 남기고 간 재산들이 많았는데, 일본인에게 가장 피해를 많이 본 사람들에게 돌아가거나, 새로운 산업을 일으키는 밑거름으로 활용해야 옳았다. 그러나 남쪽에 진주한 미군은 일본인이 남긴 공장과 재산을 자신들의 소유로 만든 뒤, 과거 친일파이거나 미군과 친한 사람들에게 싼값에 나눠주었다. 이를 '귀속재산 불하'라고 한다. 1948년에 출발한 이승만 정권도 일제에게서 빼앗은 재산을 민간에 넘기는데, 재산을 차지한 사람들은 대부분 친일파 출신이거나 권력에 가까운 사람들이었다.

한국전쟁이 끝난 가난한 나라인 대한민국은 살기 힘들었다. 식량을 생산하는 농지는 오랫동안 버려두어서 황폐해졌고, 농사를 지을 젊은이들은 전쟁에서 죽거나 다쳤으며, 공장은 전쟁으로 초토화되었다. 그때 대한민국의 숨통을 열어준 것이 미국이 보내준 원조였다. 미국이 공짜로 원조한 물자는 섬유(면방), 설탕(제당), 밀가루(제분) 등 주로 소비재였다. 이 세 가지를 원료로 한 산업을 세 가지 하얀 산업이라 하여 '삼백(三白)산업'이라 불렸다. 미국의 원조는 어려움을 겪던 우리나라에 큰 도움이 되었지만, 값싼 원조 물자로 인해 국내 농산물 가격이 떨어지고, 국내 섬유 산업이 몰락하는 결과를 빚기도 했다.

귀속재산을 독점한 일부 사람들은 미국에서 들어온 원조 물자를 독점했다. 권력자들은 원조 물자를 몇몇 기업에 몰아주고, 몰래 뒷돈을 받았다. 정치인과 경제인이 한 몸처럼 이익을 주고받는 '정경유착'이라는 나쁜 관계가 형성되었다. 귀속재산을 받고, 원조물자를 독점한 기업들은 점점 거대해졌고, 오늘날 한국경제를 장악한 '재벌'이 되었다. 지나친 재벌 중심 경제, 지나친 대외의존 경제, 과도한 정경유착 등 오늘날에도 한국 경제의 문제점으로 지적되는 사항들은 한국 경제가 출발부터 안고 있던 문제였다.

농촌을 떠나 노동자와 빈민이 되다

1960년대　때
농촌, 그리고 미아리 달동네　곳
초등학교 여학생　人

초라한 초가집에 사람들이 득실거렸다. 점심 밥상은 고구마 몇 개가 다였다. 거지 떼처럼 달려들어 손을 뻗어 입안에 고구마를 구겨 넣었지만 배가 차지 않았다. 초라한 엄마와 아빠, 늙은 할머니, 남자 셋에 여자 셋이 초가집 아래서 모여 살았다. 3남 3녀 중 막내딸에게 내 정신은 깃들었다. 나는 늘 배가 고팠다. 아무리 둘러봐도 먹거리가 보이지 않았다. 시골인데, 엄마와 아빠는 늘 농사를 짓는데 음식은 왜 이리 부족한지 모르겠다. 옷은 일주일이 지나도록 똑같았다. 더러운 속옷도 갈아입지 못했다. 화장실은 냄새나는 재래식인데 그나마 아침마다 순서를 기다리느라 전쟁이었다. 지긋지긋했다.

＊　＊　＊

가을이 왔다. 엄마와 아빠가 열심히 농사를 지어서 농산물을 팔았다. 돈을 벌었으니 음식도 사주시고, 새 옷도 사주시리라 기대했지만 기대는 기대로 끝나고 말았다.

"고생해서 수확한 농산물을 팔아봐야 손에 남는 게 없소."

어두운 밤, 좁은 방안에서 세 자매가 비좁게 잠을 자는데 아빠의 처량한 말이

들렸다.

"여보, 그러지 말고 우리, 도시로 떠날까요?"

아빠는 대답 대신 긴 한숨만 내쉬었다.

"이웃에 살던 기점이네가 서울로 재작년에 떠났는데, 소식을 들으니 제법 자리를 잡고 잘산대요."

"휴~! 난들 떠나고 싶지 않겠소. 근디 내 재주가 농사밖에 더 있냐 말이오. 서울 가서 뭘 하며 먹고 살겠소."

"기점이네 아빠도 농사밖에 지을 줄 몰랐잖아요."

"흠흠, 거참! 이럴 수도 없고, 저럴 수도 없고."

"서울엔 돈이 있잖아요. 여기선 아무리 농사를 뼈 빠지게 지어도 농산물 값이 똥값이니 돈이 안돼요. 농사를 지어 봐도 애들 옷 살 돈도 없어요. 딸내미들에게 옷은 고사하고 머리띠 하나 못해줘요. 여자애들이 일주일 넘게 속옷도 못 갈아입는 꼴을 보니 가슴이 찢어져요."

아빠는 어둠 속에서 웅크리고 자는 딸들을 물끄러미 바라봤다.

"떠나요. 서울로 가요. 아무리 못해도 여기보단 나아요."

여기보다 낫다는 말이 아빠 마음을 움직인 걸까?

"그럽시다. 당신 말대로 여기보다야 낫겠지."

★　★　★

우리 집은 미아리 고개에 위치한 달동네였다. 비탈진 골목 제일 위쪽이 우리 집이었다. 아빠는 새벽별이 뜨기 전에 집을 나서서 별이 뜨면 돌아왔다. 아빠 몸에서는 땀 냄새가 가시지 않았다. 나이가 제일 많은 큰 언니는 서독으로 갔다. 서독에 간호사로 파견되었는데 간호대학을 나온 정식 간호사는 아니었다. 얼마 동안 환자 돌보는 일을 배우더니 돈을 번다며 서독으로 떠나갔다. 정식 간호사가 아니라 환자들 수발을 드는 간호사인 모양이었다. 머나먼 독일에서 번 돈을 언니는 꼬박꼬박

집으로 보냈다. 언니는 가끔 편지도 보냈는데 항상 잘 지낸다는 내용뿐이었다. 하지만 편지지 귀퉁이에 묻은 눈물자국은 말없이 언니의 힘겨움을 전해주었다.

큰오빠는 중학교를 마치고는 곧바로 신발을 만드는 공장에 취직을 했다. 신발 공장에 취업한 뒤에는 아빠와 같이 나갔다가 아빠보다 늦게 들어왔다. 일주일에 두세 번은 야간작업 때문에 집에 들어오지 않았다. 그렇게 길게 일해도 벌어오는 돈은 시원치 않았다. 그 고생을 하는데도 회사에서 월급을 얼마 주지 않기 때문이다.

엄마는 시장에 나가 장사를 했다. 시장에 가게를 차려놓고 하는 장사는 아니었다. 길거리에서 야채 몇 개 늘어놓고 파는 행상이었다. 몇 푼 되지도 않는 돈을 벌기 위해 엄마는 집안일을 바쁘게 마무리하고는 장사를 나갔다. 비가 와도 눈이 와도 쉬지 않았다.

가족들이 모두 나가 돈을 벌어온 덕택에 그나마 시골보다는 살기 나았다. 음식은 굶지 않고 먹었고, 싸구려긴 하지만 옷도 가끔 샀다. 여전히 가난했지만 하루 한 끼도 배불리 먹지 못했던 시골살이보다는 나았다.

★　★　★

나는 국민학교(요즘의 초등학교)에 다닌다. 엄마 아빠의 고생을 덜어드리려고 애썼다. 우리 반 동무들은 크게 두 패로 나뉜다. 한 패는 나와 같은 동네 사는 애들이다. 다들 엄마 아빠가 가난하고 옷차림도 수수하다. 얼굴은 꾀죄죄하고 도시락에선 김치 냄새가 풀풀 난다. 책을 보자기에 싸서 다니고 학용품은 몽당연필에 낡은 지우개가 전부다. 다른 패들은 조금 아랫 동네에 사는 애들로 옷에서는 늘 풀꽃 향기가 나고, 얼굴에선 빛이 난다. 도시락에선 햄과 계란 냄새가 끊이지 않고, 연필은 전부 키가 크고 지우개도 두툼하다.

우리는 부잣집 애들을 애써 무시했다. 부잣집 애들도 우리를 상대하지 않았다. 우리는 부잣집 애들이 잘사는 걸 부러워하면서도 절대 겉으로 드러내지 않았다. 혹시라도 부잣집 애가 우리들 중 한 명을 건드리면 벌떼처럼 달려들어 힘을 보탰다. 부잣집 애들은 자기들끼리 어울렸지만 우리처럼 똘똘 뭉치지는 않았다. 학교가 끝나면 뭐가 그리 바쁜지 집으로 잽싸게 돌아갔다. 우리는 집에 가 봐야 엄마도 없고, 괜히 집에 일찍 가면 할머니 할아버지 수발을 들어야했기에 학교 운동장과 골목을 누비며 놀기 바빴다.

＊　＊　＊

"나는 서수미. 너는?"

어느 날 새롭게 전학을 온 수미는 짝꿍이 된 나에게 스스럼없이 다가왔다. 수미는 이편저편 가리지 않고 자유롭게 동무로 지냈다.

"너, 우리 집에 놀러 올래?"

수미가 나를 자기 집에 초대했고, 나는 망설였지만 부잣집은 어떻게 사나 궁금해서 수미를 따라갔다.

높다란 대문이 나를 맞이했다. 초인종을 누르니 아줌마가 나와서 문을 열어주며 어린 수미에게 꾸벅 인사를 했다. 마당에는 내가 시골에서 보던 들판이 그대로 들어와 있었다. 온갖 꽃과 나무와 작은 연못이 아름다움을 뽐냈다. 방은 셀 수 없이 많았는데, 시골 살 때 읍내에서 보았던 일본식 집과 비슷했다. 수미 방에는 내가 본적도 없는 옷과 인형, 책과 학용품이 가득했다.

나는 부러웠다. 질투가 났다. 그러나 속을 들키지 않으려고 태연한 척 애썼다. 아줌마가 간식으로 들고 온 음식은 겉모습부터 우리 집 식탁에 올라오는 음식과 달랐다. 달콤함이 내 정신을 송두리째 흔들었다.

"수미 친구구나!"

수미 엄마는 예뻤다. 우리 엄마와는 격이 달랐다. 얼굴에는 웃음이 가득하고 주름도 없었다. 손은 어찌나 부드러운지 설거지를 한 번도 하지 않았을 것 같은 손이었다.

"여긴 오빠 방이야."

수미 오빠 방에서 피아노 소리가 들렸다.

"지금 피아노 선생님이 오셔서 가르치고 계셔. 외국 유명한 음대를 졸업한 수재한테 배우는 거야. 나도 가르쳐 달랬는데 나는 기초부터 배워야 한다며 우리나라 음대 졸업한 언니한테 배우고 있어."

'우리 오빠는 지금도 신발 공장에서 힘들게 일하는 중인데' 하고 말하려다 꾹 참았다.

"여기가 우리 아빠 서재야."

잠을 자는 방 말고 책만 있는 방은 처음 보았다. 우리 아빠에게도 이런 방이 있으면 얼마나 좋을까? 하긴 아빠는 이런 서재를 만들어 줘도 글자를 모르시니 필요 없겠다. 한쪽 벽엔 다양한 사진이 걸려 있었다. 전부 수미 아빠가 다른 사람과 찍은 사진이었다.

"왼쪽이 옛날 사진, 오른쪽으로 갈수록 요즘 사진이야."

나는 사진 구경을 했다. 왼쪽 사진엔 일본 사람들이 많이 나왔다. 수미의 젊은 아빠가 일본군 복장을 한 사진도 보였다. 일본군인 사진 옆에는 미군과 찍은 사진이, 미군과 찍은 사진 옆에는 국회의원이나 정부 관리와 찍은 사진이 보였다. 가장 오른쪽 사진에는 수미 아빠가 없었다. 무슨 공장 사진이었다. 사진을 보던 나는 화들짝 놀랐다. 신발공장! 거긴 오빠가 다니는 공장이었다. 새벽부터 밤늦게까지, 때로는 밤을 세워가며 오빠가 일하는 공장 사진이 왜 여기 있을까?

내 관심을 알아차렸는지 수미가 사진을 설명해주었다.

"여기는 우리 아빠 공장이야. 이 공장 사장님이 우리 아빠야. 외국 돈을 빌려서 차린 공장인데 국내에서 세 손가락 안에 드는 큰 공장이래."

집으로 돌아오는 길에 내 머리는 혼란스러웠다. 일본군, 미군, 국회의원과 정부 관리 사진이 뇌리에 깊이 박혔다. 특히 마지막 공장 사진! 그 공장에서 일하는 오빠는 힘들게 일하지만 월급은 쥐꼬리만큼 받는다. 공장의 사장인 수미 아빠는 엄청 부자다. 그러면 수진이 아빠는 우리 오빠보다 몇 십 배나 일을 더 열심히, 많이 하는 걸까?

　달동네의 경사진 길을 오르는데 오늘따라 너무 힘들었다. 구질구질한 우리 집에 들어가기 싫었다. 내가 들어가니 엄마가 반갑게 맞아준다. 거친 엄마 손이 유독 마음에 걸린다. 우리 엄마 손도 수미 엄마처럼 고우면 얼마나 좋을까?

한강의 기적은 누가 만들었는가?

1960년대 정부가 주도하여 경제개발을 시작했다. 문제는 돈이었다. 가난한 우리나라는 경제개발을 할 돈이 부족했다. 차근차근 경제개발을 할 계획이면 굳이 큰돈이 필요 없다. 내부에서 조금씩 토대를 다지면서 경제개발을 하면 된다. 그러나 쿠데타로 권력을 잡은 박정희 정권은 빠르게 경제개발을 할 욕심을 부렸다. 북쪽보다 못하면 안 된다는 경쟁심도 크게 작용했다. 자본주의를 택한 남쪽이 사회주의를 택한 북쪽보다 낫다는 점을 증명하고 싶었다. 빠른 경제개발을 위해서는 돈이 필요했다. 경제개발에 필요한 돈은 크게 세 군데서 나왔다.

첫째는 차관이다. 외국에서 돈을 빌렸다. 처음에는 외국 정부에서 돈을 빌렸지만, 차츰 민간에서 돈을 빌렸다. 외국 정부에게 빌린 돈을 공공차관, 민간에서 빌린 돈을 민관차관이라고 한다. 둘째는 한일국교 정상화에 따라 일본에서 들어온 배상금과 유상·무상 차관이다. 셋째는 외국에서 목숨 걸고 벌어들인 돈으로, 베트남 전쟁에 보낸 군인, 서독에 파견한 광부와 간호사, 중동의 사막으로 보낸 건설일꾼들이 벌어들였다.

외국에서 돈을 빌려왔기에 빌린 돈을 갚으려면 수출을 통해서 외화를 벌어들여야 했다. 외화를 벌어들여야 하는데 특별한 기술이 없었기에 노동력을 많이 들이고, 기술이 별로 필요 없는 산업에서 출발했다. 신발, 섬유, 봉제와 같은 경공업 제품을 만들어 외국에 팔았다. 품질이 뛰어나지 않으니 싸지 않으면 외국 사람들이 사지 않았다. 원재료는 외국에서 수입하니 아끼기 어렵다. 물건 값을 아끼려면 인건비가 싸야 했다. 그래서 임금을 적게 주고, 길게 노동을 시키는 '저임금 장시간 노동' 구조가 만들어졌다. 공장 시설을 좋게 하면 그만큼 물건 값이 비싸지므로 공장시설도 열악했다. 열악한 생산시설로 인해 노동자들이 다치거나 병들어도 치료를 제대로 해주지 않았다. 치료를 제대로 해주면 기업이 이득을 많이 얻지 못하기 때문이다. 노동자의 생명이나 건강보다 기업의 이익이 우선이었다.

공장 노동자들은 적은 임금을 받는데, 적은 임금으로 생활을 못하면 공장이 돌아가지 않는다. 식료품비가 비싸면 저임금으로 생활하지 못한다. 그래서 정부는 일부러 농산물 가격을 낮게 유지하는 정책(저곡가정책)을 폈다. 저곡가정책으로 농촌은 도시보다 더 가난했다. 농촌에 살던 많은 사람들이 도시로 이주하는 이촌향도 현상이 벌어졌다. 도시에 사람들이 많아지자 실업자가 많아졌다. 실업자는 낮은 임금을 받고도 일하려고 했다.

저곡가정책 → 이촌향도 → 저임금 → 낮은 상품 가격 → 수출 증대 → 경제 성장 → 재벌기업 성장 → 재벌과 권력의 유착. 이게 1960년부터 1980년대 중반까지 우리나라 경제가 굴러가는 기본 공식이었다. 한국의 경제성장은 저임금과 저곡가를 바탕으로 이루어졌으며, 경제성장의 열매는 재벌 기업들에게 집중되었다. 1970년대 들어 자본이 어느 정도 축적되자 정부는 중화학공업을 육성한다. 제철업, 조선업, 전자산업, 화학공업, 건설업, 자동차산업이 이때부터 시작되는데 산업의 특성상 대규모 기업 위주로 경제개발을 할 수밖에 없었다. 이에 따라 삼성, 현대, 엘지, 대우 등 재벌기업이 급속하게 커나간다.

1960~70년대 한국의 경제개발은 '한강의 기적'이라 불렸다. 한국전쟁의 폐허를 딛고 놀라운 경제성장을 이룬 한국을 보며 외국 언론이 붙인 이름이었다. 흔히 '한강의 기적'이라고 하면 당시 정권의 공으로 돌린다. 그러나 한강의 기적은 누가 만들었을까? 진시황이 만리장성을 쌓았다고 한다. 정말 만리장성을 진시황이 쌓았을까? 아니면 수많은 백성들이 목숨을 바쳐가며 쌓았을까? 한강의 기적은 누가 만들었을까? 대통령과 정부가 만들었을까? 아니면 지독한 고통을 이겨내며 열심히 노력한 우리의 할아버지, 할머니, 아버지, 어머니들이 일궈냈을까? 한강의 기적은 평범한 사람들이 흘린 땀과 눈물, 희생과 피로 만든 기적이었다.

13 강남
탐욕이 넘쳐흐르는 곳

1970년대　때
서울 강남　곳
부잣집 마나님의 운전사　人

고급 승용차가 멈췄다. 내 정신은 남자 운전사에 깃들었다. 운전사, 나는 재빨리 문을 열고 내려 반대편 뒷문을 열었다. 딱 보기에도 화려한 옷을 입은 40대 여자가 핸드백은 차에 두고 종이 상자를 들고 차에서 내렸다.

"윤기사, 잠깐 기다려."

"네, 사모님."

나는 사모님 뒤통수에 대고 허리를 90도로 꺾어 인사를 했다. 차에 기대어 기다리는데, 정말 잠깐이라고 할 만한 시간 뒤에 종이 상자 대신 A4 크기의 얇은 봉투를 든 채 사모님이 돌아왔다. 사모님은 차에 오른 뒤 나에게 잠시 기다리라고 말하고는 봉투를 열어서 종이를 살폈다.

"흠, 이쪽에 새롭게 아파트 단지를 개발할 계획이구나……. 여기는 도로를 놓는다고? 괜찮네. 제법 돈이 되겠어……. 확실히 김종섭 사무관은 개발 쪽을 잘 알아. 돈을 많이 주길 잘했네."

사모님은 한참 혼잣말을 하며 종이를 살폈다.

"윤기사! 송파 쪽으로 가."

나는 사모님이 지시한 장소로 차를 몰았다. 지시한 장소에 도착하자 차에서 내린 사모님은 봉투에서 꺼낸 종이를 보며 주위를 살폈다. 사모님은 아주 능숙하게 지도와 실제 지형을 견주며 주위를 살폈다.

"윤기사! 저기 동네에 가서 이 땅 주인이 누군지 알아 와. 용도를 물으면 늙어서 농사지으며 살 땅을 알아본다고 하고."

나는 차를 뒤에 두고 근처 동네로 뛰어갔다. 그러고는 동네 사람들을 붙잡고 땅 주인을 물었다. 땅 주인을 파악한 나는 사모님께 와서 파악한 바를 보고했다.

"오늘 들어가는 대로 복덕방 김사장에게 내가 말한 이 땅 알려주고, 거래 성사시키라고 해."

"네, 알겠습니다."

나는 차를 몰고 사모님 댁으로 돌아왔다. 사모님 댁에 막 도착하는데 웬 고급 승용차 한 대가 또 들어왔다. 사장님이었다.

"당신, 얼굴을 보니 또 좋은 땅을 발견한 모양이군."

사장님이 사모님 얼굴을 살피며 반갑게 말했다.

"당신은 제 표정만 보고도 아는군요. 안 그래도 당신에게 상의할 게 있어요. 오늘 김종섭 사무관에게 정보를 얻었는데 도로 공사 예정지가 있다네요. 그게 규모가 제법 커요. 저도 투자를 하겠지만, 당신 회사에서 크게 투자를 해보세요."

"김종섭 사무관이 준 정보면 믿을 만하지. 그래, 오늘 그 땅을 보고 왔소?"

"아뇨. 오늘 본 곳은 다른 개발 예정지였어요. 도로 쪽은 내일 가려고요."

"확실히 보고 오구려. 당신 눈은 웬만한 전문가보다 나으니."

"호호, 그렇긴 하죠. 참, 윤기사, 빨리 김사장에게 가서 내 얘기 전해요."

나는 꾸벅 인사를 하고 복덕방 김사장에게 갔다. 김사장에게 지도를 그려가며 자세히 설명해주었지만, 김사장은 어딘지 잘 파악하지 못하는 분위기였다. 하는 수 없이 김사장과 차를 타고 그 곳을 다시 다녀왔다. 김사장은 땅을 살피고는 곧바로 마을 주민을 만나더니, 계약을 체결해 버렸다. 그러면서 자기 땅도 한군데 사겠다고 했다.

"아니, 알아보지도 않고 막 사십니까?"

내가 물었더니 김사장이 이렇게 말했다.

"허허! 자네 사모님은 강남 최고의 복부인이야. 그분이 본 땅이면 확인 안 해도 믿을 만하지. 나는 돈이 많지 않으니 사모님 땅 바로 옆에 조그만 땅을 사려고. 나중에 봐! 분명 대박이 날 거야. 자네도 돈 있으면 사모님이 사신 땅 바로 옆에 조그만 땅이라도 사둬."

나는 묵묵히 차를 몰았다. 내겐 땅을 살만한 돈이 없었다.

"아무리 생각해도 참 대단한 여자야. 내 마누라가 그 여자 반이라도 따라간다면 얼마나 좋을까? 윤기사 그거 아나? 부인 중에서 최고 부인이 복부인이라는 거?"

농담 같지도 않은 농담을 던지고는 뭐가 웃긴지 김사장은 한참을 킥킥거리며 웃었다.

부동산 투기가 부자를 만든다

　　과거 한국에서 가장 돈 벌기 쉬운 방법은 부동산(집과 땅)이었다. 부동산으로 돈을 버는 방법은 아주 간단하다. 먼저 정부가 특정 지역을 개발하려는 계획을 세운다. 그 계획은 평범한 사람들은 모르지만, 권력자와 가까운 사람들은 미리 접한다. 개발하려는 지역은 아직 땅값이 싸다. 정보를 알아낸 사람들은 슬금슬금 개발될 땅을 미리 산다. 돈이 없으면 은행에서 빌려서라도 땅을 산다. 얼마 뒤 정부가 개발 계획을 발표한다. 갑자기 땅값이 몇 배, 심하면 몇 십 배 오른다. 땅값이 오르면 미리 땅을 사 두었던 사람들은 땅을 팔고 크게 이득을 남긴다. 그리고 자신에게 미리 정보를 준 정부 관리들에게 감사의 표시로 돈을 건넨다. 가장 큰 부동산 투기꾼은 재벌이었다. 재벌들은 사업을 내세우며 은행에서 돈을 빌려 부동산을 사들인 뒤 엄청난 이익을 남겼다. 물론 그 와중에 가난했던 농민이 운 좋게 자기 땅을 팔아서 부자가 되기도 했다. 강남이 개발되면서 졸지에 부자가 된 졸부가 꽤 많았다.

　　부동산 가격이 오르면 땅과 집을 소유한 사람에겐 이익이지만 다수에겐 손해를 끼친다. 일단 부동산 가격이 오르면 생산비가 오른다. 공장을 짓는 땅값이 비싸니 자연스럽게 물건 값이 비싸진다. 집을 장만하는데 돈이 많이 들기 때문에 임금을 올려달라는 요구가 거세진다. 집값이 비싸면 집을 사기 위해 돈을 많이 써야 하므로 다른 소비가 줄어든다. 소비가 줄어들면 경제에 악영향을 끼친다. 집값이 오르면 집을 가진 사람은 모두 이익처럼 보이지만, 집 한 채만 있는 경우엔 별다른 이익이 되지 않는다. 내 집값만 오르는 게 아니어서 집을 팔고 옮기려면 돈이 많이 드니 이익이 남지 않기 때문이다. 여러 채 있는 사람은 집값이 오르면 많은 돈을 번다. 이래저래 부동산 투기로 인한 가격 상승은 서민들이 아니라 소수 부자들의 배만 불려준다.

경제곡선 따라 움직이는 삶의 곡선

1988년과 1998년   때
서울 강북   곳
서민층 주부   人

밥솥에서는 김이 모락모락 피어오르고, 찌개는 맛깔나게 끓었다. 도마를 두드리는 칼이 정겨웠다. 내 정신은 평범한 주부에게 스며들었다. 퇴근할 남편을 기다리며 저녁 식사를 준비하는데 남편이 급하게 뛰어 들어왔다.

"아니, 여보 살살 와요. 안 그래도 윗집에 있는 주인이 애들 시끄럽다고 잔소리 많이 하는데."

"됐어! 이제 됐다고!"

주인의 잔소리 걱정은 아예 신경도 안 쓰는지 남편은 더 크게 말했다. 남편이 워낙 크게 말을 하니 자기들끼리 놀던 아이들이 부엌 쪽을 살폈다.

"여보, 주인이……."

"이제 주인 신경 꺼! 우리 집이 생겼으니까."

우리 집이 생겼다는 말이 정확히 무슨 뜻인지 이해를 하지 못했다.

"뭔 소리예요? 이 집에서 세 들어 사는 처지에……."

"하하하! 이제 이 집도 안녕이야! 주인의 지긋지긋한 잔소리도 끝이고, 우리 집이 생겼어. 아파트가 생겼다고."

"아파트요?"

"그래, 아파트! 우리만의 새 집이 생겼다니까."

"거짓말 아니죠?"

"진짜야!"

"진짜죠?"

"몇 번 물어도 대답은 같아. 진짜, 우리 집이 생겼어!"

집 없이 당했던 설움, 세 들어 살면서 겪었던 아픔이 떠올라 눈물이 핑 돌았다. 아이들은 무슨 일인지도 모르고 엄마가 우니까 따라 울었다.

"애들아 울지 마! 엄마는 기뻐서 우는 거야."

"기쁜데 왜 울어. 기쁘면 웃어야지."

"그러게 웃어야지. 기쁘니까 웃어야지."

나는 아이들을 꼭 껴안아 주었다. 저녁을 어떻게 먹었는지 모르게 먹고 아이들을 방으로 들여보낸 뒤, 나는 차분히 남편에게 물었다. 도대체 어떻게 해서 집이 생겼는지 자세히 알고 싶었다.

"3~4년 전부터 우리 회사가 엄청나게 돈을 많이 벌게 된 것 기억하지?"

"당연히 기억하지. 3저호황 때문에 돈이 쏟아져 들어온다고."

"한 2년은 회사도 옛날 빚 갚고, 혹시 모를 미래를 대비한다며 월급도 찔끔 올려주고, 별다른 혜택을 나눠주지도 않았잖아. 그러다 회사가 계속 잘 나가니까 작년부터는 월급도 많이 올려줬어."

"응, 그때 월급 올라서 참 기뻤는데."

"몇 달 전이었어. 7년 이상 근무한 직원으로 우리 계열사가 짓는 아파트를 구입할 경우 구입 자금의 40%를 회사가 지원해주고, 나머지는 계열 금융사를 통해 거의 무이자에 가깝게 은행 대출을 받도록 지원한다는 정책을 발표했어. 그 말을 듣자마자 내가 신청을 했는데 몇 주 전에 받아들여졌고, 드디어 오늘 계약을 했어. 물론 계약금은 회사가 내고, 우리는 거의 무이자에 가까운 대출금만 갚으면 돼. 대출금도 월급이 많이 올라서 어렵지 않게 갚을 거야."

남편의 말을 듣는데 이게 꿈인지 생시인지 헷갈렸다. 아파트가 생기다니, 우리 집이 생기다니, 그것도 회사가 엄청난 돈을 주어서 집을 마련하게 도와주다니, 도대체 얼마나 많은 돈을 벌기에 회사가 이런 엄청난 지원까지 해주는지 궁금했다. 3 저호황이 얼마나 좋기에 회사가 그렇게 돈을 많이 버는 걸까?

＊　＊　＊

믿지 못할 일이 계속 벌어진 한 해였다. 한보, 기아와 같은 큰 기업이 망했다. 수많은 사람이 실업자가 되고, 자살하는 소식은 날마다 뉴스를 장식했다. 남편은 귀가하는 시간이 날로 늦어졌다. 남편이 들어올 때마다 회사가 망하지는 않았는지, 회사에서 잘리지는 않았는지 걱정하며 맞이했다. 남편은 지쳐 보였지만 늦게 들어오는 상황이 안심이 되기도 했다. 늦게까지 일하느라 늦는 것이니 최소한 잘리지는 않겠다 싶었다. 아이들은 내년이면 고3, 고1이다. 이런 상황에 남편이 실업자가 된다면? 상상만으로도 끔찍하다.

1997년 12월 22일 월요일.

신문과 TV에는 나라가 돈이 없어서 망할 위기에 몰렸고 어쩔 수 없이 IMF에 구제금융을 신청했다는 뉴스가 가득 찬 날이었다. 나라가 돈이 없어서 파산을 하다니 믿기지 않았지만 현실이었다. 불안감에 하루 종일 집안일이 손에 잡히지 않았다. 그날 남편은 12시가 넘도록 들어오지 않았다. 새벽 1시, 힘없이 문을 두드리는 소리를 듣고 문을 열었다. 남편 얼굴을 보는데 가슴이 철렁했다. 불안감이 폭풍처럼 밀려들었다. 남편은 아무 말 없이 들어와 침대에 쓰러져 잠들었다. 다음 날 아이들이 학교에 가고 난 뒤에도 남편은 일어나지 않았다. 1년 동안, 잠 한 숨 편히 자지 못한 남편이기에 일부러 깨우지 않았다.

나는 무슨 일이 벌어졌는지 짐작했다. 남편은 점심 때 일어나서 내가 차려준 밥을 먹더니 다시 침대에 들어가서 잠들었다. 남편이 실업자가 되었다. 내게는 나라가 망한 소식보다 더 큰 소식이며, 더 큰 충격이었다. 일 년 내내 불안해하던 일이 드디어 벌어졌다. 그런데 막상 닥치고 보니 의외로 냉정해졌다. 여기서 더 불안해 봐야 무슨 소용이 있을까 싶었다. 아이들은 가르쳐야 한다. 그나마 주택 구입 자금을 모두 갚아서 다행이다. 저축한 돈도 있다. 나는 이를 앙 물었다. 어떻게 하든 이 상황을 뚫고 나가야 한다.

장사를 할까, 취직을 할까 고민하다 일단 취직 쪽으로 방향을 정했다. 장사는 성급하게 뛰어들었다가 망하면 대책이 없기 때문이다. 젊을 때 다니던 회사는 아이 낳고 그만 두었으니, 19년 만에 내가 일을 하러 나가야 하는 상황이다. 19년 동안 가정주부로 지낸 나를 받아줄 회사가 있을까? 잠든 남편 머리맡에서 이 위기를 극복하기 위해 나는 고민하고 또 고민했다.

대한민국의 운명을 바꾼 1986년과 1997년

1980년대 초반까지 우리나라는 저임금 저곡가를 바탕으로 재벌이 주도가 되어 수출로 돈을 벌어들이는 경제였다. 수출을 많이 하려고 애썼지만 수입이 수출보다 더 많았기에 빚은 계속 불어났다. 1980년대 초 라틴아메리카에 위치한 여러 국가들이 늘어나는 빚을 감당하지 못해 파산했는데, 우리나라도 그런 위기를 맞을 가능성이 높았다. 그때 행운이 찾아왔다. 1980년대 중반, '저금리, 저유가, 저달러'라는 '3저호황'이 찾아왔다.

저금리, 금리가 낮다. 금리가 낮으니 외국에서 돈을 많이 빌리는 우리나라 회사들은 이자를 적게 낸다. 저금리는 기업의 이자 부담을 낮췄다. 저유가, 석유 가격이 낮다. 우리나라는 석유를 전부 수입하는 국가이기에 석유 수입에 엄청난 돈을 쓴다. 석유는 기업을 운영하는데 꼭 필요하므로 석유 가격이 낮으면 제품 가격도 낮아진다. 이래저래 기업과 나라에 이득이다. 저달러, 이로 인해 수출하는 물건의 제품 가격이 크게 낮아졌다. 수출품 물건이 싸지니 외국에서 우리나라 물건이 많이 팔린다.

수출 경쟁력이 올라가니 우리나라 기업들은 수출로 큰 이득을 보았다. 전두환 정권이 물러나고 민주화가 되는 과정에서 소수 부자들에게 집중되던 부가 일반 서민들에게도 어느 정도 분배가 되었다. 3저호황과 민주화를 거치면서 우리나라에는 아파트와 자동차를 보유하고, 문화생활도 누리는 중산층이 넓게 형성되었다.

잘 나가던 한국경제는 1997년이 되면서 갑자기 위기가 닥친다. 1997년 초부터, 무너지지 않으리라 믿었던 거대 기업이 빚을 갚지 못해 무너졌다. 1997년 12월, 우리나라는 달러가 부족하다는 점을 세계에 알리고 IMF(국제통화기금)에 달러를 긴급하게 꿔달라고 부탁하기에 이른다. 만약 그때 IMF가 달러를 빌려주지 않았다면 우리나라는 그대로 망할 운명이었다. 1997년 경제위기로 인해 수많은 기업들이 무너졌고, 수많은 사람들이 실업자가 되었으며, 한 번 취직하면 평생을 근무하던 평생직장은 사라졌다.

IMF는 긴급 구조 자금을 빌려준 뒤 한국 경제 정책에 깊이 개입한다. IMF의 요구에 따라 수많은 공기업들이 민간에 넘어갔으며, 노동자의 해고를 제한하던 법이 느슨해졌다. 해고는 자유로워졌고, 비정규직은 크게 늘었으며, 임금은 동결되거나 죽었다. 학벌이 좋은 사람들과 대기업, 일부 고소득층은 더 많은 이득을 거둬들였고, 일반 서민들의 삶은 퍽퍽해졌다. 3저호황과 민주화로 잠시 완화되었던 빈부격차가 1997년 경제위기를 계기로 다시 심해졌다. 재벌이 한국 경제에서 차지하는 비중은 급격히 커졌으며, 중산층의 수는 계속 줄어들었다. 부자들은 더 많은 부를 차지하였고, 중산층은 서서히 무너졌으며, 가난한 이는 생존을 걱정해야 하는 상황에 몰렸다. 1986년 3저호황은 한국 경제에는 봄의 훈풍이 불었지만, 1997년 경제위기는 한국 경제에 시베리아 한파로 작용했다.

삶을 굴리는 수레바퀴

지금　때

여기　곳

나　人

　가게 유리창에 걸린 모습을 보니 나다. 내 몸에 내 정신이다. 드디어, 드디어 내 몸으로 돌아왔다. 예쁜 내 몸, 귀한 내 몸! 내 몸이 나인 게 이리도 기쁘다니! 가게 유리창에 내 몸을 비춰보며 한참 기뻐하는데 유리창 뒤로 웬 할머니가 보인다. 할머니는 리어카에 폐지를 가득 싣고 힘들게 걸으신다. 가게 문이 열린다. 피자 배달하는 아저씨가 급하게 오토바이를 몰고 아파트 단지 쪽으로 간다. 할머니 옆으로 택시가 서고, 택시 문이 열린다. 손님에게 돈을 받는 택시기사 아저씨의 얼굴이 피곤해 보인다.

　우리 아파트 단지로 들어선다. 나이든 경비 아저씨가 봉투를 들고 아파트 곳곳을 돌아다니면서 쓰레기를 주우신다. 아파트 입구에서 무거운 박스를 든 택배 아저씨를 만나고, 야근 근무를 하러 출근하는 아랫집 아주머니도 만난다.

　집에 들어가니 아무도 없다. 멍하니 있는데 엄마가 들어온다. 엄마는 아빠 월급으로는 살기 힘들다며 대형마트에서 시간제 일을 하신다. 아침 챙겨주고, 집안일을 급하게 끝낸 뒤, 10시부터 여섯시까지 일을 하고는, 돌아와서 다시 저녁 준비해주고 밀린 집안일을 한다. 엄마는 요즘 취직을 못하는 막내 삼촌 때문에 골치가 아프다며 고민이 많으시다. 아빠는 오늘도 야근을 하시는지 밤 9시가 되도 들어오지 않는다.

9시 뉴스에 재벌가문의 어떤 딸이 직원들에게 못된 짓을 했다는 소식이 들린다. 해고를 반대하며 80m 철탑 위에 올라가 농성을 하는 40대 노동자의 사진이 찍힌 신문이 식탁 위에서 나를 바라본다. 누구는 재벌가의 딸로 태어나 떵떵거리고, 누구는 해고당하지 않으려고 80m 철탑에 올라간다. 누구는 부모 잘 만나서 어린 나이에 외제차 끌고 다니는 동안, 우리 아빠는 밤 9시가 넘도록 야근하느라 집에도 못 들어온다.

지금까지 수많은 사람의 몸속으로 들어가서 과거부터 지금까지 다양한 시대를 접했던 삶과 지금 이 순간 내가 접하는 삶이 겹쳐서 떠오른다. 뭔가 이상하다. 왜 옛날이나 지금이나 비슷하단 느낌이 드는 걸까? 왜 삼국시대나, 고려시대나, 조선시대나, 몇 십 년 전이나, 지금이나 변한 게 별로 없다는 느낌이 들까?

아빠는 야근을 끝내고 밤 11시가 돼서야 집에 들어온다. 아빠가 들어오는데 옅은 술 냄새가 난다. 엄마가 오늘도 술이냐고 구박을 하는데, 나는 아빠가 불쌍하게 보인다. 얼마나 힘들면 술을 드시고 올까? 혹시 그 술도 드시고 싶어서가 아니라 직장 일 때문에 어쩔 수 없이 목으로 넘기시는 건 아닐까?

나는 돈 많이 벌어 놀고먹는 삶이 소원이었다. 문득 내 소원이 참 나쁜 소원이란 생각이 든다. 내가 바라는 소원은 신라의 귀족, 고려의 권문세족, 조선의 양반, 식민지 시대 친일파처럼 살려는 욕망과 같은 게 아닐까? 나는 역사를 경험하면서 놀고먹는 자들에게 화가 많이 났다. 그들은 나쁘다. 그들이 사치스럽게 평생을 놀고 먹을 수 있게 하기 위해 얼마나 많은 사람들이 죽도록 일을 하고, 심지어 목숨까지 바쳤던가? 나는 편한 생활은 좋지만, 누군가의 삶을 짓밟으면서까지 편하고 싶지는 않다.

엄마가 "하루 종일 서 있었더니 발이 아프다."고 투덜거리신다. 나는 얼른 가서 엄마 발을 주물러 드린다. 아빠에게 "아빠 고생하셨어요. 고마워요." 하며 인사를 드리니 아빠가 휘둥그레 나를 본다. 그러더니 "우리 딸 많이 컸네." 하신다. 나는 꿀물 한 잔을 타서 아빠에게 드린다.

침대에 누워 생각에 잠긴다. 모두가 똑같이 잘 살기를 바라지는 않는다. 그러나 누구는 맨날 놀면서 하룻밤에 수백만 원을 물 쓰듯 쓰고, 누구는 맨날 일하면서도 몇 백 원 아끼려고 고민하는 현실은 옳지 않다. 엄마, 아빠의 삶이 거대한 역사의 수레바퀴와 함께 굴러가는 기분이 드는 건 지나친 걸까? 나도 어른이 되면 이 거대한 수레바퀴 속으로 들어가 살아야 하는데, 솔직히 무섭고 두렵다. 두려움과 함께 깊은 어둠이 밀려든다. 세상이 온통 어둠으로 뒤덮인다.

* * *

잠에서 깨어 보니 교실이다. 몇 천 년을 경험했는데 그게 하루 낮 동안 꾼 꿈이라니 묘한 기분이 든다. 시간을 확인하려고 교실 창밖으로 시선을 돌리는데, 사다리를 들고 운동장을 가로지르는 학교 직원 아저씨가 보인다. 아저씨는 사다리를 학교 건물 벽에 걸쳐 놓고 깨진 유리창을 수리하신다. 저분이 저렇게 애써 노동을 하시기에 우리가 공부하는 학교가 유지된다는 생각이 든다.

나는 진심을 담아 조용히 말한다.

"아저씨, 우리를 위해 애써 주셔서 고맙습니다."

제 3 부

권력의 역사

정치, 인간다움을 위한 여정

작성자 _ 박현미

01 여성

남성에게 권력을 빼앗기다

때 신석기 시대
곳 한강 근처
人 여신을 모시는 무녀

북소리가 울린다. 뜨거운 기운이 피부로 전해진다. 이마 위로 송글송글 땀이 맺힌다. 상큼한 향기가 코를 자극한다. 서서히 풍경이 들어왔다. 세 명의 여자가 북을 두드렸다. 수십 개의 횃불이 마당 안을 환하게 비추었다. 하얀 천과 긴 나무가 어우러진 마당 한복판의 장식은 신을 향한 재단이다. 흰 천 사이로 얼핏 나무를 깎아 만든 형상이 보였다. 2m쯤 되는 나무 상은 긴 머리카락과 가슴, 허리 곡선을 지닌 여성이었다. 눈매는 부드럽고 입술은 한없이 맑은 웃음을 머금었는데, 팔이 네 개인 것이 특이했다.

* * *

제사를 마치고 마을로 돌아오니 수많은 어린 여자들이 나를 맞이했다. 다들 존경하는 빛이 역력했으며, 몸가짐을 조심했다. 내 말 한 마디, 내 손길 하나에 고마움을 드러냈다. 4살, 6살, 10살 된 어린 딸이 나에게 안겨왔다. 귀여운 내 딸들! 8살 된 아들은 조금 떨어진 곳에서 내게 무릎을 꿇고 절을 했다. 나는 가볍게 머리를 쓰다듬어 주었다.

그때 돌도끼를 든 남자 셋이 사슴 한 마리를 들고 마을 입구에 나타났다. 나는 불쾌함에 이맛살을 찌푸렸다.

"오늘이 여신님께 제사를 지내는 날이라는 걸 몰라요?"

남자 셋은 화들짝 놀라더니 사슴을 옆으로 내려놓고 무릎을 꿇었다.

셋은 아무 말도 못하고 바들바들 떨었다.

"오늘같이 신성한 날에는 사냥을 하지 말라고 몇 번을 말해야 알아듣습니까? 기억을 못하겠으면 사냥을 하러 가기 전에 물어 보고 가세요."

남자들이 너무 떨었기에 야단을 그만치기로 했다.

"따라하세요. 사냥을 하기 전에는 제사장님께 반드시 묻는다."

남자들은 떨기만 할 뿐 내가 시키는 말을 따라하지 못했다.

"제사장님께서 따라하라잖아요. 빨리 따라하세요."

열 살 된 딸이 또박또박 말을 했다. 내 뒤를 이어 제사장이 될 딸이다. 씩씩하고 굳세며 여신님의 정기를 이어받은 아이다. 믿음직스럽다.

"사냥을 하기 전에는 제사장님께 반드시 묻는다."

어리석은 남자 셋은 내가 일러준 말을 수십 번 반복했다. 다음부터는 실수하지 않기를 바라지만, 아마 멍청한 남자들은 또다시 실수를 할 것이다. 아무래도 다른 방법을 찾아봐야겠다.

＊　＊　＊

"이…이…이게 무슨 짓이에요?"

온몸이 부들부들 떨렸다. 어찌 이런 나쁜 짓을……. 얼굴은 창백해지고, 숨이 가빠졌다. 남자는 내 반응은 아랑곳하지 않고 또다시 돌도끼로 여신님의 형상을 내리쳤다. 두 팔이 떨어져 나가고, 머리가 쪼개졌다. 여신님의 상이 쪼개질 때마다 내 안에서 피눈물이 솟구쳤다.

"여신님께 어찌 이런 짓을……, 천벌을 받을 거야!"

남자는 천벌이란 말도 무서워하지 않았다.

"여신? 천발? 그 따위는 없어. 왜냐하면 신은 남자거든."

남자는 말도 안 되는 소리를 지껄였다. 신이 남자라니 황당했다. 어떻게 신이 남자란 말인가? 대지를 보라! 대지는 생명을 품고 자라게 한다. 여성도 생명을 품고 자라게 한다. 하늘은 구름을 머금고 비를 내려 생명을 적신다. 여성은 젖을 먹여 아이를 기른다. 대지도 하늘도 여성을 닮았다. 그러니 당연히 신은 여성이다.

"하늘의 번개를 보라고. 강하잖아. 폭풍우를 봐! 강하잖아. 강한 것이 신이야. 남자는 여자보다 강해! 그러니 당연히 신은 남자야!"

남자는 여신님의 형상을 모닥불에 던져 넣었다. 매정한 모닥불이 여신님의 형상을 집어삼켰다. 악마의 불이 여신님을 불태웠다.

"앞으로 내 후계자는 딸이 아니라 아들이 이어받을 거야. 힘 센 남자가 뒤를 이어야지. 안 그래?"

남자가 대를 잇는다는 주장은 신이 남자라는 주장만큼 어이가 없었지만 어떻게 해볼 도리가 없었다. 이렇게 나는 내 어머니의 어머니의 어머니의 어머니……, 그 오래 전 어머니로부터 이어오던 제사장 자리를 빼앗겼고, 여신님을 잃었으며, 내 뒤를 잇는 핏줄도 빼앗겼다.

슬픔을 감추려 애써 눈을 감았다. 세상이 검게 변했다.

여성, 가장 오래된 식민지

　　정치는 우리 생활 모든 곳에 다 있다. 친구끼리 놀 때도, 학급에서 생활할 때도, 아파트 주민들 사이에서도, 물건을 파는 시장에서도 사람들은 정치를 한다. 다른 생각을 조정하고, 주도권을 행사하며, 돈과 관계를 주고받는 행위 모두에 정치는 있다.

　　정치에서 핵심은 주도권, 즉 권력이다. 사람은 자신이 중심이 되어 자기 뜻대로 무언가를 하려는 의지가 크다. 양보만 하는 사람은 굶어죽거나 남의 노예가 된다. 인간은 주인이 되어 살려고 하지, 남의 뜻대로만 살려고 하지 않는다. 주도권은 부의 분배뿐 아니라 생활 전반에 막강한 영향을 끼친다. 그래서 사람들은 권력(주도권)을 두고 오래 전부터 다투었다.

　　인류 역사에서 최초의 권력 다툼은 인류의 절반(여성)과 나머지 절반(남성) 사이에 벌어졌다. 처음 인류는 어머니가 중심이었고, 혈통도 어머니로 이어졌다. 경제적 주도권도 어머니였고, 신들은 여성의 형상이었다. 그리스의 헤라나 아프로디테, 중국의 여와, 제주의 선문대할망은 모두 여신이며 세상을 창조하고 다스리는 신들이었다.

　　여성이 주도권을 행사하고 신들도 여성이었던 이유는 먹고 사는 일에서 여성이 하는 일이 남성이 하는 일보다 훨씬 영향력이 크고 중요했기 때문이다. 남성은 사냥을 하고 여성은 채집을 주로 했는데 사냥보다 채집이 훨씬 안정적인 식량을 보장해주었다. 아이를 낳고 기르는 일은 예나 지금이나 중요하다. 따라서 여성이 남성보다 권력이 강했다. 농사를 처음 짓기 시작한 주체도 여성이었다. 여성들은 오랜 채집생활을 통해 식물이 나고 자라는 원리를 깨우쳤다. 초기 농사는 땅에 불을 지르고, 석기로 땅을 가른 뒤 씨를 뿌리고, 수확하는 정도였기에 여성이 농사일도 주도했다.

　　그러다 농사에서 남성의 역할이 커졌다. 아무래도 근육의 힘이 강한 남성이 여성보다 농사일에 유리했다. 목축도 남성이 주도권을 행사하는 분야였다. 남는 식량과 경작지를 두고 이웃집단과 다툼이 벌어지면 남성은 나가서 싸웠다. 하는 일도 많아지고, 역할도 중요해지자 남성들이 권력을 행사하려 들었다. 자식을 낳으면 남자 쪽 혈통을 따르게 만들었다. 남아도는 식량을 관리하는 권한도 남성이 차지했다. 신의 형상도 여성에서 남성으로 바꾸었다. 그래서 그리스에선 제우스, 중국에선 황제, 우리나라에선 천지왕이 신들의 최고 자리에 올라섰다. 여성 신들은 최고신의 지위에서 물러나 남성 신을 모시는 하급 신으로 떨어졌다.

권력은 여성에서 남성으로 넘어갔다. 청동기가 생기면서 남성 권력 집중 현상은 더욱 강력해졌다. 이후 남성 권력은 무너지지 않고 수천 년 동안 이어져 지금에 이르렀다.

02 노예
짐승보다 못한 도구

청동기 시대부터 현대 　때
한반도 　곳
노예들 　人

눈을 떴다. 누군가의 칼이 내 목을 노렸다.

"꿇어라!"

무릎에 힘이 풀렸다. 털썩 꿇었다.

"이제부터 너희는 우리를 위해 일하는 노예다."

노예라는 단어가 빙산처럼 차가웠다.

"무슨 소리냐?"

내 옆에서 무릎을 꿇고 있던 남자가 벌떡 일어서며 소리를 질렀다.

"우리가 왜……"

남자는 말을 끝까지 마치지 못했다. 청동검이 그 남자의 목을 파고들었다. 피가 튀었다. 끔직했다.

"이 자처럼 되고 싶다면 언제든지 우리의 명령을 거부하라."

아무도 그렇게 되고 싶지는 않았다. 목에 밧줄이 감겼다. 나는 개처럼 끌려가 노예가 되었다. 세상이 빙글빙글 돌았다.

제3부. 권력의 역사　183

＊　＊　＊

"똑바로 안 해!"

고함과 함께 매서운 채찍이 날아들었다. 피할 곳이 없었다.

"으_으악!"

고통을 못 이기고 비명을 질렀다.

"조용히 못해! 뭘 잘 했다고 비명이야, 비명이!"

또다시 채찍이 내 몸을 휘감았다. 가죽으로 만든 채찍은 살갗을 파고들었다. 뒷걸음질을 쳤으나 발이 부자연스러웠다. 발목에 걸린 쇠고랑이 뒤로 움직이지 못하게 했다.

"살려주세요."

나는 싹싹 빌었다.

"노예 따위가 어디서 살려 달라 말라야! 노예는 말이 필요 없어. 그냥 따라! 그러면 돼!"

"네, 네, 네!"

나는 무릎을 꿇고 이마를 땅에 찧었다. 이마에서 피가 흘렀다. 세상이 핏물이었다.

＊　＊　＊

울음소리에 정신이 들었다. 주위를 살폈다. 누군가 죽었나 보다. 화려한 천, 흰옷을 입은 수백 명의 사람들, 꽤나 지위가 높은 사람의 장례식이 분명했다.

큰 관이 돌로 쌓은 무덤 속으로 사라졌다. 울음소리가 더 커졌다. 나는 영문도 모른 채 눈물을 흘렸다. 눈물을 닦으려고 손을 드는데 손이 무거웠다. 손에서 철그렁 소리가 났다. 무슨 일인가 주위를 살폈다. 나를 비롯한 십여 명의 사람들이 쇠스랑을 찬 채 무덤 입구에 서 있었다.

"아버지께서 저승에서도 편히 대접받으시도록 해드려야지. 애들아, 이 자들을 무덤 속에 함께 묻어라!"

하늘에서 마른벼락이 친다 한들 이보다 놀라울까? 살아있는 사람을 무덤에 묻다니? 어찌 이런 잔인한 짓을 벌인단 말인가? 나는 발버둥을 쳤다. 채찍이 날아들었다. 채찍은 매서웠지만 죽음의 두려움이 고통마저 잊게 했다.

"때리지 마라! 저승에서 아버지를 잘 모시려면 성한 몸으로 죽어야 한다. 사슬을 벽에 고정시킨 뒤 무덤을 폐쇄하라!"

명령을 받은 병사들이 우리를 무덤 안으로 끌고 들어갔다. 쇠사슬이 벽에 단단히 고정되었다. 몸을 꼼짝할 수 없었다. 이윽고 병사들이 나가고 무덤 입구가 닫혔다. 지독한 공포가 밀려들었다. 짐승도 산 채로는 묻지 않는 법인데 사람을 산 채로 묻다니, 이런 악마 같은 놈들! 아니 이런 악마들! 죽은 자를 모시라고 산 사람을 묻어버리다니, 미친놈들! 으아악! 비명을 지르고 지르다 정신을 잃었다.

＊　＊　＊

"정중부가 무신들을 이끌고 난을 일으켜 문신들을 몰아낸 이래, 높은 지위에 오른 자들 중에 노예 출신도 많았다."

바위 위에서 노비 복장을 한 남자가 연설을 했다. 연설을 듣는 사람들도 다 노비였다.

"왕이나 귀족들은 자신들은 귀하게 태어났고, 우리는 천하게 태어났다고 누누이 말했다. 그들이 한 말은 거짓이다. 한때 최고 권력자였던 이의민을 보라! 이의민은 우리와 같은 노비 출신이다. 이의민이나 우리나 다를 바가 없다. 아니, 우리나 왕이나 귀족이나 다를 바 없다. 왕이나 높은 귀족이 되는 자의 씨앗이 원래 정해진 바가 없다."

연설을 듣던 노비들은 술렁였다.

"우리가 언제까지 주인 밑에서 개, 돼지만도 못한 삶을 이어가야 한단 말인가? 우리도 인간이다. 우리도 인간답게 살아야 한다."

노비들은 환호성과 박수로 호응했다.

"나는 주인 최충헌을 죽이겠다. 각자 자기 주인을 죽이자! 노비 문서를 불태우자! 이 나라에서 노비를 없애자! 우리도 높은 자리에 올라 남과 다름없는 인간으로 살아보자."

그때까지 잠자코 듣던 나는 '인간으로 살아보자'는 말에 감정이 치솟아 울컥했다.

집으로 돌아온 뒤 정해진 약속 날을 기다렸다. 지긋지긋한 노비의 굴레에서 벗어날 날을 기다렸다. 산에서 연설을 하던 이는 만적이었다. 만적은 최고 권력자인 최충헌의 노비였다. 만적의 힘찬 목소리가 내내 귓가를 맴돌았다. 밤에 잠을 자다 만적과 함께 노비 없는 세상을 만드는 꿈도 꾸었다. 그러나,

"네, 이놈! 네놈이 감히 역적질을 해!"

주인이 병사들을 이끌고 와서 나를 붙잡았다. 노비 없는 세상을 만들겠다는 꿈은 깨졌다. 병사들은 나를 붙잡자마자 자루 속에 넣은 뒤 꽁꽁 묶었다.

"감히, 노예 주제에 어디 못된 짓을 꾸미려고."

자루 바깥에서 주인의 성난 음성이 들렸다.

"그게 왜 못된 짓입니까? 우리도 사람입니다. 사람이 사람답게 살려고 하는 게 못된 짓입니까? 아니면 같은 사람을 사람으로 대하지 않고 짐승보다 못하게 대하는 게 못된 짓입니까?"

나는 자루 속에서 울부짖었다.

"어찌 노예가 우리와 같은 사람이란 말이냐? 천하게 태어났으면 천하게 살다 갈 것이지 어디서 세상의 이치를 거역하려고."

"세상의 이치라니요? 세상의 이치가 사람을 개, 돼지만도 못하게 부려먹는 것입니까? 세상의 이치가 같은 인간을 죽을 때까지 부려먹는 것입니까? 그게 어찌 세상의 이치입니까?"

"듣기 싫다. 던져라!"

주인이 신경질을 내며 말했다.

자루가 앞뒤로 흔들리더니 몸이 하늘로 붕 떴다가 철썩! 하면서 물에 떨어지는 소리가 들렸다. 자루는 잠시 동안 물 위를 떠가더니 서서히 물속으로 가라앉았다. 물이 자루 속에 스며들었다. 숨이 막혔다. 아, 노비! 노비가 대체 뭐기에 이렇게 마구 죽인단 말이냐! 입으로 물이 밀려들고, 두 눈에선 강물을 넘치게 할 만한 눈물이 쏟아졌다.

* * *

백화점에서 물건을 구경하는데 뒤쪽에서 시끄러운 소리가 들렸다.

"우리 아빠가 여기 회장이야! 그런데 내가 여기에 내 애완견인 '쵸이'를 데려오면 안 돼?"

젊은 여자가 50살은 족히 넘는 어른에게 소리를 질렀다. 여자의 손에는 작은 애완견이 들려 있었다.

"아닙니다. 됩니다. 되고말고요. 직원들이 큰 실수를 했습니다."

정장을 차려입은 남자 어른은 뭘 그리 잘못했는지 계속 허리를 굽실거렸다.

"죄송합니다. 직원들이 미처 못 알아봤습니다. 죄송합니다."

"동태 눈깔이야? 나를 못 알아보게!"

젊은 여자는 손에 든 작은 종이 상자를 남자에게 집어 던졌다. 종이 상자는 남자의 머리를 강타했다.

"죄송합니다. 죄송합니다."

"다음부턴 조심해!"

"네, 네, 각별히 조심하겠습니다."

"흥!"

젊은 여자는 분이 풀렸는지 얼굴이 누그러졌다.

"어휴, 우리 쵸이 깜짝 놀랐지? 누나가 잘해줄게. 어쭈, 귀여워!"

젊은 여자는 품에 안은 개를 쓰다듬으며 엘리베이터 쪽으로 사라졌다. 젊은 여자가 사라지자 주위에 있던 종업원들이 남자에게 다가왔다.

"점장님, 죄송합니다. 저희 실수로!"

"됐어! 이 정도로 넘어갔으니 됐지 뭐. 다들 가서 일 봐!"

남자는 아무렇지 않게 그 자리를 떴다. 나는 그 남자의 뒤를 살며시 따라갔다. 문을 열고 계단으로 나간 남자는 옥상으로 올라가 긴 호흡을 내뱉었다.

"어허, 대학 나와 25년 넘게 여기서 일한 내가 그깟 강아지 한 마리보다 못하다니……."

그때 휴대전화 벨이 울렸다.

"어, 우리 딸! 그려, 친구들이랑 놀러간다고? 용돈? 어이구, 알았어. 맛있는 거 먹고 싶어요? 그래, 아빠가 이따 저녁 때 맛있는 거 사들고 갈게."

남자는 전화를 끊더니 왼 손을 불끈 쥐었다.

"그래! 가족들을 위해 참아야지. 여기가 내 밥줄인데. 자, 힘내자!"

나는 고개를 돌렸다. 나도 모르게 눈물이 났다. 50살이 넘으신 분이 마치 내 아빠라도 된 듯 슬펐다. 회장 딸과 50살 넘은 가장, 어쩌면 둘의 관계는 귀족과 노비의 관계와 비슷해 보였다. 귀족에게 짐승보다 못한 대접을 받던 노비와 회장 딸이 기르는 애완견보다 못한 취급을 받는 50대 가장은 너무나 닮았다.

짙은 슬픔과 함께 피어난 안개가 시간과 공간을 뒤흔든다.

노예, 인간이나 인간이 아닌 자

누군가 아무 일도 안 하고 사치스럽고 편안히 지내려면 어느 누군가는 죽어라고 일해야 한다. 귀족, 양반의 사치와 편안함은 노비로 인해 가능했다. 노비는 인간이 아니었다. 노비는 주인의 재산이었으며, 힘의 원천이었다. 고대사회에 널리 시행되었던 '순장'은 주인이 죽으면 저승에 가서도 같이 모시라고 노비를 땅에 산 채로 묻어버리는 잔인한 풍습이다. 인간이되 인간 아니게 취급했지만 노비는 귀족이 부를 쌓게 해주고, 필요할 때는 귀족을 위한 군대가 되어 귀족의 이익을 지켰다.

고려, 무신정변 시기에 아주 특별한 사건이 하나 발생한다. 바로 노비 '만적의 난'이다. 무신정권 초기 노비 출신 이의민이 권력을 잡았다. 노비가 왕보다 강한 권력을 지닌 최고의 지위에 오른 것이다. 당시 노비들이 보기에 그야말로 세상이 뒤집어질 사건이었다. 노비로 태어나면 평생 노비로 살아야 하는 운명이라고 믿었던 이들에게 이의민의 등장은 자신들도 노비에서 벗어나고 싶다는 열망에 불을 지폈다. 만적은 무신정권의 권력자인 최충헌의 노비였다. 만적은 인간이되 인간이 아닌 노비에서 벗어나 인간이 되기 위해 반란을 일으키려 했다. 그러나 노비 '순정'이 고자질하는 바람에 실패했다.

노비는 조선시대 양반사회에서도 양반들의 재산이 되어 굴욕적인 삶을 살아가다 1894년 갑오개혁으로 신분제가 폐지된 뒤에서야 사라진다. 식민지 시대에는 소수 친일파와 부자들을 제외하고는 거의 대다수 백성들이 노비와 마찬가지 신세였다. 여성들을 끌고 가 전쟁터에서 성노리개로 삼고, 젊은 남자들을 전쟁터의 총알받이로 삼은 데서 드러나듯이 식민지 백성은 노비였다.

현대사회에서 제도로서 노예는 사라졌다. 귀족도, 양반도 없다. 그렇다면 정말 우리 사회에서 노예가 사라졌을까? 귀족과 양반이 사라졌을까? 부모 잘 만나 떵떵거리며 사는 이들, 부자라는 이유만으로 가난한 이들을 함부로 대하고, 죄를 지어도 제대로 처벌도 받지 않는 이들은 여전히 귀족이요, 양반이 아닐까? 돈을 벌기 위해 직장에 얽매여 살면서, 자기 권리 하나 제대로 찾지 못하는 수많은 서민들은 노예와 얼마나 다를까?

종교와 율령으로 쌓아올린 힘

4세기 　때
고구려 국내성 　곳
소수림왕 　人

뒤에는 궁녀들과 신하들이 따라온다. 앞쪽엔 무장한 병사들이 주위를 경계한다.

"폐하, 부르셨습니까?"

지혜로워 보이는 신하가 내게 절을 했다. 내가 폐하라고? 왕인거야? 어느 나라 왕이지?

"전진(前秦)의 왕 부견이 보낸 사신은 떠났소?"

왕이, 그러니까 내가 말했다. 흠흠, 왕이라, 괜찮군. 더구나 젊은 왕이라니~ 멋지다.

"네, 조금 전에 떠났습니다."

"짐이 그대를 부른 이유를 아시오?"

"전진의 왕이 보낸 숙제 때문이겠지요."

"역시, 그대의 눈은 못 속이겠군. 어쩌면 좋겠소?"

"외람된 말씀을 올려도 되겠는지요."

"그대는 고구려에서 가장 지혜롭소. 그대가 하는 말은 항상 국력을 강하게 하는데 도움이 되었소. 선대왕이신 고국원왕께서 그대의 충언을 받아들였다면, 그리

허망하게 백제군의 화살에 맞아 억울하게 돌아가시지는 않았을 것이오. 짐은 그대의 말이라면 경청할 터이니 걱정 말고 말하시오."

나는 최대한 부드럽게 이야기를 끌어내려 애썼다.

"황송하옵니다. 그럼 말씀 드리겠습니다."

늙은 신하는 손가락으로 성 가운데 자리잡은 제단을 가리켰다.

"폐하 저 제단은 고구려의 정신이요, 뿌리입니다."

나는 신하의 손끝이 가리키는 제단으로 눈길을 돌렸다. 제단은 성 어느 곳에서나 보일 정도로 크고 화려했다.

"저 곳은 하늘 신 해모수의 아들이며 물의 신 하백의 외손자이신 추모왕(고주몽)을 기리고, 고구려를 굳세게 지켜달라고 기도하는 제단입니다. 10월이면 폐하를 비롯한 백성들이 모여 동맹(東盟) 축제를 지내고, 동맹을 통해 우리는 하나임을, 우리가 하늘의 자손임을 자랑스럽게 여기며 단결을 이루었습니다."

"맞는 얘기요. 그러나 하늘의 후손임을 자랑스럽게 여기는 우리 고구려가 선대 왕께서 이끄실 때 모용선비에게 큰 어려움을 당했고, 남쪽 백제와 싸움에서는 돌아가시기까지 했소. 끝없는 전쟁으로 백성들은 고난에 허덕이고, 전쟁에서 연거푸 패하면서 하늘의 후손이라는 자부심에도 큰 상처를 받았소."

"맞습니다. 하늘의 자손이라는 자부심은 백성들에게 충성심을 이끌어냈고, 다른 나라와 전투에서 큰 힘을 발휘했습니다. 임금은 하늘님의 후손이요, 하늘과 통하시는 분이니 백성들은 무조건 복종하였고, 임금이 지시하면 목숨도 바쳤습니다. 그러나,"

신하는 '그러나'를 힘주어 말하고 잠시 뜸을 들였다.

"지금 고구려의 백성들은 의심합니다. 과연 임금님이 하늘님의 후손인지, 아직도 하늘님과 통하는 존재인지, 우리 고구려가 과연 하늘님의 보호를 받는지 확신하지 못합니다. 이는 심각한 문제가 아닐 수 없습니다."

저절로 한숨이 나왔다. 임금이란 자리, 편하지 않았다. 임금이라 뭐든지 마음대로 하니까 행복할 줄 알았는데, 누구나 나에게 복종하니 즐거울 줄 알았는데, 전혀 아니었다. 골치 아프고 부담스러웠다.

"고구려의 군사력은 강합니다. 그러나 연이은 패배로 군사들의 사기도 많이 떨어졌습니다. 군대는 외국과 전쟁뿐 아니라 나라의 규율을 세우는 마지막 힘입니다. 귀족들의 반란을 막고, 백성들의 불복종도 막아내는 힘이 군대입니다. 그러나 군대의 힘에는 한계가 분명합니다. 무엇보다 군대로 다스리는 나라는 오래가지 못합니다."

"내 고민이 그대의 말과 하나도 다르지 않소."

나는 침울하게 말했다.

"불교를 받아들여야 합니다."

신하는 도끼로 나무를 내려치듯 단호하게 말했다.

"그래야 하겠소?"

"저도 전진에서 온 승려 순도(順道)를 만나 불교에 대해 들었는데, 불교는 오묘한 종교였습니다. 부처님의 가르침은 신비롭고 세상을 보는 새로운 눈을 제공해주었습니다. 아마 많은 이들에게 도움이 되리라 믿습니다. 무엇보다,"

"무엇보다?"

"무엇보다 폐하가 부처님의 대리인으로 이 세상을 다스리는 위치를 차지하면 왕권이 강화되고, 백성들도 폐하를 마음에서 우러나와 폐하를 따르게 됩니다. 부처님의 대리인으로 세상을 다스리는 임금에게 복종하면 천국에 가고, 그렇지 않은 자는 지옥에 간다고 가르쳐 보십시오. 죽음 뒤의 세상이 지옥이라면 얼마나 두렵겠습니까? 당연히 너도나도 임금님께 복종을 맹세하고, 굳게 따르게 되리라 봅니다. 약화된 자부심을 끌어올리고, 흩어진 민심을 모으고, 폐하를 향한 충성을 이끌어내는데 불교보다 좋은 종교가 없습니다."

나는 신하의 이야기에 만족했다. 고민이 싹 해결되는 기분이었다.

"참, 저번에 그대에게 준비하라고 한 율령은 잘 준비되고 있소?"

"예, 폐하! 차근차근 준비 중입니다. 여러 나라의 사례와 고구려의 상황을 고려하여 준비하고 있사오니 마련하는 대로 올리겠습니다."

"율령은 매우 중요하오. 법률이 바로 서야 나라가 바로 서는 법이요. 법률이 올곧게 서고, 질서가 잡히면 부강한 나라가 될 것이오. 철저히 준비하시오."

"명심하겠습니다."

늙은 신하가 물러나고 어둠을 밝히는 횃불이 타올랐다.

"전하, 날이 어둡습니다. 이제 궁으로 돌아가시지요."

내 옆에 바짝 붙어서 있던 호위무사가 걱정스럽게 말했다.

"알았다. 돌아가자!"

어둠을 뚫고 걷는 내 발걸음은 한 없이 가볍고 힘찼다.

지배체제를 유지하는 다양한 수단

　　인간은 불공평을 쉽게 받아들이지 못한다. 같은 인간인데 누구는 귀족, 누구는 평민, 누구는 노예로 나뉘는 신분제를 받아들이기는 힘들다. 마음으로 따르지 않는 신분제를 유지하려면 강력한 법이 필요하다. 고조선은 엄격한 8조법으로 사유재산제와 노비제도를 유지했다. 고구려, 신라, 백제가 고대왕조국가로 발전하는 과정에서 모두 강한 법을 만들었다. 백제가 가장 먼저 전성기를 맞이한 이유는 율령 반포가 앞섰기 때문이다. 백제는 3세기에 고이왕이 율령을 반포하며 국가 지배체제를 안정시킨 뒤, 4세기 근초고왕 때 최전성기를 맞이한다. 고구려는 4세기 소수림왕 때 율령을 반포하고 5세기 광개토대왕, 장수왕 때 최전성기를 맞이한다. 신라는 6세기 법흥왕 때 율령을 반포하고 뒤이은 진흥왕 때 최전성기를 맞이한다. 이처럼 율령은 국력에 큰 영향을 끼쳤다.

　　인간은 자유롭고 싶은 존재이기에 법률과 같은 강제력만으로 신분 질서를 유지하기 어렵다. 그래서 마음으로 신분 질서를 받아들이게 만드는 수단이 필요한데, 그때 사용한 방법이 신화다. 고조선의 단군, 고구려의 주몽, 신라의 박혁거세, 가야의 김수로는 전부 신비한 존재로 알려졌다. 하늘이 점지한 특별한 사람이니 당연이 왕이 되어야 하며, 왕과 가까운 자들은 귀족이 되어 평생 편안하게 살아도 된다. 농사가 중요한 시대에서 왕은 곧 하늘과 통하는 사람이다. 정치와 종교가 하나가 된 제정일치는 고대 사회의 전반적인 특징이었다. 왕은 하늘에 제사를 지내는 제천행사를 통해 지배자의 특별함을 드러내고, 백성을 복종하게 만들었다. 부여의 영고(12월), 고구려의 동맹(10월), 동예의 무천(10월), 삼한의 계절제(5월, 10월)는 모두 왕이 하늘과 통한다는 점을 보여주는 특별한 행사였다.

　　물론 삼한 지방과 같이 제정분리 사회도 있었다. 천군이 지배하는 '소도'는 제사를 모시는 신성한 지역이었다. 부여의 경우 날씨가 계속 좋지 않아 피해가 클 경우 왕의 잘못을 물어 왕을 교체하기도 했다. 제정일치 사회는 권력은 강했지만 자연재해에 따른 백성의 원망이 왕에게 쏠릴 위험성도 컸다.

시간이 지난 뒤에 신화가 하던 역할을 종교가 대신했다. 고구려의 소수림왕, 백제의 침류왕은 4세기에 불교를 받아들인다. 신라는 6세기 법흥왕 때가 되어서야 이차돈의 순교를 계기로 불교를 받아들인다. 원래 불교는 불평등을 반대하고, 일반 백성들의 평등을 강조한다. 그러나 고구려, 신라, 백제로 들어온 불교는 '왕은 부처의 대리인으로 세상을 다스리는 존재'로 믿게 하였다. 삼국시대에 불교를 믿는다 함은 왕과 귀족의 지배질서를 받아들인다는 뜻이었다.

법과 군대, 종교는 피지배계층을 지배하는 수단으로 충분했지만, 지배세력 내에서는 또 다른 제도가 필요했다. 너도나도 더 많은 부와 더 높은 권력을 차지하겠다고 나서면 지배 세력 내에서 다툼이 생기고, 지배 세력 내에서 다툼이 생기면 국가는 위기를 맞이한다. 실제로 고구려는 지배층 내 분열로 국력이 약화되었고, 내부 분열로 망했다. 그래서 고대국가들은 관등을 꼼꼼하게 나누고, 귀족들의 회의 기구를 두었다. 귀족 회의 기구로 고구려는 대대로가 이끄는 제가회의, 백제는 좌평이 이끄는 정사암회의, 신라는 상대등이 이끄는 화백회의를 두었다. 왕권이 강할 때 귀족회의는 큰 힘을 발휘하지 못했지만, 왕권이 약할 때는 귀족회의가 국가를 좌우했다.

천년왕국 신라를 무너뜨리다

889년, 신라말기   때
사벌주(지금의 상주)   곳
원종(원종·애노의 반란 주역)   人

"또 세금을 내라고? 낼 세금이 있어야 세금을 내지? 우릴 완전히 말려 죽이려고 작정을 했나!"

"도대체 빼앗더라도 염치가 있어야지, 굶어 죽게 생겼는데 세금을 또 거둬가다니……. 피 빨아 먹는 거머리도 빨리는 사람 상태 봐 가면서 빨아 먹거늘……. 거머리만도 못한 흡혈귀 놈들!"

분노는 태풍에 파도치듯 농민들 사이로 퍼져갔다. 분노가 한바탕 몰아치자 농민들의 시선이 내게로 모였다. 내가 나설 차례였다.

"저도 여러분과 한 마음입니다. 귀족들의 수탈과 가혹한 세금에 당할 만큼 당했습니다. 이대로 피를 빨리며 살다가는 죽음 외에는 없습니다. 이대로 죽느니 차라리 한 번 쯤 꿈틀대다가 죽겠습니다. 여러분 뜻대로 제가 앞장서겠습니다. 일어납시다! 온 힘을 다해 서라벌의 썩은 귀족과 여왕에게 우리의 분노와 힘을 보여줍시다."

나는 주먹 쥔 손을 힘차게 하늘로 치켜들었고, 그에 맞춰 함성이 들불처럼 치솟았다.

반란을 일으키려면 철저한 준비가 필수다. 우리에게는 분노한 농민들이 있지만 무기가 없다. 아무리 분노하는 농민이 많다고 해도 농기구나 돌팔매질로는 관군을 상대하지 못한다.

"먼저 무기를 빼앗아야 합니다. 오늘 밤 사벌주(상주) 관아의 무기고를 습격하겠습니다. 혹시 사벌주 관아를 잘 아는 분 있습니까?"

그때 약간 마른 체형의 사내가 손을 들고 나섰다.

"사벌주 관아라며 제가 잘 압니다."

"누구신지 소개를 부탁드려도 될까요?"

"제 이름은 애노입니다. 사벌주 관아에서 오랫동안 노비 생활을 했으며, 작년에 겨우 노비 신세에서 벗어난 처지입니다. 노비에서 벗어나면 인간답게 살 줄 알았는데, 노비나 농민이나 별반 차이가 없더군요. 제가 무기고 위치, 병사들의 경계 상태 등을 잘 압니다."

"정말 반갑고 고맙습니다. 저는 원종입니다. 과분하게도 제가 이번 일을 총 책임지고 이끌어야 합니다. 잘 부탁드립니다."

애노는 사벌주 관아의 생김새와 무기고의 위치, 병사들의 배치도와 경계 상태를 자세하게 설명했다. 우리는 애노의 설명을 바탕으로 작전을 짰다.

때는 삼경(밤 11시~새벽 1시), 깊은 어둠이 세상을 검게 물들인 밤에 나는 애노와 함께 마을 장정 30명을 이끌고 사벌주 관아 담벼락을 넘었다. 무기고 쪽으로 곧장 이동한 우리는 경계병들을 가볍게 제압하고, 무기고를 열었다. 무기고에는 칼과 창, 화살 등이 가득했다. 우리는 조용하면서도 최대한 빠르게 무기고에서 무기를 빼내 관아 담장 밖으로 던졌다. 관아 밖에서 기다리던 동네 주민들은 무기를 준비해 온 수레에 실었다. 어둠이 채 가시기 전에 우리는 모든 무기를 다 빼냈다. 무기는 수 천 명이 무장해도 될 정도였다.

날이 밝자 농민들에게 무기를 나눠주었다. 마을 사람들이 무장을 하고도 무기는 한참 남았다. 나는 주변 마을 농민들에게 봉기 사실을 알렸다. 예전에 마을을 떠나 초적의 무리가 된 이들에게도 사람들을 보내 봉기 소식을 알렸다.

"혼자 속태워봐야 억울함은 풀리지 않습니다. 초적이 되어 산에 들어간들 귀족들의 횡포를 응징하지 못합니다. 힘을 모읍시다. 우리에게는 무기가 있고, 분노한 농민이 있습니다. 힘을 합쳐 사벌주를 치고, 서라벌의 귀족들에게 따끔한 맛을 보여줍시다."

내 제안에 수많은 농민들과 초적들이 합류했다. 나는 농민들을 이끌고 일부러 느릿느릿 사벌주 관아로 진격했다. 처음에는 수백 명이던 농민군은 점차 세를 불려 2천이 넘고 4천이 넘었다. 그동안 당한 분노로 인해 기세가 무서웠다. 황혼 무렵 농민군은 사벌주 관아를 둘러쌌다. 붉은 횃불이 관아 주위를 환하게 밝혔다. 사벌주를 지키는 성벽은 왜소했다. 그곳을 지키는 병사들은 겁을 집어 먹은 게 역력했다. 하기는 우리와 싸우고 싶어도 무기가 없을 테니 겁을 집어먹지 않을 수 없을 것이다.

"우리는 농민군이다. 우리는 너희와 싸울 생각이 없다. 항복하라! 그리고 썩은 관리들과 사벌주 성주를 붙잡아 와라! 그리하면 목숨을 구할 뿐 아니라 우리와 함께 새로운 세상을 만들 기회를 줄 것이다."

나는 성벽 앞으로 나아가 세차게 외쳤다.

얼마 뒤 성벽이 열렸다. 몇몇이 밧줄에 묶여 끌려 나왔다. 사벌주 성주와 그 밑에서 포악한 짓을 일삼던 관리들이었다. 내가 뭐라고 명령을 내리기도 전에 사벌주 성주와 관리들은 농민군이 휘두른 칼과 창에 맞아 처참하게 죽었다.

농민군은 그대로 사벌주 관아로 밀고 들어갔다. 사벌주 안에 있던 병사들과 주민들도 우리들에게 협력했다. 사벌주는 우리 차지였다. 나는 관아 곳간에 있던 식량을 풀어 백성들과 병사들을 배불리 먹였다.

"분명 서라벌에서 군대가 올 것입니다."

애노가 걱정스럽게 말했다.

"오겠지만 걱정할 거 없소. 그들은 어쩔 수 없이 시켜서 싸우러 오는 자들이고, 여기 농민군들은 더 나은 삶을 꿈꾸며 목숨 걸고 일어선 이들이오. 이 사나운 기세를 마지못해 끌려 온 자들이 어찌 이겨내리오."

내 예측은 맞았다. 얼마 뒤 서라벌에서 군대가 왔지만 그들은 성벽 바깥에서 어슬렁거리다 우리의 사나운 기세에 겁을 먹고 물러섰다. 사벌주는 우리 차지가 되었다. 아무도 우리를 무시하지 못했고, 더 이상 두려워할 대상도 없었다.

그렇게 몇 달이 흐른 어느 날 애노가 말했다.

"우리의 반란을 접한 뒤 신라 곳곳에서 반란이 일어난답니다."

"나도 알고 있네. 듣자 하니 북쪽에서 큰 세력이 일어났다고 하네. 지도자의 인품도 크고 넓다 하니 그쪽과 힘을 합쳐 새로운 세상을 꿈꿔 보려고 하네. 자네 생각은 어떤가?"

"그 세력에 대해선 저도 들었습니다. 좋습니다. 우리 새로운 세상을 꿈꿔 봅시다."

우리는 두 손을 꼭 붙잡았다.

남북국시대의 통치 질서와 농민 봉기

발해는 여러 종족이 어우러져 살아가는 국가였다. 오늘날로 말하면 다민족 국가다. 종족이 다양하기에 종족끼리 서로 잘 어울리고, 질서를 잡는 일이 중요했다. 만약 종족끼리 서로 다투고, 분열하면 발해는 유지될 수 없었다. 발해가 거란에 멸망하기 전 주민의 다수를 이루던 말갈족이 독자적으로 움직이면서 국가 기반이 흔들렸다.

사회질서를 유지하기 위해서는 신분질서를 엄격히 하고, 통치제도를 탄탄히 마련해야 한다. 넓은 국토에 다양한 종족을 아우르며 다스려야 했기에 그에 맞는 제도가 필요했다. 발해는 신분질서를 엄격하게 나누고, 전국을 고루 통치하기 위해 지방에 5개의 핵심 도시를 두었다. 중앙 정부는 3성6부 제도를 택했는데 이는 당나라 제도를 본 딴 것이다.

신라도 발해와 크게 다르지 않다. 청천강 이남을 통일한 신라는 고구려, 백제 유민을 잘 다스려야 했다. 그들을 적절하게 대우하면서도 신라 중심의 신분질서에 따르게 만들려면 그에 맞는 제도가 필요했다. 신라는 지방행정조직으로 9주5소경을 두었는데 5소경은 5개의 작은 서울을 말한다. 경주가 한반도 동남부에 치우쳐 있고, 각 지역별로 특색에 맞게 다스리기 위해 5소경을 두었다. 이는 발해가 5경을 둔 이유와 같다.

신라는 전통적으로 골품제에 기반을 둔 귀족사회. 삼국전쟁에서 승리한 뒤 귀족보다 왕의 힘이 강해졌다. 특히 신문왕 때 왕권은 최고점에 달했다. 왕권이 강하니 귀족회의인 화백회의의 힘은 약했고, 화백회의를 이끄는 '상대등'의 권력도 약했다. 국가 행정은 집사부를 중심으로 집행되었고, 집사부를 이끄는 '시중'이 왕 다음으로 강력한 권한을 행사했다.

반면에 신라 후기로 갈수록 왕권이 약해졌다. 왕권에 반비례해서 귀족회의인 화백회의의 힘은 강해졌고, 화백회의를 이끄는 상대등의 힘이 막강해졌다. 힘이 막강했던 상대등은 왕을 몰아내고 자신이 왕이 되기도 했다. 귀족들 사이에 끊임없는 다툼이 벌어졌다. 청해진을 개척한 장보고도 왕권 다툼에 뛰어들어 반란을 일으켰다. 신라 후기에는 150년 동안 20여 명의 왕이 바꿸 정도로 왕권은 땅에 떨어졌고, 귀족들은 자기 이익 챙기기에 바빴다.

당연히 농민들의 삶은 엉망진창이었다. 신라의 혼란이 시작된 8세기 말부터 농민들이 봉기했다. 9세기 후반 들어서 견디다 못한 농민들이 곳곳에서 반란을 일으켰다. 원종과 애노, 양길, 검용, 견훤 등이 대규모 무리를 이끌어 지방을 장악했다. 신라 중앙정부의 통치력은 경주 인근 옛 신라 지역으로 줄어들었고, 다른 지역은 지방에서 일어난 농민군이나 강력한 지역 세력들의 손아귀에 들어갔다. 다양한 세력들의 다툼 끝에 백제 지역에서 일어난 견훤이 후백제(900년)를 세웠고, 궁예가 송악(개성)을 근거지로 후고구려(901년)를 세웠다.

일반 백성들은 나라의 기둥이다. 이들은 평상시에는 묵묵히 일하며 나라에 세금을 내고, 군대에 가며, 귀족들의 수탈을 견딘다. 지독할 정도로 인내심을 발휘하며 불평등을 참아낸다. 그러나 불평등이 일정 수준 이상 넘어가고, 생존이 위협받는 상황이 되면 기존 질서를 거부하며 봉기한다. 백성들이 봉기하면 기존 질서는 크게 흔들리고, 새로운 나라가 들어서거나 기존의 질서가 완전히 뒤바뀌는 변화가 일어난다. 이것이 역사의 법칙이다.

고려를 병들게 한 탐욕스런 집단

고려시대 　때
개경 　곳
벼슬아치들 　人

　　최승로, 저 자는 아리송한 인물이다. 광종대왕은 호족의 힘을 약화시키기 위해 노비안검법과 과거제를 실시했다. 호족의 힘을 약화시켜 백성들을 살기 좋게 만들고 왕권을 확립한 두 가지 정책을 모조리 뒤흔드는 제안을 하면서도, 그것이 유교 정치의 원리라고 주장한다. 나도 유교 공부를 해서 안다. 유교의 핵심은 사람이 사람답게 사는 세상이다. 바른 정치로 살맛나는 세상을 만드는 것이 유교의 궁극적 목표다. 그런데 오직 귀족들의 권리만 앞세우는 저런 정책을 유교 정치라고 내세우고 있다. 화가 치민다. 임금께서는 최승로의 간교한 말을 곧이곧대로 받아들인다. 아! 안타까운 일이로다.

　　"폐하, 선대 광종대왕께서 하신 정책은 지극히 옳습니다. 노비는 양민으로 되돌리고, 실력 있는 자로 하여금 관리가 되게 해야 합니다. 부디 그 정책을 바꾸지 마소서."

　　"무슨 말이오. 세상에는 엄연히 신분 질서가 있소. 그 질서를 흐트러뜨리면 아니 되오. 또한 과거 호족들이 태조(왕건)대왕과 힘을 합쳐 후삼국을 통일한 공로가 큰데 그 공을 무시하고, 공신의 후손들을 대접해주지 않는다면 나라의 기틀이 흔들리지 않겠소."

"노비안검법으로 양민이 된 이들을 다시 노비로 되돌리면 그들이 얼마나 괴롭겠습니까? 옛 주인들은 또 얼마나 그들을 학대하고 괴롭히겠습니까? 또한 공음전을 시행하면 땅이 귀족들에게 계속 집중될 게 뻔합니다. 그러면 전시과가 위험해지고, 전국의 땅이 귀족들의 차지가 될 것입니다. 음서를 통해 벼슬자리를 보장해 주면 실력도 없는 자들이 귀족의 후손이라는 이유만으로 벼슬을 차지하게 됩니다. 실력도 없는 자들이 벼슬을 차지하면 이 나라가 어찌되겠습니까? 폐하, 부디 최승로의 제안을 물리쳐주십시오."

내가 애타게 호소했으나 임금은 내 말을 받아들이지 않고 최승로의 의견을 모조리 받아들였다. 절망감이 밀려들었다. 고려의 앞날이 걱정이다.

* * *

우리는 임금께 문벌귀족을 멀리하고 수도를 옮기자고 건의했다.

"폐하, 이자겸의 난을 잊지 마십시오. 문벌귀족들이 강한 권력을 내세워 폐하의 자리까지 넘보았습니다. 김부식은 이자겸만이 문제인 듯 말하지만, 실은 개경에 뿌리를 둔 문벌귀족 전체가 문제입니다. 이들 중에 수백, 수천의 노비를 거느리지 않은 자가 있습니까? 그 노비들은 귀족들의 재산이자, 군인입니다. 문벌귀족이 지나치게 넓은 땅을 차지하고, 많은 노비를 거느리는 바람에 나라의 창고는 비어가고, 농민들은 살기 어렵습니다. 오직 문벌귀족만이 호화스런 생활을 누립니다. 이를 바로 잡기 위해서라도 반드시 수도를 서경(평양)으로 옮겨야 합니다."

이때 김부식이란 자가 아뢴다.

"성종대왕부터 내려온 바른 제도를 어디서 뒤흔들려 하는 것이냐? 전하, 신 김부식 진심으로 말씀드립니다. 고려를 유지하는 뿌리를 흔들지 마십시오. 개경은 태조대왕께서 터를 잡으신 고려의 수도입니다. 문벌귀족들은 고려를 좀 먹는 자들이 아니라 고려를 지탱하는 기둥입니다. 이자겸이란 자는 임금의 은혜를 모르고 날뛴 버러지입니다. 다른 문벌귀족들을 이자겸과 한통속으로 엮으면 안 됩니다."

김부식은 사심 하나 없는 듯 말한다. 그러나 어찌 사심이 없을까? 자신이 문벌 귀족이니 문벌귀족의 이익을 지키기 위해 저리도 악착같이 되지도 않는 논리를 펴는 게 아닌가?

"태조대왕이 남기신 가르침을 벌써 잊으셨습니까? 태조대왕은 북벌을 하라고 하셨습니다. 잃어버린 고구려의 옛 땅을 찾으라고 명하셨습니다. 그래서 나라 이름도 고려라 했습니다. 헌데 김부식을 비롯한 문벌귀족들은 태조대왕의 가르침을 무시할 뿐 아니라 금나라에 굴복했습니다."

"그게 어찌 굴복이란 말입니까? 전쟁만이 해결책은 아닙니다. 그리고 평양으로 가면 금나라를 물리칠 힘이 저절로 생긴답니까?"

"서경은 길한 곳입니다. 풍수지리설이 그렇게 일러줍니다."

"허허! 말도 안 되는 소리!"

처음 논쟁을 할 때 왕은 우리 의견에 가까웠다. 그러나 점차 김부식 쪽으로 기울었다. 안타까운 일이었다. 고려의 미래가 걱정이다.

*　*　*

피비린내가 진동했다. 칼을 찬 자들이 대전으로 밀고 들어왔다.

"예의를 모르는 자들이로다."

피 묻은 칼을 흔들며 제일 앞에 선 자는 정중부였다. 대장군으로 이 나라를 지키기 위해 목숨을 바쳐야 할 자가 반란을 일으키다니…….

"예의라고 했는가? 하하하!"

정중부의 웃음에서 피 냄새가 끈적끈적하게 났다.

"어찌 그 입에서 예의라는 말이 나온단 말인가? 문신이란 자들이 같은 귀족인 무신들을 개똥 만도 못하게 대할 때는 언제고, 지금 그 입에서 예의라는 말이 나오는가?"

"못났으니 차별을 당했지 별 다른 이유가 있겠는가? 무신으로 태어났으면 그

부족함을 알고 겸손하게 임금을 모시고 나라를 위해 봉사해야지, 어디서 불만을 품는가? 더구나 무지막지하게 학살을 하다니……, 그렇게 잡은 권력은 오래 가지 못하리라!"

"못났으니 차별을 받으라고? 부족하니 겸손하라고? 으하하하! 참으로 간사한 입이로다. 내 어찌 입으로 너 같은 문신을 상대하겠느냐? 그놈의 간사한 말로 임금을 속이고, 천하의 모든 재물을 차지하고 누리더니, 칼 앞에서도 그 혀를 놀리는구나."

정중부는 칼을 겨누었다. 공포가 밀려들었다.

"이 칼 앞에서도 할 말이 있는가?"

칼끝에서 피가 뚝뚝 떨어졌다. 곧이어 내 피도 저 끝에서 흘러내리리라! 공포에 정신이 몽롱해졌다.

*   *   *

몽골식 복장을 한 자들이 임금 앞에 가득했다. 그들은 웃고 떠들 때도 원나라 말을 했다. 무슨 말인지 알아듣기도 힘들었다. 임금은 손을 머리에 기댄 채 무기력하게 앉아 있었다. 내 몸을 살폈다. 평범한 관리의 복장이었지만, 결코 평범해 보이지 않았다. 거의 모두가 몽골식 복장을 하는데 나만 고려식 복장이었으니, 이상한 것은 저들이 아니라 오히려 나였다.

"이 자는 직위가 무엇이기에 아직도 이따위 복장을 하는가?"

몽골식 복장을 한 자가 나에게 시비를 걸었다. 나는 두려움에 부들부들 떨었다. 임금님 앞에 나아가려면 옷을 갈아입고 가라는 동료들의 충고를 흘려들은 게 후회되었다.

"저는 전하께 오늘 진급 인사를 하러 온……."

나는 말을 미처 끝내지 못했다. 그 자가 내 뺨을 사정없이 때렸기 때문이다.

"진급 인사를 하러 온 자가 이따위 복장을 하고 온단 말이냐?"

그 자는 쓰러진 나를 발로 짓밟았다.

"죄송합니다. 잘 모르고⋯⋯."

"잘 몰라? 아직 이 땅이 누구 땅인지 모른단 말이냐? 대몽골제국의 은혜를 받아 살아가는 주제에 아직도 이따위 썩어빠진 생각에 젖어 사는 자가 벼슬을 한다니, 전하! 이런 자는 진급을 시킬 것이 아니라 목을 베야 합니다. 안 그렇습니까?"

목을 베라고? 옷이 고려의 복장이라고 목을 베라니? 도대체 고려의 신하가 고려의 옷을 입고 있는 게 무슨 죄가 된다고 목숨까지 빼앗는단 말인가? 나는 입을 열어 항의를 하려고 했다. 임금께 호소하려 했다. 그러나 그럴 기회는 없었다. 멀리서 임금이 힘없이 고개를 끄덕였기 때문이다. 고려의 진짜 임금은 몽골 복장을 한, 권문세족들이었다.

"끌고 가서 죽여라! 아니 됐다. 내 요즘 심심하던 차에 잘 됐다. 칼 줘 봐."

그 자는 바로 옆에 서 있던 호위무사의 칼을 뽑아 들더니 높게 쳐들었다. 이런 제길! 입에서 욕이 나왔다. 칼이 하늘에 번뜩였다. 혼이 아득하게 달아났다.

★　★　★

"장군, 저희와 힘을 합치지 않겠습니까? 장군이 꿈꾸는 세상을 열어드릴 힘이 우리에게 있습니다. 장군이 지닌 크신 야망을 저희는 잘 압니다. 저도 장군과 같은 꿈을 꿉니다. 이 나라는 더 이상 그대로 두어서는 안 됩니다. 저희가 장군의 오른팔이 되어 드리겠습니다."

내 손에 살짝 땀이 배었다. 지그시 눈을 감은 이성계 장군은 속을 내비치지 않았다.

"새로운 왕조를 만드십시오. 하늘의 뜻입니다."

"장군, 결심을 하십시오."

"고려는 끝났습니다. 장군이 결심하면 저희가 움직이겠습니다."

내 뒤에 있던 신진사대부들은 정성을 담아 장군에게 바람을 전했다.

"진정~!"

장군은 오랜 침묵을 깼다.

"진정, 그리 하기를 원하시오?"

"그렇습니다. 장군!"

우리는 입을 모아, 뜻을 모아 대답했다.

"하늘의 뜻이라! 알겠소. 내 그대들과 손을 잡겠소."

드디어 간절히 기다리던 대답을 들었다. 가슴이 찢어질 듯 감동이 밀려왔다. 낡은 고려를 무너뜨리고 새로운 나라, 성리학으로 무장한 새로운 이상 국가를 건설할 꿈이 현실로 다가오고 있었다.

고려의 귀족세력 변천사

왕건은 호족세력을 끌어들여 후삼국을 통일했는데, 나중에 이들 호족세력이 왕에게 부담이 되었다. 광종은 호족들의 힘을 약화시키기 위해 노비안검법과 과거제를 시행했다. 성종은 최승로의 '시무28조'를 받아들여 유교를 정치이념으로 삼고, 음서와 공음전을 시행하며, 광종이 시행했던 노비안검법을 뒤집어 노비를 원래 귀족들에게 되돌려줌으로써 호족세력이 다시 힘을 키울 여건을 제공한다.

귀족들은 과거와 음서를 통해 권력을 장악하고, 노비와 공음전 등을 통해 경제력을 키우며, 귀족 가문끼리 결혼하여 친인척 관계를 맺었다. 이를 통해 대대손손 강력한 권력과 부를 쌓은 집단이 등장했으니, 이들이 바로 '문벌귀족'이다. 문벌귀족 중 이자겸은 특히 권력이 강했는데 두 번이나 왕의 장인이 되었다. 이자겸은 왕보다 강한 권력을 누리다 스스로 왕이 되려고 반란을 일으켰지만(이자겸의 난, 1126년) 실패하고 제거된다.

이자겸이 제거된 뒤 고려는 개경세력과 서경세력이 다툼을 벌였다. 개경세력은 문벌귀족들로 유교 사상을 지키며, 보수적이었고, 만주에 들어선 금나라에 복종하더라도 평화롭게 지내고자 하였다. 반면에 서경(평양)세력은 지방에 중심을 둔 세력으로 풍수지리설을 믿었으며, 개혁적이었고 금나라에 맞서 싸울 것을 강력히 주장하였다. 서경세력은 개경에서 서경으로 수도를 옮기자는 운동인 서경천도운동을 벌였는데, 이 운동이 실패로 돌아가자 묘청이 난을 일으켰지만(묘청의 난, 1135) 실패로 돌아간다. 이자겸의 난, 묘청의 난은 고려 초기 문벌귀족 사회가 안고 있는 문제를 적나라하게 보여주었다.

문벌귀족에게 천대받던 무신들은 무신정변(1170)을 일으켜 문신들을 몰아내고 권력을 장악한다. 백성들은 새롭게 출연한 무신 세력을 지지하였으나, 무신들은 권력을 장악하자 문벌귀족과 마찬가지로 백성들을 수탈했다. 고려가 몽골에 항복한 뒤, 고려에 들어선 귀족 세력은 '권문세족'이다. 권문세족은 대부분 친원파로 원나라를 등에 업고 권력을 잡았다. 권문세족은 장원이라는 거대한 땅을 장악하고, 백성들을 수탈하였는데 그 수탈의 정도가 고려 귀족 중에서 가장 심하였다. 권문세족을 비판하면서 고려 말 공민왕 때 등장한 세력이 신진사대부다. 신진사대부는 권문세족을 몰아내고 권력을 장악한 뒤, 신흥무인세력인 이성계와 손잡고 조선을 세운다.

지방에서 힘을 길러 권력을 장악하다

1530년, 중종	때
한양 사림파 선비네 집	곳
선비의 아내	人

오랜만에 여자 몸이다. 부유하지는 않지만 소박하지도 않은 딱 양반 여인네의 옷차림이다. 하인들이 음식을 차렸다. 수수한 술상이다.

"시골로 내려가기 전에 막역지우(莫逆之友)와 마지막으로 드는 술상이니 정성을 다해라."

나는 안주를 꼼꼼히 챙긴 뒤 술상을 하녀 손에 들려서 사랑방으로 건너갔다. 남편 앞에는 나도 익히 잘 알고 지내는 김 종사관이 앉아 있었다. 술상을 내려놓고 나가려 했으나 마지막 인사는 나눠야 하지 않겠냐는 남편의 말에 잠시 자리에 앉았다.

"아무리 그래도 그렇지, 이렇게 떠나면 너무 서운합니다."

김 종사관은 연거푸 몇 잔을 마셨다.

"저야 지아비의 뜻을 따라야지요."

"이 사람이 이거 아주 무정한 사람입니다. 막역지우인 저를 버리고 그냥 시골로 내려가다니오. 제가 그렇게 말렸건만 도무지 뜻을 굽힐 줄 모르니 고집이……, 에휴. 말해 무엇합니까?"

남편은 묵묵히 친구의 술잔에 술을 따랐다.

"자네, 지금이라도 달리 생각하면 안 되겠는가?"

"내 결심은 굳건하다네. 곧은 뜻을 지닌 선비들이 연산군 때 두 번에 거쳐 죽어 나갔네. 11년 전에는 의인이었던 조광조 대감과 수많은 선비들이 오직 바른 길을 가려했다는 이유만으로 훈구세력의 공격을 받아 죽었네. 지금 조정은 훈구세력이 거의 모든 권력을 장악했어. 이러다가 또다시 대규모 살상이 벌어지지 않는다는 보장이 없네. 자네는 나를 붙잡고 싶겠지만 도리어 나는 자네도 벼슬을 그만두고 같이 내려가자고 제안하고 싶네."

"모름지기 선비라면 큰 뜻을 품고 나라를 위해 힘써야 하네. 나라가 훈구세력으로 인해 그릇된 길로 가는데 모른 척한다면, 그거야말로 큰 죄가 아닌가?"

"큰 뜻을 펴기에 지금은 상황이 좋지 않아. 또 반드시 피바람이 몰아칠 걸세. 「주역」에 이르기를 때가 아니면 물러나서 기다리라 했네. 지금 지방 곳곳에서는 뜻 있는 선비들이 향약을 통해 예의를 가르치고, 서원을 세워 학문을 연구한다네. 나는 단지 나 자신의 안전만을 위해 시골로 내려가는 결정을 하지 않았네. 나는 미래를 위해, 조선의 진정한 변화를 위해 내려가는 것이네."

김 종사관은 거칠게 술을 들이켰다.

"답답한 사람이로세."

나도 답답했다. 한양처럼 살기 좋은 곳을 놔두고 시골로 들어가서 살 생각을 하니 머리가 아팠다. 여러 번 남편을 설득해 보았지만 꼼짝도 안 했다. 나는 물에 빠진 사람 지푸라기라도 잡는 심정으로 남편에게 말했다.

"다시 생각해 보실 수 없겠는지요? 중앙에 있으면서 뜻을 펼 기회를 찾으심이 낫지 않을까 합니다. 자식들이 제대로 공부하는데 한양만한 환경이 없는데, 시골로 가면 제대로 된 공부를 배울 스승을 만날 수 있을지 걱정입니다."

"그만하세요, 부인. 내 거듭 말하지만 얼마 지나지 않아 부인이 나에게 고마워할 때가 올 것입니다. 저를 믿고 따라주세요."

믿어 달라는데 믿지 않을 수는 없었다. 나는 더 이상 그 자리에 머물고 싶지 않아서 김 종사관에게 가볍게 목례를 하고 물러 나왔다.

＊　＊　＊

"거보시오. 부인! 내 말을 듣기 잘하지 않았소? 내 분명 15년 전에 한양을 떠나면서 앞으로 반드시 피바람이 불 것이라 말하지 않았소. 중종 임금께서 돌아가시고 새 임금이 즉위하시자마자 또다시 수많은 선비들이 죽임을 당했소."

나는 가슴을 쓸어내리며 남편 이야기에 공감을 표했다.

"다행이에요. 그때는 당신을 정말 원망했는데……. 그나저나 김 종사관님은 어찌 되셨답니까?"

"이번에 죽음은 면하고 멀리 남해안으로 귀향을 갔다 하오."

"아휴, 그때 우리와 같이 내려왔으면 얼마나 좋아요."

남편은 차를 한 잔 다 마시더니 결연한 목소리로 말했다.

"부인! 두고 보시오. 앞으로 우리 '사림'의 세계가 올 것이오. 전국 곳곳에 향약과 서원이 늘어나고 있소. 우리 고을만 해도 뜻 있는 선비들이 크게 늘었고, 지방민들이 우리를 적극 지지하고 있지 않소. 지금까지는 내리 훈구세력들에게 밀렸지만, 이제 곧 우리 세상이 올 것이오."

나는 살며시 웃었다. 그리고 남편 말이 사실이 될 것임을 믿었다.

훈구파 VS 사림파

공민왕이 원나라의 간섭을 물리치고, 친원파 권문세족을 몰아내는 개혁을 실시하는 과정에서 신진사대부가 등장한다. 신진사대부는 지방 중소지주 출신이 대부분이었고, 성리학을 따랐다. 그들은 자신들의 경제 이익에 반하는 권문세족을 몰아내고, 정치 이상에 따라 성리학으로 통치하는 국가를 꿈꿨다. 조선은 신진사대부의 국가였다. 신진사대부 중에서 일부는 조선 건국이 정당하지 않다며 권력에 참여하지 않고 지방으로 내려갔다.

조선을 설계한 정도전은 현명한 성리학자가 다스리는 국가를 꿈꿨다. 정도전은 현명한 재상들(의정부 : 영의정, 좌의정, 우의정)이 국가를 책임지고 운영해야 된다고 믿었다. 강력한 왕권을 원했던 이방원에게 이러한 정도전은 눈엣가시였다. 이방원이 권력을 잡는 과정에서 정도전을 제거한 이유는 정도전이 철저한 신권정치를 꿈꾸었기 때문이다. 태종은 강한 신하들을 제거하고 왕권을 강화했다는 점에서 고려의 광종과 비슷했다. 세종은 태종이 다져놓은 왕권을 바탕으로 신권과 왕권의 조화를 이뤄 조선 최고의 번영기를 이끌어냈다.

태종, 세종을 거쳐 안정적인 지배체제를 유지하던 조선은 세조가 집권하는 과정에서 큰 갈등이 생기는데, 세조가 조카인 단종을 죽이고 왕위에 올랐기 때문이다. 세조가 왕위를 빼앗자 이에 반발하는 사람들이 많았다. 지지하는 세력이 약했던 세조는 자기 주위 측근들을 중심으로 권력을 유지했는데 세조 주위의 측근들이 '훈구파'다. 훈구파는 중앙권력을 장악한 대지주 출신으로 부국강병과 중앙집권국가를 지향했다.

세조의 집권에 찬성하지 않았던 사람들 중 상당수는 지방으로 내려갔다. 지방으로 내려간 사람들과 조선 건국에 찬성하지 않았던 신진사대부가 결합해서 형성한 세력이 '사림파'다. 사림파는 지방의 중소 지주들로, 중앙집권국가보다 향촌 자치를 추구했고, 왕의 세력을 견제하려 했으며, 성리학을 최고의 학문으로 여기며 완벽한 성리학 국가를 추구했다. 지방에서 세력을 형성한 사림파는 성종 때 중앙 권력에 다시 진출하는데 훈구파의 공격으로 큰 피해를 입었다. 사림파를 이끌던 김종직, 조광조는 훈구파와 권력다툼에 패해 죽임을 당했고, 그들을 따르던 이들도 숱하게 죽어나갔다.(4대사화 : 무오사화, 갑자사화, 기묘사화, 을사사화)

지배집단 내에서 권력 싸움이 심해지면 백성들의 삶은 힘들어지고, 삶이 힘들어지면 저항이 따르게 마련이다. 15세기 후반부터 전국 각지에 도적떼가 들끓었는데 오늘날 소설로 널리 알려진 임꺽정, 장길산, 홍길동 등이 모두 이 시기에 활동했던 도적들이다.

조선의 지배 세력은 계속 분열하고 갈등했다. 고려 말 등장한 신진사대부는 '온건파'와 '급진파'로 나뉘었는데, 이들은 '과전법'과 조선 건국을 두고 갈등했으며 급진파가 승리했다. 세조가 권력을 잡자 세조 지지세력과 세조 비판세력으로 나뉘었으며 세조 지지세력인 훈구파가 승리했다. 성종 이후 중앙집권, 기술·실리를 강조하는 훈구세력과 성리학의 대의명분을 중요하게 여기는 사림세력이 갈등했는데 훈구세력이 4대사화에서 승리했다. 훈구파는 정치 역량은 뛰어났으나 명분과 도덕에서는 사림파에 뒤졌고, 사림파는 도덕과 명분은 뛰어났으나 나라를 다스리는 면에서는 지나치게 성리학에 집착해서 실용과 실리 면에서 뒤떨어졌다. 이들이 서로 조화를 이루며 도덕과 명분, 실용과 실리를 모두 살리는 방향으로 조선을 운영하면 좋았겠지만, 이들은 끊임없는 권력다툼만 벌였다. 결국 도덕과 명분에서 앞섰던 사림파가 서원과 향약을 바탕으로 힘을 길러 선조 때 훈구파를 완전히 몰아내고 중앙 권력을 장악했다.

07 동학

새로운 세상을 향한 희망가

때　1862년(임술년)

곳　경주 근처 시골

人　평민 여성

　　우리 동네에 동학이란 종교가 들어왔다. 뭔지도 모르는데 너도나도 좋다고 한다. 마을에서 인자하고 인심 좋기로 소문난 은행나무 집 김씨가 우리 동네 동학 접주라고 하니 어딘가 믿음이 갔다. 일을 마치고 마을 사람들과 함께 김씨네 집에 모였다. 김씨네 집 앞 마당은 동네 사람들로 가득했다. 나는 김씨의 권유로 마루에 앉았다. 양반 남자들도 보였는데 그들은 마당에 멍석을 깔아놓고 앉았다. 나 같은 평민 아낙네가 마루에 편히 앉아도 되는지 몰라 안절부절못하는데, 김씨는 여성이 좋은 자리에 앉아야 한다며 나를 비롯한 아낙네들을 마루에 앉게 했다.

　　양선비가 일어섰다. 양선비는 글공부도 많이 하고 동네에서 학식도 꽤나 쌓은 양반으로 알려졌다. 보통 양반과 다르게 아는 체 하지 않고, 평민들을 무시하지도 않아서 인심을 많이 얻었다.

　　"제가 아는 게 없지만, 여러분께 조선이 왜 지금 이 모양 이 꼴이 됐는지 말씀드리겠습니다."

　　나는 눈을 말똥말똥 뜨고 양선비를 봤다. 솔직히 나도 이 나라 꼴이 왜 이리 개판인지 궁금했다.

　　"250여 년 전에 일본 놈들이 쳐들어 와서 전쟁이 났던 일은 다 아시리라 믿습니다."

물론 안다. 그때 이야기를 들으면 아주 치가 떨린다.

"그때 임금이 선조였는데 왜군이 쳐들어오자 백성들을 버리고 혼자 살겠다고 의주까지 내뺐습니다. 여차하면 명나라로 도망갈 태세였죠. 나라가 위기에 닥쳤을 때 그놈의 높으신 양반놈들은 동인과 서인으로 쪼개져서 서로 다투느라 전쟁에 대비하지 못했습니다. 왜놈들이 물러나고 이번엔 북쪽 오랑캐들이 쳐들어왔는데, 명나라와 의리를 지킨다며 양반 놈들이 괜히 똥고집을 부리다가 하지 않아도 될 전쟁이 일어났소, 그로 인해 수많은 사람이 죽고 수십 만 명이 만주로 끌려갔습니다."

멍청하고 무책임한 양반들 같으니라고.

"병자호란을 겪은 뒤, 양반네들은 당파로 나뉘어 더 치열하게 싸웠습니다. 임금이 죽은 뒤 제사를 지내는 옷차림을 어떻게 해야 되는지를 두고 다투기도 하고, 한쪽 당파를 모조리 죽여 없애는 잔혹한 짓을 저지르기도 하고, 심지어 사도세자를 뒤주에 가둬 죽게 만들기도 합니다. 끔찍한 일이지요.

양반네들은 패거리를 지어서 서로를 모함하고, 함정에 빠뜨리기를 아주 잘합니다. 그럴 듯한 명분을 내세우지만 사실은 상대를 죽여 없애고 자기가 이익을 모두 차지하겠다는 못된 욕심으로 상대를 죽이려고 하죠. 영조 임금과 정조 임금은 당파를 골고루 쓰는 정책을 펴기도 하지만 말짱 도로묵이었습니다. 정조 임금이 돌아가시고 얼마 지나지 않아 한 가문이 권력을 완전히 장악했습니다. 지금은 안동김씨 세도 가문이 권력을 쥐고 있죠. 지금 안동김씨 세도가들의 대문은 벼슬을 얻으려는 양반놈들로 닳아 없어진답니다. 엄청난 돈을 바치고 벼슬을 한 놈들이니 백성들에게 재물을 뜯어서 자기 배를 채우려는 욕심이 얼마나 크겠습니까? 본전을 뽑을 뿐 아니라 대대손손 먹고 살만큼 재산을 축적한다고 합니다."

안동김씨, 탐관오리, 짜증이 확 밀려왔다.

"이놈의 양반들은 서로 다투고 백성들 피 빨아 먹는 재주는 뛰어납니다. 여러분도 지긋지긋하게 당하셨으니 잘 아실 겁니다. 그런데 여러분들은 이러한 문제가 단지 못된 양반들 몇 명, 탐관오리 몇 명, 세도가문의 문제라고 여기시겠지만, 아닙니다. 문제는 사람을 신분에 따라 차별하는 제도입니다. 사람을 나서부터 양반, 중인, 평민, 상놈으로 나누고, 귀한 직업과 천한 직업으로 나누는 제도야말로 이 모든 악의 근본 원인입니다."

나는 내 귀를 의심했다. 신분이야 원래 태어날 때부터 주어지며, 신분에 맞게 사는 게 당연하지 않은가? 도대체 신분이 자연스러운 게 아니며, 신분제도가 모든 악의 근원이라니, 무슨 말인지 모르겠다. 양반은 높고 상놈은 낮고, 남자는 높고 여자는 낮다. 이게 하늘의 섭리라고 배웠고, 당연하게 믿고 따라왔는데 그게 아니란 말인가?

양선비가 말을 마치고 자리에 앉자 농사꾼 박씨가 일어났다.

"저는 무식한 농사꾼으로 살았습니다. 그런 제가 어쩌다 서학을 접했습니다. 그런데 실로 놀라웠습니다. 하느님 앞에 인간은 평등하며, 하느님을 믿고 따르면 천국에 간다는 가르침에 감동했습니다. 그런데 서학에서는 돌아가신 제 어머니, 아버지께 제사를 못 지내게 했습니다. 저는 도저히 받아들일 수 없었습니다. 그러다 동학을 접했습니다. 동학은 단순히 우리를 평등하다고 말하지 않습니다. 우리 모두가 한울님이라고 말합니다. 또한 동학은 조상에 대한 제사를 한울님에 대한 제사와 동일하게 여깁니다. 조상님도 한울님이기 때문입니다. 동학을 접하고 얼마나 기쁜지 모르겠습니다."

내가 한울님이라고? 남자와 여자가 평등하고, 양반과 상놈이 평등한 이유는 우리 모두가 한울님이기 때문이란 이야기인데, 충격으로 머리가 멍멍했다.

"지금 전국 방방곡곡에서 농민들이 들고 일어났습니다. 그동안 탐관오리에 시달리던 농민들이 더 이상 참을 수 없다며 관아를 습격하고, 양반네들의 곡식을 빼앗아 백성들에게 고루 나눠주는 민란을 벌이고 있습니다. 양반네들은 군대를 동원해 진압하려 하지만 너무나 많은 곳에서 민란이 일어나기에 어찌할 바를 모르고 있다 합니다."

소문으로 어렴풋이 들었던 이야기였다. 난리 얘기가 돌 때마다 마을의 높은 양반들이 슬슬 우리 눈치를 보는 게 느껴지기도 했다.

"바야흐로 변화의 시기가 닥쳤습니다. 이제 새로운 세상이 열릴 때가 왔습니다. 동학을 믿으십시오. 동학을 따르십시오. 제가 꼭 드리고 싶은 말씀입니다. 부족한 제 이야기 들어주셔서 감사합니다."

박씨가 앉자 곳곳에서 박수 소리가 들렸다. 나도 조심스럽게 박수를 쳤다. 마지막으로 동학 접주인 김씨가 일어났다.

"여러분은 한울님입니다. 여러분 안에 한울님이 계십니다. 그래서 여러분은 모두가 귀하신 분입니다. 어느 누구도 귀하신 여러분을 함부로 대하면 안 됩니다. 한울님을 맞이하는 마음으로 이웃을 대하면 한울님의 뜻을 받드는 것이요, 이웃을 신분이나 남녀의 차이로 차별한다면 이는 한울님의 뜻을 거스르는 짓입니다. 아이도 한울님이기에 함부로 때리면 안 됩니다. 귀하신 여러분이 세상의 주인이 되어야 합니다. 그게 동학의 가르침이며, 동학이 여는 새로운 세상입니다."

가슴이 뛰었다. 미칠 듯이 뛰었다. 우레와 같은 박수가 마당 가득 울렸다. 천둥보다 강한 울림이 주위를 뒤흔들었다.

붕당정치와 조선의 변화

사림파들이 대거 중앙에 진출하면서 벼슬자리를 원하는 양반은 늘었으나 자리는 부족했다. 벼슬자리가 부족하니 선조 때 인사권을 쥔 이조전랑 자리를 두고 김효원과 심의겸이 경쟁을 하며 다툼이 생겼고 결국 동인과 서인으로 쪼개졌다. 동인은 이황과 조식, 서인은 이이의 학문을 중심으로 결집했다. 동인이었던 정여립의 반란 사건으로 서인이 권력을 장악했다. 서인은 선조에게 광해군을 세자로 삼자고 건의했다가 권력을 잃었고, 다시 동인이 권력을 잡았다. 동인은 광해군 세자 책봉을 주도했던 정철 처벌 수위를 놓고 온건파인 남인과 강경파인 북인으로 나뉜다. 남인은 이황의 제자, 북인은 조식과 서경덕의 제자들이 중심이었다. 북인들은 의병 활동을 활발하게 하였고, 임진왜란 뒤 광해군을 지지하면서 권력을 장악했다. 북인은 대동법과 중립 외교를 실시하는 등 유연한 정책으로 임진왜란의 피해를 극복해 나간다. 남인과 서인은 광해군의 잘못을 빌미로 광해군을 몰아내고 인조를 왕으로 세웠다. 인조부터, 효종, 현종, 숙종까지 남인과 서인은 서로 경쟁하면서 붕당정치를 펼쳤다. 현종 때 제사를 지내는 복장 문제를 두고 기해예송(1659)년과 갑인예송(1674년)이 벌어지며 서인과 남인이 번갈아 가며 권력을 장악했다. 예송논쟁까지는 남인과 서인은 서로 견제하며 나름대로 건강한 붕당정치를 펼쳤으나, 숙종 때 한 당파가 완전히 밀려나는 환국(경신환국, 기사환국, 갑술환국)이 세 차례 발생하면서 서로 원수가 되어버렸다. 갑술환국으로 서인이 권력을 장악하지만, 남인을 처벌하는 수준을 둘러싸고 서인은 또다시 노론과 소론으로 쪼개진다. 영조와 정조 때 탕평책을 실시하며 다양한 세력을 등용하였으나 노론 주도는 바뀌지 않았고 사도세자가 붕당정치의 희생양이 되었다. 순조, 헌종, 철종 때는 한 가문이 권력을 독점하는 세도정치가 펼쳐졌다.

큰 전쟁을 겪은 조선은 파괴된 국토, 무너진 사회체제를 바로잡기 위한 개혁이 꼭 필요했고, 개혁의 핵심은 세금제도였다. 풍흉에 관계없이 토지 1결당 쌀 4두로 전세를 고정하는 영정법, 특산품 대신 토지 면적에 따라 곡물로 납부하는 대동법(1608년), 군포 징수로 인한 폐단을 막기 위해 1년에 1필만 군포를 징수하는 균역법(1751년)을 실시했다. 영정법, 대동법, 균역법 등은 시행 초기에 효과를 발휘했으나, 나중에는 양반 지주 세력과 지배 관료들의 부패로 효과를 발휘하지 못했다. 행정과 군사, 외국과 관계를 모두 총괄하기 위해 세운 비변사는 그 기능을 수행하기보다 붕당정치에서 승리한 당파가 권력을 휘두르는 기관으로 변했다. 부패한 권력자들에게 재산을 바치고 벼슬을 얻는 이들은 벼슬을 얻기 위해 쓴 돈을 보상받고자 가혹하게 수탈했다. 실학은 부정부패를 비판하고 새로운 개혁안을 제시했으나 실제 정치 세력으로 성장하지 못했다. 서학(천주교)은 만민평등을 주장하며 백성들에게 큰 위로를 주었으나 제사를 거부하고, 신분제를 위협하는 등 성리학이 지배하는 양반사회에 위협이 되었기에 가혹하게 탄압받았다. 삼정문란과 세도정치는 저항을 불렀는데, 1811년 평안도에서 지역 차별에 반대하는 홍경래의 난이 일어났고, 1862년에는 전국 곳곳에서 농민 항쟁이 벌어졌다. 백성을 하늘처럼 여기라는 동학이 생겨나 빠르게 퍼졌다.

부패한 권력, 혼란한 사회, 백성들의 저항, 새로운 사상의 전파 등은 한 나라가 망할 때마다 나타나는 공통된 현상이다. 신라 말기에도 귀족들의 부패, 전국적인 농민봉기, 새로운 무장 세력인 호족, 선종과 풍수지리설이란 새로운 사상이 있었다. 고려 말기에도 권문세족의 부패, 농민들의 저항, 새로운 시대를 바라는 무인세력과 신진사대부, 새로운 사상인 성리학이 있었다. 조선 말기에도 양반세력의 부패, 농민들의 저항, 동학과 서학을 비롯한 새로운 사상의 전파 등 새로운 시대를 열 조건이 차츰 성숙해 갔다. 그때 등장한 인물이 바로 흥선대원군이다.

08 개화
지식인이 꿈꾼 새로운 세상

때 1876년~1894년
곳 한양 일대
人 개화파 젊은이

눈을 뜨니 나이 지긋한 선비가 보였다. 둘러앉은 젊은 선비들의 스승인 듯했다. 나도 젊은 선비 중 한 사람이었다. 방 안은 열기로 가득했다. 조선의 현실, 청나라에서 전해지는 문물, 서양 문명의 놀라움, 아편전쟁, 조선 해안에 나타나는 이양선 등의 이야기가 오갔다. 새벽이 오도록 토론과 가르침은 끝없이 이어졌다.

"흥선대원군께서 펼쳤던 정책은 심각하게 그릇되었습니다. 발달된 서양 문명을 빨리 배워서 개화를 했어야 합니다."

"꼭 그렇게 보기만은 어렵습니다. 프랑스와 미국이 무력으로 개항을 요구하는 상황에서 그들의 요구를 곧이곧대로 들어줬다가는 더 큰일이 났을 겁니다."

"그나저나 스승님, 이번에 강화도에서 일본과 조약(강화도조약)을 맺고 개항을 했는데 어찌 되리라 보십니까?"

나이 지긋한 선비가 질문에 답했다.

"기대 반, 걱정 반이네. 오랜 쇄국정책을 끝내고 발달된 서양 문물을 받아들이겠다는 결정이니 대환영이네. 하지만 너무 준비 없이 급하게 열었어. 더구나 일본의 무력에 굴복해서 개항을 하는 바람에 일본에만 유리하게 조약에 체결되었네."

"그래도 개항을 했으니 이제 개화를 할 좋은 기회를 얻은 게 아니겠습니까?"

"그건 그렇지. 그래서 잘해야 하네."

문득 시선을 돌리니 창문 밖이 어슴푸레 밝아왔다.

＊　＊　＊

"구식군대의 반란은 어쩔 수 없는 선택이었습니다."

"그게 어떻게 어쩔 수 없는 선택인가? 그들은 크나큰 잘못을 저질렀네."

논쟁하는 소리에 잠이 깼다. 같은 공간에 비슷한 사람들이었지만, 늙은 선비는 보이지 않았다. 아무래도 돌아가신 듯했다.

"현재 민씨 일가는 왕후마마의 일가친척임을 내세워 온갖 부정비리를 다 저질렀습니다. 이번 구식군대의 반란도 민씨 일가의 부정부패로 인해 벌어졌습니다. 미루고 미뤄서 준 녹봉이면 좋은 쌀을 줘도 모자랄 판에 쌀에 모래를 섞어 주다니요, 어찌 그런 어처구니없는 짓을 한단 말입니까? 모두 선혜청 책임자인 민겸호가 부정비리를 저지른 탓에 일어난 일입니다."

젊은이들은 1882년에 일어난 임오군란을 두고 토론을 벌였다. 결론은 쉽게 나지 않았다. 한참 임오군란에 대해 토론을 벌이던 개화파 젊은이들은 새로운 주제로 토론을 이어갔다.

"우리가 적극 나서야 할 때입니다. 젊은 세력이 나서서 조선을 새로운 나라로 바꿔야 합니다. 더 이상 기다려선 안 됩니다. 자기 권력만을 탐하는 자들, 청나라 군대의 힘만 믿고 마구잡이로 권력을 누리는 자들을 이대로 둬서는 안 됩니다. 언제까지 우리가 청나라 속국으로 살아야 합니까? 일본이 메이지유신을 통해 개화를 이루었듯이, 우리도 일본과 같은 방식으로 사회를 완전히 뜯어 고쳐야 합니다. 그 외엔 방법이 없습니다."

"김옥균 자네 말이 맞네. 나도 일본처럼 빠르게 사회 전체를 바꿔야 한다고 믿네. 하지만 어떻게 한단 말인가? 권력은 민씨 일가의 손에 있고, 민씨 일가 뒤에는 청나라 군대가 있네. 전하께서는 왕후만 철썩 같이 믿으며, 민씨 일가의 부정비리를 눈감아 주시네. 이런 상황에서 어떻게 일본식 개화를 이룬단 말인가?"

"내가 생각해 둔 방법이 있네."

"그게 무엇인가?"

주위에서 거듭 물었지만 김옥균은 자세한 이야기는 하지 않고 굳게 입을 다물었다. 김옥균이 입을 다물자 기나긴 침묵이 흘렀다.

*　*　*

"너무 급했어."

"휴, 그러게 말이네. 김옥균이 일본군을 등에 업고 정변(갑신정변)을 일으키자고 했을 때 말려야 했는데……."

"김옥균이 말하길 전하와 독대를 한 뒤 이번 정변을 일으켜도 좋다는 허락을 받았다고 하지 않았나?"

"나도 그리 들었네. 그런데 왜 전하가 중간에 마음을 바꾸셨는지 모르겠네."

대화 중간 중간에 기나긴 한숨이 끼어들었다. 이전 모임과 달리 초라한 골방이었다. 어둑어둑한 방 안에 대여섯 명의 젊은 개화파들이 절망에 묻혀서 대화를 나누었다.

"일본군을 끌어들인 게 잘못이었을까?"

"그놈들이 우리를 배신할 줄 어찌 알았는가? 끝까지 함께 하리라고 믿었는데 뒤통수를 치다니……."

"일본군을 끌어들이지 말아야 했어. 백성들이 싫어하는 일본군을 끌어들였으니 지지를 얻지 못했지."

"개혁안을 선포하면 많은 백성들이 지지를 해 줄 거라고 믿었는데, 도대체 뭐가 문제였는지 모르겠네."

"그나저나 이제 어쩐단 말인가? 김옥균을 비롯한 젊은 개화파 중 상당수가 일본으로 도망가고, 권력은 완전히 수구파의 손에 들어갔으니……."

더 이상 아무도 말하지 않았다. 방 밖의 어둠보다 방 안의 분위기가 더 어두웠다.

★　★　★

"이번에야말로 제대로 개혁을 했어!"

"그러게 말이네. 우리의 오랜 꿈을 드디어 이루었네. 500년 동안 이어오던 신분제 폐지야 말로 가장 큰 개혁이지. 나는 개혁이 선포되던 순간의 감격을 잊을 수가 없네."

다들 갑오개혁을 언급하며 기쁨을 감추지 못했다.

"그나저나 못된 동학도들은 어찌 되었다던가?"

"일본군과 관군이 힘을 합쳐 완전히 소탕을 했다고 들었네. 그들의 두목인 전봉준도 붙잡았다고 하니 다 끝난 셈이지."

개화파들은 청일전쟁에서 승리한 일본을 등에 업고 진행한 개혁, 수만의 농민들을 죽이고 진행한 개혁에 기뻐하고 있었다. 과연 기쁜 일인지 의심이 들었지만 나는 침묵했다.

식민지, 외세 침략과 개혁 실패가 불러온 비극

새로운 시대로 나아가기 위해서는 특권을 깨뜨려야 한다. 고려는 신라 귀족의 특권을 무너뜨리고 백성들의 삶은 안정시키면서 들어섰다. 조선은 권문세족의 특권과 부를 무너뜨리면서 건국되었다. 특권층의 부와 권력을 일반백성들에게 돌려주는 것이 개혁이다. 흥선대원군이 권력을 잡았을 때에 요구받는 개혁도 마찬가지였다. 세도정치가와 그들에 빌붙어 권력을 누리던 이들의 특권을 없애고 일반 백성들의 생활을 나아지게 하는 개혁이 필요했다.

흥선대원군은 세도정치를 없애고 인재를 고루 등용했다. 호포제, 사창제 등으로 조세제도를 개혁해 삼정문란을 일정 부분 해결했다. 백성들을 수탈하고 붕당을 일으키는 서원도 철폐했다. 여기까지는 흥선대원군의 정책이 바람직했다. 그러나 흥선대원군은 백성을 위해 기득권 세력을 몰아내고 새로운 시대를 만들기 위한 정책을 편 것이 아니라, 왕권을 강화시키려는 목적이 강했다. 왕권 강화가 핵심 목적이었기에 경복궁을 다시 세우면서 당백전을 발행하는 등 경제를 혼란에 빠뜨렸고, 시대의 요청이었던 외국과 통상도 거부하였다. 민생은 어느 정도 바로잡았으나 새로운 시대를 열어갈 역량이 흥선대원군에겐 없었다.

흥선대원군이 물러난 뒤 권력을 잡은 민씨 일가는 세도정치가와 다름없는 권력을 휘둘렀다. 민씨 일가는 자신들의 권력을 위해 외세를 끌어들이고, 부정부패를 일삼았다. 그 결과 조선은 꼭 필요한 때에 필요한 개혁을 하지 못했다. 새로운 시대를 꿈꾸는 개화파들도 있었으나 이들은 생각만 앞설 뿐 진정으로 백성들이 원하는 것을 백성들과 함께 이루려는 생각이 없었다. 당시 상황에서 가장 강력한 개혁세력은 농민이었다. 고통 받는 농민이야말로 새로운 시대를 원했다. 그러나 개화파는 농민과 함께 개혁하려는 의지도 능력도 없었다. 그런 점에서 동학은 가장 올바른 개혁 방향을 제시했다. 1894년 동학농민운동은 농민들이 외세를 끌어들인 지배세력과 벌인 한 판 대결이었으며, 이 대결의 패배로 인해 조선은 자주적으로 새로운 시대를 열 힘을 잃어버렸다. 당시 국왕이던 고종과 왕비 민씨(명성황후)는 새로운 시대를 열어갈 능력도 의지도 없었다.

부족한 가운데서도 개화파들은 조선을 개혁하여 근대국가로 만들려는 시도를 계속하였는데, 어느 정도 성공한 개혁은 1894년 갑오개혁이었다. 특히 신분제를 폐지한 것은 큰 성과였다. 과거제 폐지와 관료제 도입, 근대적 재판제도 개혁, 학교제도 마련 등은 주목할 만하다. 실제 백성들의 요구가 어느 정도 반영된 개혁이었으며 봉건 질서를 무너뜨리는 데 기여했다. 그러나 외세에 의지해 이룬 개혁이었기에 꼭 필요했던 군대와 경제 분야에서는 이렇다 할 개혁이 없었다. 갑오개혁은 일제가 조선을 더 잘 지배하는 조건을 만들기 위한 개혁이었다. 일제로서는 조선에서 어느 정도 봉건 체제를 없애야 조선을 수탈하기 좋기 때문이다.

혁명을 꿈꾼 사람들

때 임오군란에서 동학농민운동까지
곳 서울과 전라도
人 구식 군인

"이걸 녹봉이라고 주는 거야?"

"이게 쌀이야? 모래야?"

"지금 장난해! 민겸호 나오라고 해! 그 자식이 우리에게 갈 쌀을 왕창 빼돌리고 이따위 모래를 우리에게 준 주범이야!"

나는 구식 군인들 틈새에 서 있었다. 나도 구식 군인이었다.

"이것들이 주면 주는 대로 받지, 뭐하는 짓들이야? 감히 민겸호 대감을 함부로 부르다니 아주 죽으려고 환장을 했구먼."

선혜청 고지기는 안하무인이었다. 화가 난 구식 군인 한 사람이 고지기를 주먹으로 때렸다. 그게 신호라도 되는 듯 군인들의 분노가 일시에 폭발했다. 나를 비롯한 군인들은 선혜청 관리들을 흠씬 두들겨 팼다.

"민겸호 집으로 갑시다!"

"민겸호를 죽이자!"

군인들은 떼를 지어 민겸호 집으로 몰려갔다.

나는 떼를 지어 달려가는 군인들 틈에서 빠져 나왔다. 집에 계신 늙은 어머니가 애타게 쌀을 기다리셨기 때문이다. 나는 선혜청 창고에서 좋은 쌀을 한 가마 빼내서 집으로 향했다. 집에 와서 어머니를 위해 정성스럽게 밥을 대접하고, 돌봐드렸지만 어머니는 얼마 뒤 돌아가셨다. 장례를 치르고 나니 세상은 완전히 변해버렸다.

구식 군인들은 대원군을 모셔오고 민씨 일가를 축출했다. 민겸호는 죽임을 당했다. 일본군 군관도 죽이고, 일본 공사관을 파괴하기도 했다. 속이 다 시원한 소식이었다. 그러나 죽은 줄 알았던 왕후 민씨가 청나라 군대를 불러들였고, 내 동료를 비롯한 수많은 사람들이 청나라 군대의 총칼 아래 쓰러졌다. 대원군은 청나라로 끌려갔다. 비참한 결과였다. 나는 중간에 빠져나왔기에 처벌 대상이 되지는 않으나, 직장을 잃고 말았다. 먹고 살 일이 걱정이었다. 그나저나 자기 나라 백성이 정당한 요구를 하며 일어났는데, 외국 군대를 끌어들여 자국 백성을 죽이다니 이해할 수가 없었다.

군인을 그만 둔 뒤 나는 별의별 일을 다 했다. 공사장 일도 하고, 짐꾼 일도 하고, 시장에 나가 장사도 해 보고, 보부상도 해 봤다. 하지만 형편이 나아지지는 않았다. 다들 살기 힘들었다. 양반들과 일본 상인들, 청나라 상인들만 돈을 벌었다. 조금이라도 이익이 나려고 하면 관리들이 승냥이처럼 나타나 뜯어가는 바람에 고생하고도 남는 게 없었다.

"아무래도 한양을 떠야겠소. 어머니가 고향에 남겨 놓은 땅이 조금 있으니 고향으로 돌아가 농사를 지으며 사는 게 낫겠소."

나는 아내를 설득해서 시골로 내려가기로 했다. 겨울이 시작되는 때에 우리는 이삿짐을 쌌다. 세간이 초라하니 이삿짐도 많지 않았다. 소가 끄는 우마차에 이삿짐을 싣고 한양을 빠져나가려는데 궁궐에서 난리가 났다는 소식이 들렸다. 김옥균을 비롯한 젊은 개화파들이 일본군과 손잡고 민씨 일가를 쫓아냈단다. 민씨 일가가 쫓겨났다는 소식은 통쾌했지만, 일본군과 손을 잡았다는 이야기에 화가 치밀었다.

"아니, 개화를 한다면서 일본군과 손을 잡다니 뭐하는 짓이야!"

"그러게 말이오. 일본놈들이라면 지긋지긋한데……, 그놈들이 들여온 서양 물건 때문에 장사가 안 돼서 죽을 맛인데……."

"일본놈들이 우리 쌀을 다 가져가는 바람에 조선에 쌀이 없다지 않습니까? 쌀 값이 너무 비싸서 쌀 밥 구경한 게 언제인지 모르겠는데, 일본놈들을 끌어들여……, 못된 새끼들."

"개화를 한다고 해 봐야 우리 가난한 백성들이랑은 아무 상관도 없는 일 아니겠는가?"

"하긴, 뭐, 개화파가 개혁한다고 우리 삶이 달라지겠서. 어차피 양반 세상인디."

천안을 지나 논산에 이르렀을 때 한양 소식이 주막에서 들려왔다.

"개화당이 3일 만에 쫓겨났대."

"허허, 3일천하였군."

"그나저나 또 청나라 군대를 끌어들이다니, 큰일이여."

"툭 하면 청나라 군대가 들어오니, 이러다 청나라 군대랑 일본 군대랑 우리나라에서 싸움이라도 벌이는 거 아닌지 모르겠네."

평범한 백성들도 외국 군대를 끌어들이는 일이 얼마나 위험한지 아는데, 저 높은 곳에 계신 분들은 왜 그 사실을 모르는지 모르겠다. 그나저나 빨리 고향으로 가야겠다.

★　★　★

거대한 함성에 눈을 떴다. 수 만 명의 농민들이 죽창과 쇠스랑, 화승총 등을 들고 온 들판을 뒤덮으며 소리를 질렀다. 억압받던 농민들이 일어났다. 백성이 하늘임을 알리기 위해 일어섰다. 농민에게 땅을 돌려주고, 외세에 빌붙는 자들을 몰아내고, 탐관오리들을 쫓아내기 위해 농민들이 일어섰다.

"저기가 우금치여! 저 우금치만 넘으면 쭉~ 달려서 한양까지 가는 거여."

"빨리 밀고 가불드라고. 우린 수 만 명이요, 제깟 놈들은 관군이랑 일본군이랑 합해서 몇 백 명도 안 된다며. 밀어버리드라고."

"밀어버려!"

농민군의 기세는 하늘을 찌를 듯했다.

"아따, 근디 저기 저 관군 놈들은 왜 일본군들하고 같이 있당가. 같은 조선 사람이면 조선 사람 편을 들어야제, 일본군들과 같이 우리를 향해 총부리를 겨누다니, 못된 놈들일세."

"그게 다 위에서 시키니까 그제. 왕도 그렇고, 왕후도 그렇고, 자기들 권력만 지키려고 그라는 거여."

농민군들은 고함을 지르며 우금치 고개를 밀고 올라갔다. 천둥보다 무서운 총소리가 울렸다. 무시무시한 비명이 우금치 고개를 오르지 못하고 들판을 붉게 적셨다. 숫자를 믿고 밀어붙인 전투는 실패였다. 우금치 고개에서 쏟아져 내려오는 총알은 하얀 옷에 죽창으로 무장한 농민들을 무자비하게 쓸어버렸다.

손을 봤다. 피가 흥건했다. 배를 보니 어느새 총알이 내 몸을 뚫었는지 피가 스멀스멀 흘러나왔다. 쓰러지지 않기 위해 죽창을 잡았으나 소용없었다. 몸이 쓰러졌지만 죽창은 하늘을 향해 곧게 서 있었다. 의식이 흐려지는데 일본 말이 들렸다. 관군의 목소리도 들렸다. 같은 조선인인 관군들은 도대체 무슨 생각으로 일본군과 한 편이 된 걸까?

인생이 주마등처럼 스쳐갔다. 임오군란, 갑신정변, 농사꾼의 삶, 고부민란, 황토현의 승리, 전주성 점령, 집강소에서 경험했던 뿌듯함, 그리고 우금치와 검붉은 피! 여기서 죽으면 내 가족은 어떻게 될까? 걱정도 팔자라고 피식 웃다가 숨이 끊겼다.

외세의 조선 침략과 지배 세력의 죄

1650년대, 북방에 그때까지 전혀 접하지 못했던 낯선 세력인 러시아가 등장했고, 조선은 청나라의 요구에 따라 러시아 정벌(나선정벌)에 나섰다. 나선정벌은 조선의 군대가 강대국 러시아를 물리칠 정도임을 보여주었다. 바다에서는 아편전쟁에서 청나라를 굴복시킨 영국과 미국을 통해 개항을 하고 메이지유신으로 자본주의 길에 들어선 일본, 태평양을 건너온 미국, 동남아시아를 제패한 프랑스 등 해양세력이 등장한다. 정조가 일구었던 군대였던 장용영은 정조가 죽은 뒤 왕의 군대가 부담스러웠던 노론에 의해 사라졌고, 삼정문란으로 군대가 붕괴된 상태에서 조선은 제대로 된 군대도 없이 외세 침략에 노출되었다.

1866년(병인년)에 조선 주위에 출몰하던 서양 세력과 조선 사이에 첫 무력 충돌이 발생했다. 병인년 7월, 미국의 상선 제너럴 셔먼호가 대동강에서 침몰했고, 천주교 박해를 빌미로 프랑스가 침략했다. 1871년, 신미년에는 미국이 제너럴 셔먼호 사건을 구실로 강화도로 침략했다. 병인양요와 신미양요에서 외세를 물리친 대원군은 '척화비'를 곳곳에 세워 서양 세력과 맞서겠다는 의지를 널리 알렸다. 대원군이 물러날 때 조선을 위협하는 세력은 러시아, 청나라, 일본이었고, 첫 경쟁은 청나라와 일본 사이에서 벌어졌다.

운요호 사건(1875)을 빌미로 일본은 강제로 강화도조약을 이끌어냈다. 개항은 어쩔 수 없었으나 준비 없이 맞이한 개항은 조선에 재앙이었다. 더구나 권력을 잡은 민씨 일가는 세도정치가들 못지않게 부정부패를 일삼았다. 탐관오리들이 넘쳐났고, 조선 백성을 먹여 살려야 할 쌀은 일본으로 지나치게 많이 흘러들어갔다. 외국과 불평등한 교역은 조선의 수공업과 상업에 크나큰 위협이 되었다. 백성들의 삶은 나락으로 떨어졌다. 이런 상황이니 누군가 들고 일어나는 것은 시간 문제였을 뿐이었다.

1882년, 구식 군대가 민씨 일가의 부정부패 및 신식 군대에 대한 불만을 품고 임오군란을 일으키자 민씨는 자신의 권력을 되찾기 위해 청나라 군대를 불러들였다. 임오군란 때 왕비 민씨가 외세를 끌어들인 행위는 이후 중요한 시기마다 외세에 의존해 문제를 해결하려는 나쁜 선례를 만들었다. 2년 뒤 갑신정변 때도 개화파들은 일본군을 끌어들였고, 왕비 민씨는 또다시 청나라 군대를 불러들였다.

외세의 경제 침탈과 탐관오리들의 수탈로 인한 고통이 극심하던 1894년, 전라도 고부에서 농민들이 봉기를 일으켰고, 이는 거대한 전쟁으로 확대된다. 이때 조선 정부가 농민들의 요구를 받아들였다면 아무런 문제가 없었을 텐데 조선 정부는 임오군란과 갑신정변 때 썼던 방식을 다시 쓴다. 조선이 청나라군을 불러들이자 일본군도 들어오고 청일전쟁이 벌어진다. 일본군은 동학농민군을 잔혹하게 진압했고, 청일전쟁에서도 승리한다.

어느 시대나 새로운 사회를 만들기 위해서는 새로운 이념, 이념을 제시하는 새로운 지식인 계층, 이념을 실현하는 물리력(군사력)이 필요하다. 동학농민군의 패배는 나름대로 강력한 물리력을 지녔던 농민 세력의 패배를 뜻했고, 이는 조선의 운명이 완벽하게 외세의 선택에 놓이게 됨을 의미했다. 1894년, 조선의 운명은 결정되었다. 다만 누구의 식민지가 되느냐만 남았을 뿐이다. 백성들의 불만과 분노를 외면하고 자기 권력을 유지하기 위해 손쉽게 외세를 끌어들였던 지배 세력의 선택은 식민지라는 비극으로 이어질 수밖에 없었다.

10 일제
조선을 유린하다

때 　1895년~1910년
곳 　경복궁에서 전라도까지 전국 곳곳
人 　일본 군인

가을밤의 기운이 서늘했다. 우리는 숨을 죽이고 경복궁으로 스며들었다. 나는 일본 군인이었다. 그러나 옷은 일본군 복장이 아니었다. 얼굴을 가리고 신원을 알 수 없게 하였다. 우리의 목표는 하나였다. 바로 조선의 왕비!

신호가 떨어지자 일제히 경복궁으로 밀고 들어갔다. 왕비가 있는 곳을 향해 최대한 빠르게 움직였다. 혹시라도 왕비가 빠져나가면 안 된다. 임오군란 때도 갑신정변 때도 왕비는 궁을 탈출해 살아남았고, 반대 세력을 제거했다. 왕비가 또 살아나간다면 이번에 다가올 후폭풍은 감당하기 어렵다. 러시아를 끌어들이던 왕비니 아예 러시아 속국이 되는 길을 택할지도 모른다.

우리는 미리 짠 계획에 따라 궁인들을 제압하고 왕비의 침실을 에워쌌다. 개미 새끼 한 마리 못 빠져 나가게 한 뒤 궁녀들을 한 곳으로 전부 모았다. 누가 왕비인지 찾아야했다. 잘 드러나지 않았다. 밖에서 시끄러운 소리가 들렸다. 지체하면 안 된다. 대장의 지시에 따라 나와 몇 명이 밖을 경계하는 사이, 드디어 왕비를 찾았다는 말이 들렸다. 왕비 얼굴을 보고 싶었다. 내가 왕비 근처에 왔을 때 왕비는 칼에 맞아 이미 죽은 뒤였다.

"빨리 빠져 나가자."

우리는 죽은 왕비를 들고 밖으로 빠져 나갔다. 숲속으로 들어간 우리는 장작더미 위에 왕비의 시신을 올려놓고 불에 태웠다.

"수고했다. 이제 재빨리 원래 직위로 돌아가 모르는 척 행동하라! 모두 입단속 철저히 하도록."

나는 입고 있던 낭인 옷을 벗고 준비해두었던 군복을 입고 재빨리 공사관으로 철수했다. 긴박한 밤이었다.

* * *

왕후 민씨를 죽인 뒤 미우라 공사는 본국으로 송환되었다. 몇몇 동료들도 본국으로 돌아갔지만 별 일 없으리라는 걸 안다. 왕후 민씨가 제거된 뒤 조선의 권력은 다시 우리 일본과 친한 세력이 장악했다. 그런데 조선 곳곳이 시끄러웠다.

"의병들이 많이 일어난다며?"

나는 왕후 민씨를 죽이는데 함께 했던 동료와 공사관 안에서 대화를 나누었다.

"이곳저곳에서 제법 많이 일어나나 봐."

"이번에 우리가 왕후를 죽인 것 때문이겠지?"

"그것도 있고, 단발령에 반발해서 의병을 일으키기도 한다는데."

"헐! 야만인들. 그깟 머리가 뭐라고. 지저분하게 길러서 상투를 틀다니 야만인도 그런 야만인이 없어."

동료는 내 말을 듣고 한참 웃었다.

"의병을 진압하는데 우리도 참가해야 하나?"

"지금은 직접 나서지 말아야지. 괜히 우리가 나섰다가 의병들이 더 들고일어날 명분을 주기 쉽거든."

"하긴, 그나저나 조선 조정은 어찌한데?"

"관군을 파견하나 봐. 의병이라고 해 봐야 양반들이 중심인데 숫자가 많지도 않고, 무기도 형편없으니 걱정하지 않아도 된다더군."

"어휴, 손이 근질근질 해! 언제 한 번 제대로 출동해서 조선 놈들을 깡그리 죽여야 하는데 말이야."

"하하하! 그럴 날이 곧 오겠지."

내 진짜 의지와 상관없이 일본 군인은 잔인한 말을 마음껏 지껄였다. 일본군에 깃든 내 정신은 고통스럽고 분통이 터졌지만 어떻게 해 볼 도리가 없었다.

*　*　*

분위기가 우울했다.

"조선 왕이 러시아 공사관으로 가는 걸 막지 못하다니, 이런 실수를!"

공사는 주먹 쥔 손을 부들부들 떨었다. 우리는 무슨 불벼락을 맞을지 몰라 두려워하며 무릎을 꿇고 있었다.

"누가 책임자야! 어떤 새끼야! 조선 왕과 세자가 빠져나가는 동안 도대체 뭐했어! 엉!"

발길질이 날아들었다. 옆구리에 정통으로 군홧발이 날아들었다. 숨을 쉬기 힘들었다. 공사는 신경질을 있는 대로 부린 뒤 숨을 헐떡이며 자리에 앉았다.

"우리 일본을 위해 일하던 조선 신하들이 모조리 제거되었다. 조선은 러시아 손에 완전히 들어갔어. 우리가 20년 동안 조선을 정복하기 위해 애썼던 노력이 한순간에 물거품이 될 위기에 처했다. 러시아, 러시아! 그따위 자식들에게 조선을 넘겨줄 수는 없어. 암, 그럴 수는 없지."

공사는 누구에게 향하는 말인지도 모를 말을 연거푸 내뱉었다. 나와 동료들은 그저 이 상황이 빨리 끝나기를 바라며 무릎을 꿇고 머리를 조아렸다.

*　*　*

관민공동회에서 어떤 주장이 나오는지, 분위기가 어떤지 살펴보라는 공사의 명령에 따라 거리에 나왔다.

거리가 박수와 함성으로 가득했다. 나는 군복을 벗고 평상복을 입은 채 거리를 가득 메운 군중들의 반응을 살폈다.

연설이 끝날 때마다, 대포를 발사할 때보다 더 큰 박수와 함성이 거리를 채웠다. 주변을 살피니 러시아 공사관에서 나온 자들도 눈에 띠었다. 그들의 표정에서 불안을 발견하기는 어렵지 않았다. 아마 저들이 내 얼굴을 본다면 내 얼굴에서도 불안을 발견할 것이다. 나는 공사관으로 돌아와서 공사에게 내가 본 바를 그대로 전했다. 공사는 불안한지 책상을 연신 손가락으로 두들겼다.

"만약 조선 백성들의 힘이 무섭게 쏟아져 나온다면, 관민공동회가 요구하는 대로 권력이 형성되고, 조선이 민주주의 국가가 된다면……, 조선 정복은 엄청난 난관에 부딪치게 되네. 상상만 해도 두렵군."

나는 울적했다. 조선의 왕후까지 죽여 가며 조선을 정복하기 위해 애를 썼는데 이대로 실패한다면 그간의 고생은 뭐가 된단 말인가? 한동안 공사관은 우울한 분위기가 지배했다. 그러나 공사관의 우울함은 그리 오래 가지 않았다. 조선의 왕이 독립협회를 해산시키고, 관민공동회는 반대 세력에 의해 진압 당했기 때문이다.

그리고 얼마 후 조선 왕은 러시아 공사관에서 돌아와 대한제국을 선포하고 황제로 올라섰다. 구본신참이니 뭐니 하며 황제가 중심이 되어 개혁을 한다는 말도 들렸다. 그러나 우리는 아무도 걱정을 하지 않았다. 관민공동회에서 쏟아져 나오던 조선 백성들의 무서운 기세는 사라졌다. 조선의 황제는 참으로 어리석다. 백성들의 힘을 모아 개혁을 하고, 국력을 강화시킨다면 우리 대일본제국도 러시아도 조선을 쉽게 정복하지 못할 텐데. 하긴, 그렇게 어리석으니 툭하면 외국 군대를 끌어들이지.

이제 우리에게 남은 일은 러시아와 한 판 대결이다. 우리는 서두르지 않을 것이다. 천천히 준비해 러시아를 조선에서 몰아낼 것이다.

* * *

공사관에서 잔치가 벌어졌다. 러시아와 전쟁에서 승리했을 때도 벌이지 않았던 잔치였다. 러시아와 전쟁은 영국과 미국이 우리 대일본제국을 전폭 밀어줘서 승리가 가능했다. 아무리 러시아라도 세계 제일의 강국인 영국과 신흥 강국인 미국의 지원을 입은 우리를 이길 수는 없었다.

러일전쟁 승리의 기세를 몰아 한일협상조약(을사늑약)을 체결했다. 물론 약간의 힘을 동원했고, 다섯 명의 조선 대신들이 우리에게 적극 협력했다. 이제 조선은 우리의 수중에 들어왔다. 이번에 외교권을 빼앗고, 통감부를 설치한 것은 조선이 더 이상 독립국이 아님을 의미했다.

"참, 공사님! 이번에 체결한 조약에 반대해서 전국 곳곳에서 의병이 일어나고 있다는 보고입니다."

공사는 마시던 술을 한 잔 들이키더니 빙긋 웃었다.

"뭘 그리 걱정하나. 이 기회에 대일본제국에 맞서면 어찌 되는지 톡톡히 보여주어라. 싹 쓸어 버려. 알겠나!"

공사는 단호하게 말했다.

"네, 알겠습니다."

드디어 근질근질 하던 손을 풀 기회다. 러일전쟁 중에 한양에만 있느라 총 한 번 쏘지 못했는데, 이번에야 말로 의병들을 마음껏 죽여서 내 실력을 보여줄 것이다.

* * *

통감이 심각한 얼굴로 나를 불렀다.

"고종 황제를 물러나게 하고 조선의 군대를 해산시켰더니 또 의병들이 들고 일어났다고 한다."

"알고 있습니다."

"2년 전, 을사의병들을 진압하는 과정에서 자네가 큰 공을 세운 건 잘 알고 있네."

"감사합니다."

"이번에 다시 한 번 나서주게."

"자신 있습니다."

"전과 다르게 이번엔 군인들이 합세했어. 신식 훈련을 받은 군인들이야. 무기도 상당한 수준에 이르렀네. 숫자도 만만치 않아."

"그래봐야 대일본제국의 정예병들에 견주면 오합지졸입니다."

나는 자신감 있게 말했다.

"그 당당함이 마음에 드네. 가서 우리 대일본제국 군대의 무서움을 확실하게 보여주게."

* * *

정미년(1907년)에 일어난 의병 중 대규모 군대는 거의 진압했다. 그러나 아직도 전국 곳곳에서, 특히 전라도 일대에서 의병들이 끊이지 않고 일어났다. 통감은 인상을 찌푸렸다. 기껏 맡겨놨더니 그것밖에 못하느냐는 기색이 역력했다. 획기적인 방안을 찾아보라는 명령을 내렸다. 나는 동료들과 의논 끝에 뿌리를 없애기로 했다.

"의병을 지원하면 어떻게 되는지를 보여주어야 합니다. 특히 전라도 일대는 예전에 수만 명의 동학교도들이 일어난 지역으로 반란의 기운이 강합니다. 이번에 뿌리를 뽑아야 합니다."

부하의 의견이 맞았다. 뿌리를 뽑으려면 확실히 해야 한다.

"이번에 남한대토벌작전을 개시한다. 뿌리까지 제거한다. 의병이라고 의심되는 자는 모조리 죽여라. 의병이 활동하는 지역에 사는 마을은 무조건 파괴하라. 다시는 대일본제국에 반항하지 못하도록 모조리 짓밟아라."

남한대토벌작전! 이번 기회에 대일본제국에 저항할 생각조차 못하게 만들고 말겠다. 의병이 정리되면 조선을 완전히 지배할 마지막 절차만 밟으면 된다. 곧 조선은 대일본제국의 식민지가 되는 영광을 누릴 것이고, 나는 거기서 높은 자리를 차지하며 떵떵거리고 살게 될 것이다.

러·일 대결과 반일의병전쟁

청나라가 사라진 조선엔 러시아와 일본밖에 남지 않았다. 영국과 미국은 러시아를 견제하며 일본 편을 들었다. 이제 조선은 러시아의 지배냐, 일본의 지배냐 하는 선택만 남았을 뿐이었다. 그런 와중에도 지배 세력은 권력 유지에만 관심을 두었다. 러시아는 프랑스, 독일을 끌어들인 '삼국간섭'을 통해 일본이 청일전쟁으로 차지한 요동반도를 다시 청나라에 되돌려줄 것을 요구하며 힘을 과시한다. 일본은 3국의 힘에 굴복해 요동반도를 청나라에 되돌려준다. 민씨 일가와 고종은 러시아의 힘을 확인하자 러시아를 적극 끌어들인다. 러시아의 진출에 위협을 느낀 일본은 1895년 9월, 러시아 끌어들이기를 주도한 왕비 민씨를 살해한다.(을미사변. 명성황후시해사건)

왕비 민씨를 죽인 일본은 친일 내각을 세우고, 이를 통해 단발령을 내린다. 신분제를 폐지하고, 서양문물을 받아들이는 갑오개혁(1894년)에 반대하여 시작된 '을미의병'은 명성황후시해사건과 단발령을 계기로 전국적인 반일의병운동으로 확산된다. 양반들이 중심이 되어 일어난 을미의병은 고종이 러시아 공사관으로 피신한 아관파천(1896년)으로 친일정권이 무너지고 고종이 해산을 명령하자 중단된다. 고종은 1897년 대한제국을 선포해 자주독립국가임을 선포하고 광무개혁을 추진한다. 광무개혁은 옛것을 근본으로 새것을 참고한다는 '구본신참'의 원칙에 따른 개혁으로 당시 시대가 요구하는 개혁과는 한참 거리가 멀었다. 고종은 여전히 흥선대원군식 왕권강화 개혁에 머무르는 한계를 보였다.

조선을 두고 팽팽히 맞서던 러시아와 일본은 1904년 전쟁을 벌인다. 일본은 미국과 영국의 강력한 지원을 등에 업고 러시아와 전쟁에서 승리한다. 러일전쟁이 끝난 뒤인 1905년, 미국은 '가쓰라·태프트밀약'을 통해 일본이 조선을 지배하는 대신 미국의 필리핀 지배를 인정한다는 약속을 한다. 영국은 '제2차 영일동맹'을 맺어 영국은 인도를, 일본은 조선을 지배하는 것을 서로 승인하는 약속을 한다. 1866년 병인양요를 시작으로 40년 동안 계속된 외세의 조선 침략은 일본의 최종 승리로 마무리 되었다. 1905년 11월 17일, 마침내 일본은 경복궁을 군대로 포위한 채 이완용, 이근택, 권중현, 박제순, 이지용 등 을사오적을 앞세워 외교권을 박탈하고, 통감부를 설치하는 을사늑약을 강제로 맺게 한다.

을사늑약을 계기로 전국적으로 의병(을사의병) 이 일어났다.1905년 을미의병이 양반 중심의 의병이었다면, 을사늑약을 계기로 일어난 의병은 양반들뿐 아니라 평민 의병장이 등장하고, 각계각층 백성들이 참여하였다. 1907년 8월, 일제는 헤이그 밀사 사건을 이유로 고종을 강제로 물러나게 하고 조선의 군대마저 해산시켰다. 이때 해산된 군인들이 대거 의병(정미의병)에 가담하였다. 신식 군인들이 의병에 합세하자 규모와 강도가 차원을 달리하여 의병전쟁이 벌어졌다. 1907년 12월, 13도 연합군을 결성하고 힘을 합쳐 서울로 진격하려 했으나 일본군에 패해 실패했다. 연합의병부대가 무너진 뒤에도 의병이 이어지자 일제는 군대를 동원하여 호남지역 전체를 이잡듯이 뒤지며 무자비한 살육을 저지르는 '남한대토벌작전'을 펼친다. 남한대토벌작전으로 수많은 백성들이 일본군의 손에 죽었고, 의병은 불가능해졌다. 남한대토벌작전 이후 의병들은 만주로 중심 근거지를 옮긴다. 1909년 10월 26일, 안중근은 조선을 식민지로 만드는데 앞장선 이토 히로부미를 하얼빈에서 죽인다. 1910년, 경술년 8월 29일, 일본 제국주의자들은 강제로 조선을 식민지로 만든다.

친일이냐? 독립이냐?

일제 식민지 시대 　때
서울 　곳
친일파와 독립운동가 　人

이번에는 조금 독특했다. 상황은 같은데 전혀 다른 생각과 판단을 하는 두 인물 속으로 번갈아 들어가 일기를 썼다. 일기를 쓰는데 첫 부분은 똑같았지만 상황을 대하는 자세와 생각은 완전히 달랐다. 같은 상황에서 한 명은 친일을, 다른 한 명은 독립운동을 선택했다.

*　*　*

1915년 ○월 ○일

헌병이 칼을 뽑았다. 주위에 있던 조선인들은 모두 숨을 죽였다. 지켜보던 나도 숨을 죽였다. 헌병의 군홧발에 젊은 청년이 쓰러졌다. 헌병은 누구든 눈에 띄면 죽이겠다는 듯 눈을 부라렸다.

친일파

무섭다. 누구든 죽일 권리를 지닌 헌병 앞에서는 죄가 있든 없든 조심해야 한다. 숨 막히는 세상이다. 헌병이 칼로 다스리는 식민지 조선에서는 몸조심이 최고다.

독립운동가

분노로 이가 부들부들 떨린다. 저 헌병 놈을 쳐 죽이겠다고 결심하고 나서려는데 친구가 말렸다. 친구 때문에 억지로 참았다. 저자들에게 기어코 복수를 하고 말리라!

1919년 ○월 ○일

3.1운동이 실패했다. 수백 만 명의 동포들이 전국 곳곳에서 목숨 걸고 만세운동을 벌였지만 실패하고 말았다.

친일파

일본 경찰과 군대의 힘은 상상 이상이었다. 3.1만세운동은 계란으로 바위 치기보다 무모한 도전이었다. 일본과 조선의 국력 차이는 바다보다 넓었다. 과연 독립이 가능할까? 일제가 두렵고 무섭다.

독립운동가

조선 동포들은 너나없이 들고 일어났는데 일제의 총칼에 무너지니 너무 원통했다. 그러나 좌절하지 않는다. 동포들은 헌병의 총칼에 굴복하지 않았다. 독립을 원하는 강한 의지가 있는 한 독립은 온다.

1921년 ○월 ○일

총독부가 신문을 허락했다. 조선어 교육도 허락했다. 책도 마음대로 펴내고, 만들고 싶은 단체도 만들게 해주었다. 회사도 총독부 허가 없이 자유롭게 세워도 된다.

친일파

나도 그동안 하지 못했던 활동을 했다. 학교에서 학생들도 가르치고, 신문에 글도 썼다. 이 정도면 괜찮다. 아무래도 일본에 저항하기보다 일본 통치 안에서 자치를 하는 게 좋지 않을까? 일본이 우리를 보호해주니 우리는 군대를 유지할 필요도 없고, 일본의 발전된 문물을 받아들이니 얼마나 좋은가?

독립운동가

어떤 자들은 일제가 크게 변했다며 일제에 협력하자고 주장하는데, 일제의 본질이 변함이 없음을 잊으면 안 된다. 어쨌든 공간이 열렸으니 이런 기회를 활용해 독립운동을 활발하게 펼쳐야 한다. 오늘 동지들과 의논 끝에 임시정부를 지원할 자금을 모으고, 독립운동을 펼칠 조직을 만들기로 결정했다.

1931년 ○월 ○일

오늘 거리에서 우연히 옛날 학교 친구를 만났다.

친일파

그는 아직도 독립을 꿈꾸고 있었다. 어리석다. 일본이 세계 제국이며, 만주를 점령할 정도로 강력한 국력임을 애써 무시했다. 나를 매국노라고 욕하기에 화가 나서 경찰에 신고할까 하다가 꾹 참았다. 일본에 협력하기만 하면 나처럼 편안하게 사는데 도대체 왜 독립운동을 한다고 고생하는지 모르겠다. 역시 조선 놈들은 뒤떨어지고 어리석은 민족이다.

독립운동가

그 자는 일본이 세계 제국으로 만주를 점령할 정도로 강력한 국력을 자랑한다며, 일본에 협조하자고 주장했다. 일제가 던져주는 떡고물을 받아먹으며 풍족함에 맛 들린 놈이었다. 일본에 협력하면 나처럼 잘 먹고 잘 산다는 말을 듣고 매국노라고 욕을 해주었다. 나라를 팔아먹은 이완용과 같은 놈, 나는 그 놈을 처

죽일까 하다가 옛정을 생각해 살려 주었다. 더러운 놈!

1938년 ○월 ○일

지금 대륙에선 일본과 중국의 전쟁이 한창이다.

친일파

잘 알고 지내던 총독부 관리가 천황 폐하를 위해 적극 나서지 않는다며 나를 나무랐다. 천황 폐하의 충성스런 신하로 사는 내가 천황 폐하의 은혜에 보답하지 못했다는 사실을 깨닫고 부끄러웠다. 집에서도, 학교에서도 늘 일본말을 쓰고 충성을 맹세하는 것만으로는 부족했다. 전쟁 시기이니 만큼 무언가 새로운 노력이 필요하다.

독립운동가

일제가 전쟁을 벌이니 더욱 조선을 괴롭히고, 수탈할 것이다. 걱정이지만 희망을 본다. 전쟁을 벌인다 함은 그들이 더 이상 정상의 방법으로는 제국을 유지하기 힘들다는 뜻이다. 이럴 때일수록 독립을 위해 더 힘차게 투쟁하자! 오늘 재산을 정리해서 독립군에게 보낼 자금을 마련하기로 했다. 가족들도 묵묵히 내 의견에 따라주었다.

1943년 ○월 ○일

전쟁의 소용돌이가 동남아시아를 넘어 태평양 전체로 확산되었다.

친일파

천황 폐하의 대업을 이루는 전쟁 승리를 위해 노력하던 나는 오늘 큰 성과를 거두었다. 제자들 중 다섯 명을 군대에 보냈다. 모두 눈물을 흘리며 떠났는데 아무래도 천황 폐하의 하늘같은 은혜에 감격해서 흘린 눈물로 보였다. 내일부터는 정신대에 갈 여학생들을 설득해야겠다. 천황을 위한 영광의 길에 남학생과 여학생을 차별하면 안 된다. 여학생들에게도 천황 폐하에게 충성을 바칠 기회를 주어야 한다. 천황 폐하 만세!

독립운동가

일제의 만행이 갈수록 잔인해진다. 친일파들은 젊은이들을 군대로 내몰고 있다. 우리 민족의 싹을 지워버리려고 글도 문화도 모두 지우려 한다. 끔찍한 세상이다. 그러나 새벽이 가까워 올수록 어둠은 깊은 법이다. 절망만 이겨내면 새벽은 온다. 나는 이제 희망의 새벽닭이 되려 한다. 적들의 심장인 총독부에 폭탄을 던지기로 했다. 동포들에게 독립을 향한 희망을 선물한다면 이 한 목숨 바친다 해도 후회는 없다.

* * *

1945년 8월 15일

일본 패망! 그리고 독립!

친일하며 산 놈은 절망에 빠져 도망갈 궁리를 했다.

독립운동을 하신 분은 거리에서 동포들과 만세를 부르며 기쁨을 만끽했다.

일제의 식민 지배와 우리의 독립운동

1910년부터 1919년까지 일제는 무자비한 힘으로 조선을 공포로 몰아넣었다. 군인인 헌병이 경찰 역할뿐 아니라 일반 행정도 담당했다. 헌병은 자신들의 명령을 듣지 않는 조선인들을 그 자리에서 죽일 권한까지 있었다. 마음대로 감옥에 가두고, 구타를 해도 되었다. 언론도, 출판도, 집회도 모두 막아버렸다. 독립운동을 할 기운이 조금이라도 보이면 잡아다 가두고 고문하고 학살했다. 헌병통치에 짓눌렸던 백성들은 1919년 3월 1일을 기해 대대적인 독립만세운동을 벌였다. 일제의 무자비한 통치에 더 이상 견디지 못한 백성들이 전국에서 들불같이 들고 일어났다.

일제는 3.1운동을 무자비하게 진압한 뒤 무력으로 조선을 통치하는데 한계를 인식하고 헌병통치에서 문화통치로 전환한다. 헌병을 대신해 경찰이 치안을 담당했고, 일부나마 언론·출판·집회의 자유를 허용하고, 한국인도 교육받을 기회를 확대했다. 문화통치는 겉으로는 부드러운 통치였으나 실제로는 헌병통치와 다를 바 없었다. 경찰인력을 더 늘었고, 감시와 탄압은 여전했으며, 자유로운 언론과 출판, 집회도 억눌렀고, 교육의 기회도 극히 제한되었다. 일제가 문화통치를 통해 달성하려는 핵심 목표는 친일파 키우기였으며, 실제로 식민지에 반대하는 운동이 약화되고, 분열되었으며, 일제의 지배를 받아들이는 자치 운동을 벌이자는 자들까지 나왔다.

1929년 세계대공황을 큰 타격을 받은 일제는 한국을 더 가혹하게 수탈하는 한편, 더 많은 자원과 더 많은 노동력과 더 넓은 시장을 얻기 위해 침략 전쟁을 벌였다. 만주를 침략하고(1931년. 만주사변), 중국 본토를 공격(1937년. 중일전쟁)한 일제는 1941년엔 미국의 진주만으로 기습 공격하여 태평양전쟁을 일으켰다. 일제는 전쟁에 필요한 물자와 인력을 가혹하게 수탈했다. 또한 창씨개명, 황국신민서사 암기, 우리말 없애기 등을 통해 한민족을 아예 없애버리려는 민족말살정책을 폈다. 친일파들은 일제에게 적극 협력하며 우리 민족을 없애고, 일제를 찬양하며 자신들의 편안함만을 추구했다.

일제의 지배에 맞선 독립운동은 끊이지 않고 국내외에서 벌어졌다. 안창호, 양기탁 등이 결성한 비밀조직인 신민회는 일제를 몰아내고, 근대민주공화정 국가를 목표로 교육사업을 벌이고 군대 양성도 준비했으나 105인 사건(1911년)으로 해체된다. 1910년대 국내 독립운동은 일제가 가혹하고 무자비한 통치로 인해 암흑기를 맞았다. 1919년 3.1운동을 계기로 독립의식이 높아지면서 다양한 독립운동이 펼쳐졌다. 1920년대 독립운동이 활성화된 것은 일제가 형식적으로 강압통치를 완화한 탓도 있었다.

3.1운동의 정신을 이어받아 상해에서 대한민국임시정부가 수립되었다. 임시정부는 해외 독립운동을 총괄하는 조직을 목표로 활동했으며, 윤봉길 의사의 의거를 계기로 중국 정부의 지원을 받아 광복군을 결성하여 일제와 전쟁에 나설 준비를 했다. 만주와 중국 대륙 곳곳에서 무장 독립운동 세력이 활발하게 활동했다. 국내에서는 새로운 독립운동 세력인 사회주의자들이 등장했다. 사회주의 운동가들이 등장하면서 독립운동 세력은 민족주의 계열과 사회주의 계열로 분열되었다. 민족주의 계열과 사회주의 계열의 힘을 합쳐야 한다는 요구에 따라 1927년 신간회를 결성했다. 그러나 신간회는 서로의 차이를 극복하지 못하고 해산하였으며 해방을 맞을 때까지 분열된 채 각자 독립운동을 전개했다.

1920~30년대에는 일본에 경제적으로 예속되는 걸 막기 위한 물산장려운동, 식민지 교육에서 벗어나기 위해 민립대학 설립운동, 암태도 소작쟁의와 같은 농민들의 투쟁, 원산총파업(1929년)과 같은 노동자들의 투쟁 등이 끊임없이 벌어졌다. 일제의 민족말살 정책에 맞서 민족정신의 핵심인 우리말과 역사를 지키기 위한 노력도 해방되는 그 순간까지 이어졌다.

12 배신
독립운동가 잡는 간도특설대

때 1938년
곳 만주
人 간도특설대 소속 조선인

1938년, 장소는 만주, 군복을 입고, 총을 들었다. 독립군일까?

"너희들은 자랑스러운 황군이다. 이곳 만주에는 공비들이 들끓는다. 천황 폐하의 자랑스러운 백성임을 거부하고 조선의 독립이 어쩌고 만주의 해방이 어쩌고 하면서 불온하게 활동하는 자들이 많다. 특히 반도에서 만주로 이주한 조선인들 중에서 독립운동을 하는 자들이 여럿 있다. 그자들은 조선과 일본의 우호와 협력에 방해가 되며, 천황 폐하의 은혜를 저버린 악마 같은 자들이다. 너희들은 모두 조선 출신이다."

독립군이 아니다. 1938년, 만주에서 군복을 입고 총을 들었다면 당연히 독립군이라고 여겼는데 아니었다. 내가 몸에 깃든 자는 독립군이 아니라 독립군을 잡는 자였다.

"너희들이 속할 부대는 간도특설대다. 최고 장교 몇 명을 제외하고는 모두 조선인들로만 구성된 부대다. 이건 특별한 기회다. 너희들의 힘으로 천황의 은혜를 배신한 조선인들을 잡을 기회를 주니, 몸과 마음을 모두 바쳐 천황 폐하께 충성하라!"

독립군을 잡는 조선인 부대, 간도특설대! 내가 깃든 자는 같은 민족으로서 독립군을 잡는 일제의 부하인 조선인이었다. 왜 자꾸 이런 자들의 몸에 깃드는지 모르겠다.

＊　＊　＊

어둑한 새벽, 어느 한적한 마을의 민가를 포위했다. 독립군이 있다는 첩보가 들어와서 긴급하게 출동했다. 민가는 불빛 하나 세어 나오지 않았다. 포위망을 촘촘히 형성하며 조심스럽게 접근했다. 나는 소리를 지르고 싶었다. 빨리 도망치라고, 여기 독립군 잡는 간도특설대가 왔노라고 외치고 싶었다. 그러나 그것은 내 정신의 간절한 몸부림일 뿐 내가 깃든 자에겐 아무런 영향을 끼치지 못했다.

그때였다. 갑자기 집 안에서 밖으로 총알이 날아왔다. 몇몇 간도특설대원이 총에 맞아 쓰러졌다. 조용히 포위망을 좁히던 간도특설대원들은 집을 향해 마구잡이로 총을 쏘아댔다. 나도 정신없이 총을 쏘았다. 벌집보다 많은 구멍이 뚫렸다. 잠시 뒤 집에서 나던 총소리가 멈췄다.

집안은 처참했다. 어느 것 하나 성한 게 없었다. 다섯 사람의 시체가 보였다. 둘은 척 보기에도 독립군으로 보이지 않았다. 셋은 척 보기에도 독립군처럼 보였다.

"이런 뛔! 이 새끼들 때문에 새벽부터 뭔 고생이야!"

대원 한 명이 신경질을 내며 죽은 독립군의 몸에 총을 쐈다. 정신에 깃든 나는 슬펐다. 그러나 내가 깃든 자는 발로 독립군을 군홧발로 짓밟으며 기분이 상쾌한 듯 보였다.

"그래도 셋이나 죽였잖아. 새벽에 출동해서 이 정도면 큰 성과지! 아마 큰 상이 내릴걸!"

"그런가?"

투덜거리던 자는 기분이 금세 좋아졌는지 헤헤 거리며 웃었다.

그런 일이 수십 번 반복되었다. 간도특설대는 잔혹한 짓도 서슴지 않았다. 독립군이 아닌 조선 백성들도 마구잡이로 대했고, 아무런 죄가 없는 아이들이나 여자들을 향해 총을 쏘기도 했다. 간도특설대는 만주 곳곳을 누비며 일본군에 저항하는 낌새가 보이면 누구든 가만두지 않았다. 특히 그들은 같은 동포들에게 더 잔인했다. 일본군보다 훨씬 잔인했다. 주인의 명령을 받은 사냥개가 매섭게 사냥감을 물어뜯 듯, 지독한 짓을 거리낌없이 저질렀다. 이런 무리에 깃들어서 지내는 나날은 고통스럽기만 했다.

* * *

드디어 독립을 했다. 독립한 나라의 군대, 한국군이 출범했다. 내 정신이 깃든 자도 한국군이 되었다. 그런데, 그런데 이상하다. 왜 독립해서 세운 한국군에 간도특설대에서 활동했던 친일파 군인들이 잔뜩 자리를 차지한 걸까? 지위도 높아서 대부분 장교다. 독립한 나라에서 세운 군대의 장교들이 왜 독립군 출신이 아니고, 독립군을 때려잡던 간도특설대 대원들이란 말인가? 이게 말이 되는가? 어지럽고 혼란스럽다.

일본제국주의 침략에 맞선 독립전쟁

국내에서 항일독립전쟁을 벌이기 어려운 여건에서 무장투쟁을 하려던 독립운동가들은 만주로 모여들었다. 독립운동가들은 군사학교를 만들고, 군대를 조직하는 등 체계적인 무장독립운동을 준비했다. 1919년 3.1운동을 계기로 많은 청년들이 독립군이 되기 위해 만주로 모여들었고, 독립운동 자금도 많이 모였다. 김좌진, 홍범도 등이 이끄는 독립군은 힘을 기르자 국경을 넘어 일본군을 수십 차례 공격했다. 독립군의 공격을 쫓아 500여 명의 일본군이 독립군을 추격했는데, 홍범도가 이끄는 부대가 봉오동에서 일본군을 크게 물리쳤다.(봉오동 전투) 독립군에게 크게 패한 일본군은 만주의 독립군을 모조리 토벌하려고 대규모 병력을 동원했다. 겉으로는 일본인의 보호를 내걸었다. 김좌진, 홍범도 등이 이끄는 독립군은 청산리 계곡으로 일본군을 끌어들여 1,200여 명의 일본군을 죽이는 큰 승리를 거둔다.(청산리 전투)

대패를 당한 일본군은 5만이 넘는 군대를 동원해 독립군을 몰아붙였고, 독립군은 일본군의 공세를 피해 소련으로 넘어가 자유시로 집결한다. 자유시에서 한인 부대와 군사지휘권 싸움에 휘말려 수백 명이 죽고, 수백 명이 포로로 잡히는 자유시 참변이 일어난다. 자유시 참변 이후 만주로 돌아온 독립군은 다시 조직을 재정비한다. 한편 국내에서는 김원봉이 이끄는 의열단이 일본 고위 관료나 친일파 등을 암살하는 활동을 벌였다.

1931년, 대공황의 위기를 극복하려고 일본은 만주를 침략한다. 만주를 무대로 활동하던 독립군은 일본군에 맞서 싸웠다. 몇 차례 거쳐 일본군을 무찌르기도 하였으나 일본군의 공세에 밀려 중국 쪽으로 건너갔다. 한편 만주에서는 이 시기에 새로운 무장세력이 등장하는데 바로 사회주의 계열이다. 이들은 중국공산당과 연합하여 일제에 맞서 싸웠다. 사회주의 계열 무장세력은 유격대를 기본으로 하여 치고 빠지는 전략을 구사했다. 국내 진공작전도 여러 차례 벌였는데 1937년 보천보를 습격하여 일본에 큰 타격을 입혔다. 이에 놀란 일본군은 대규모 군대를 보내 토벌 작전을 벌였고, 항일유격대는 일본군을 피해 소련으로 넘어갔다.

중국 곳곳에서 다양한 무장 세력이 활동하던 1932년 4월 29일, 상해에서 대단한 사건이 발생한다. 임시정부 김구가 결성한 한인애국단 소속 윤봉길이 상해 홍구공원에서 열리는 일본천황 생일 경축 행사장에 폭탄을 던져 일본군 고위 장교들을 죽인다. 윤봉길의 의거는 침체에 빠졌던 독립운동가들에게 힘과 용기를 준다. 중국 정부는 임시정부에 전폭적인 지원을 약속했고, 이후 중국 정부의 지원에 힘입어 임시정부는 광복군을 창설하고, 일본과 전쟁을 준비한다. 태평양 전쟁을 계기로 광복군은 미국의 지원을 받아 국내 진공 작전을 준비한다. 만약 광복군이 국내에 들어와 일제를 몰아내고 독립을 직접 쟁취하였다면 이후 한반도의 역사는 완전히 달라졌을 것이다.

그러나 1945년 8월 6일과 9일에 일본 본토에 떨어진 원자폭탄은 한반도의 운명을 암흑으로 몰아넣었다. 원자폭탄이 조금 더 빨리 투하되어 일본이 빨리 항복했다면 소련군이 진주하기 전에 해방됨으로써 분단이 되지 않았을 것이다. 만약 원자폭탄이 9월 이후에 투하되었다면 국내에 광복군이 진공 작전을 벌일 수 있었고, 그에 따라 우리는 2차대전 승전국 자격을 얻게 되어 분단이 되지 않았을 것이다. 하필 원자폭탄은 더 빨리도, 늦지도 않은 8월에 일본에 투하되었고, 이는 독립이 되는 조선에 큰 비극의 씨앗이 되었다. 우리가 힘을 제대로 써보지 못하고 얻은 독립, 소련과 미국이라는 강대국이 남과 북으로 한꺼번에 진주한 상황은 남북분단을 필연으로 만들었고, 또다시 한반도는 외세의 각축장이 되었다.

단독으로 세울까? 통일해서 세울까?

1946년　때
서울　곳
신문기자　人

나는 신문기자다. 혼란한 해방 정국에서 매우 중요한 세 명의 지도자를 연속해서 인터뷰하는 기회를 얻었다. 특히 모스크바3국외상회의 결정을 실천하기 위해 열린 미소공동위원회 1차 회의가 결렬된 뒤라 세 지도자의 견해 차이는 주목할 만했다.

* * *

"미소공동위원회가 실패로 끝났습니다. 다시 미소공동위원회가 열릴 가능성도 보이지 않습니다. 지금 상황으로는 통일 정부를 만들 가능성은 전혀 없습니다. 이제 남쪽 단독으로라도 정부 수립을 추진해야 합니다. 북쪽은 소련군이 지배하는 상황입니다. 더 이상 통일을 위한 시도는 무의미합니다."

이승만 박사는 전라북도 정읍에서 처음으로 남한만의 단독 정부 수립을 주장했다. 그 주장은 매우 충격이었다. 아무도 남북분단을 이야기하지 않는 이때에 남북분단을 과감히 주장한 이승만 박사의 의견이 궁금했다.

"이상만 쫓을 때가 아닙니다. 통일 정부 수립, 명분은 좋습니다. 그러나 가능할까요? 불가능합니다. 38선 이북은 이미 소련군 지배 아래 들어갔습니다. 공산주의

자들이 완전히 장악했어요. 이런 상황에서 우리나라가 완전히 공산화되는 걸 막으려면 남한은 따로 정부를 수립해야 합니다.”

이승만 박사는 확신에 차 있었다. 분단의 부작용에 대한 의견도 이승만 박사는 명확히 답변했다.

“어차피 대결은 피할 수 없습니다. 이런 상황에서는 공산주의 세력을 확실히 북으로 몰아내고, 남쪽에서라도 제대로 된 정부를 세워야 합니다.”

자신이 권력을 장악하기 위한 흑심 때문에 이런 주장을 하는 게 아니냐는 질문에 이승만 박사는 단호하게 대답했다.

“저는 현실을 말했을 뿐입니다. 그리고 정치인이라면 당연히 최고 권력의 자리에 올라, 국민을 위해 일하겠다는 욕심이 있어야 하는 게 아닐까요?”

이승만 박사는 인터뷰 말미에 앞으로 미국으로 건너가 남한 단독 정부 수립의 필요성을 미국 정치인들에게 적극 알리겠노라고 말했다.

＊　＊　＊

여운형 좌우합작위원회 위원장의 얼굴엔 결연함이 묻어났다.

“미소공동위원회가 결렬되었습니다. 혹자는 이제 좌우가 힘을 합쳐 통일 정부를 구성하는 것은 불가능하다고 말합니다. 저는 그런 의견에 전혀 동의하지 않습니다. 저희는 좌익과 우익으로 나뉘기 전에 하나의 민족입니다. 일제의 침략에 맞서며 독립을 갈망했던 같은 동포입니다. 차이는 작습니다. 공통점은 많습니다. 좌우가 의견을 모으면 단결이 가능합니다.”

너무 이상만 쫓고 현실을 무시하는 게 아니냐는 질문에 여운형 위원장은 강하게 반박했다.

“무엇이 이상이고, 무엇이 현실입니까? 그 어떤 어려움도 이겨내겠다는 불굴의 의지가 있다면 이상은 언제든지 현실이 됩니다. 제가 좌우익의 여러 동지들을 만나봤는데 한결같이 단결하겠다는 의지가 강했습니다. 누구도 분단을 원하지 않습니다. 우리는 한 민족, 한 동포이므로 하나의 정부를 세워야 합니다."

어쩌면 여운형 위원장의 말이 맞을지도 모른다. 현실의 어려움을 극복하려는 노력도 하기 전에 너무 쉽게 포기하는 건 아닌지도 모르겠다. 그러나 좌우 합작이 과연 가능할지는 여전히 의문이다.

★　★　★

"분열은 안 됩니다. 절대 안 됩니다. 분열은 죽음입니다."

김구 선생은 분열이란 단어를 썩은 고기 대하듯 했다.

"현실은 분열로 가고 있습니다."

"그게 참 안타까워요. 기자 양반은 분열이 어떤 결과를 낳을지 보이지 않나요?"

김구 선생의 질문을 받고 잠시 예상해봤다. 남북이 분열을 하면 어떨까? 좌익은 북쪽에 정부를 세워 다 모이고, 우익은 남쪽에 정부를 세워 다 모이면, 오히려 괜찮지 않을까? 그 안에서는 서로 다투지 않을 테니 말이다.

"기자 양반은 하나는 알면서 둘은 모르는구려. 그렇게 나뉜 뒤 좌익 정부, 우익 정부가 서로 친하게 지내리라 믿소?"

물론 친하게 지내진 않겠지만 별일이야 있겠는가?

"반드시 전쟁이 일어납니다. 옛날 삼국시대를 보세요. 나라가 쪼개지니 전쟁이 나지 않습니까? 민족끼리 총을 겨누는 비극이 반드시 생깁니다. 그러니 분단은 절대 안 됩니다."

나는 전쟁이란 말에 덜컥 가슴이 내려앉았다. 그러나 '설마' 하는 단어도 같이 떠올랐다.

"설마 전쟁이 날까요? 미국과 소련이 남과 북의 전쟁을 두고 보겠습니까? 잘못하면 미국과 소련의 싸움이 될 텐데."

"그러니 더 싸움이 나지요. 미국과 소련은 물과 불입니다. 서로 섞일 수 없어요. 그러나 직접 싸우진 못하지요. 서로에게 치명타니까. 그래서 대신 싸움을 붙일 겁니다. 그렇게 되면 한반도는 잿더미가 될 거예요. 수백 만 이상이 죽을 겁니다."

　김구 선생은 전쟁을 두려워했다. 분단은 반드시 같은 민족끼리 다투는 전쟁으로 이어질 거라고 믿었다.

＊　＊　＊

　세 분을 모두 인터뷰 한 뒤 골치가 아팠다. 도대체 어떤 게 맞는지 알 수가 없었다. 무엇이 맞든 간에 우리 민족의 앞길에 고난이 닥치리란 점만은 부족한 내 머리로도 충분히 예상이 되었다.

천년 만에 다시 맞은 남북국시대

카이로회담, 포츠담회담 등을 통해 국제사회는 한국의 독립을 약속한다. 국내에서는 여운형이 이끄는 건국준비위원회가 일제로부터 행정권 일부를 받아서 독립을 준비했고, 광복 후 곧바로 전국적인 행정조직을 마련하는 등 독립정부 구성을 위한 준비에 들어갔다. 그러나 미소양국이 38선 남과 북을 나누어 점령하면서 한반도는 남북으로 쪼개졌다. 북쪽은 소련의 지지를 받는 사회주의 계열이 주도권을 장악하였고, 남쪽은 좌우대립이 격렬하게 벌어졌다.

38선 남쪽에서 결정적인 사건은 모스크바3국외상회의 결정을 둘러싼 좌·우 대립이었다. 3국외상회의는 임시정부를 수립하고, 미소공동위원회를 개최하며, 미·소·영·중에 의한 최고 5년 간의 신탁통치를 결정하였다. 문제는 '신탁통치'였다. 신탁통치가 식민 지배와 동일하다고 여긴 우익은 신탁통치 반대운동에 나섰고, 처음엔 반대하던 좌익은 회의 내용을 파악한 뒤에는 지지를 선언했다. 신탁통치 반대운동을 통해 우익이 주도권을 장악했고, 친일파들도 정치 무대에 복귀했다.

미소공동위원회가 결렬되면서 남북분단이 현실로 다가왔다. 이승만은 정읍 발언을 통해 남한만의 단독정부를 수립하자고 주장한다. 중도 좌파인 여운형과 중도 우파인 김규식이 좌우 합작을 시도하나 실패한다. 김구와 김규식은 남쪽만의 단독 선거에 반대하며 통일운동을 벌이지만 역시 실패한다. 1948년, 남쪽에서는 남한만의 단독 선거를 실시하는 문제로 심각한 갈등이 생긴다. 단독선거에 찬성하는 세력과 반대하는 세력이 맞부딪쳤는데, 제주에서는 대규모 학살이 벌어지기도 했다.(제주4.3사건) 단독 선거를 둘러싼 심각한 대립 끝에 1948년 5월 10일에 총선거가 실시되었고, 8월 15일에 이승만을 대통령으로 하는 남한만의 단독 정부가 들어선다. 38선이북에서는 그해 9월 사회주의를 내세운 조선민주주의인민공화국이 수립된다. 이로써 천년 동안 하나였던 민족이 두 국가로 다시 나뉘었다.

남북 분단은 6.25전쟁이란 비극으로 이어졌다. 1947년 3월, 미국 대통령 트루먼은 사회주의 소련을 봉쇄하겠다는 트루먼 독트린을 발표했고 냉전이 시작된다. 1949년, 중국에서 사회주의 세력이 권력을 장악했고, 중국 공산군에 포함되어 있던 조선인 4만 명이 북한인민군에 편입되었다. 소련은 북한의 군사력 증강을 도왔다. 1949년 주한민군이 철수하고, 미국은 동아시아 방위선에서 한국을 제외한다는 에치슨 성명을 발표한다. 북한의 군사력은 강화되고, 미국의 방어 약속이 사라진 상황에서 1949년부터 38선 근처에서는 수백 회에 거쳐 총격전이 벌어졌다. 사실상 내전 상태에 접어든 것이다.

1950년 6월 25일 새벽, 북측 인민군이 38선 일대에서 전면 공격을 시작했다. 승리를 장담하던 대통령 이승만은 국민들에게 거짓 방송을 하고는 한강 이남으로 도망쳐 버렸다. 미국은 일본에 있던 미군을 한국에 파견하고, 유엔의 참전을 이끌어 낸다. 16개국으로 구성된 유엔군이 한국을 돕기 위해 참전한다. 낙동강 전선까지 밀렸던 한국군은 유엔군의 참전으로 힘을 얻었고, 9월 15일 인천상륙작전을 통해 전세를 뒤집는다. 9월 28일 서울을 되찾고, 곧바로 38선을 넘어 평양을 점령한다. 마침내 10월말엔 압록강까지 진출했으나 중국군이 참전하면서 다시 밀린다. 1951년 1월 4일에는 서울이 다시 북한군의 수중에 들어갔다. 북한군은 37도선 금방까지 밀고 내려왔으나 유엔군과 국군의 반격으로 전선은 38선 근처에서 밀고 밀린다. 그 뒤 2년은 기나긴 휴전협상의 과정이었다. 1953년 7월 28일, 양측은 휴전협정을 맺고 전쟁을 멈춘다.

민주주의를 향한 피와 땀방울

1960년~지금 때
대한민국 곳
항쟁에 나선 시민과 학생들 人

1960년 4월 19일, 아침이 밝았다. 나는 대학생이다. 3.15부정선거를 규탄하는 시위를 하던 김주열의 시신이 마산 앞바다에 떠올랐다. 부정선거를 저질렀던 자들이 어린 학생마저 죽였다. 참을 수 없다. 더 이상 이승만 독재 정권을 그대로 둘수 없다. 오늘 모든 대학생들이 들고 일어나기로 약속한 날이다. 부모님은 나서지 말라고 한다. 그러나 피 끓는 가슴을 지닌 대학생이 이럴 때 나서지 않으면 언제 나선단 말인가?

영원한 독재를 꿈꾸며 말도 안 되는 부정선거를 저지르고, 어린 학생마저 죽이고, 죽인 사실마저 숨기려 한 자들을 그대로 둔다면 대한민국의 앞날은 암흑이 될 것이다. 내 결연한 의지를 들으신 부모님은 마지못해 내 결정을 허락하셨다. 어머니는 내게 몸조심하라며, 제발 나가더라도 뒤에 서라고 하신다. 나는 뒤에 서기 싫다. 무엇이 두려워 뒤에 선단 말인가? 정의의 길에 비겁은 없다.

* * *

1965년 6월 3일 아침이 밝았다. 피눈물이 난다. 식민지 35년의 치욕을 아직 씻지도 못했는데, 식민 통치에 대해 사과는커녕 도리어 자기들 덕에 대한민국이 발전했다는 망언을 일삼는 일본과 외교관계를 맺는다니, 있을 수 없는 일이다. 계속되는 반대에도 박정희 대통령과 정부는 한일수교를 밀어붙일 태세다. 오늘, 결연한 항쟁을 보여주리라. 민족의 영혼을 지키기 위한 항쟁이다. 반드시 대일 굴욕 외교를 막아내고, 민족의 정기를 지켜내고 말리라.

＊　＊　＊

1970년 11월 13일, 나는 세상에서 가장 슬픈 뉴스를 들었다. 청계천에서 한 젊은 노동자가 "근로기준법을 준수하라.", "우리는 기계가 아니다."를 외치며 자기 몸에 불을 붙였다고 한다. 어떻게, 어떻게 인간이 자기 몸에 스스로 불을 붙인단 말인가? 얼마나 노동 환경이 열악하면 죽음으로 항거한단 말인가? 나는 정신없이 청계천으로 뛰어갔다. 나와 같은 충격을 받은 사람들이 많이 있었다. 눈물과 분노가 거리 곳곳을 적셨다. 나는 그때서야 청계천 곳곳에 자리한 공장이 어떤 곳인지 알았다. 내가 입은 옷이 어린 여공들이 생명을 갉아먹으며 만들었다는 사실을 알았다. 저들의 고통을 외면하고 살아온 내 과거가 한심스러웠다. 다시는 그러지 않으리라, 저들에게 진실한 벗이 되어 그들을 구하는 길에 나서리라.

＊　＊　＊

1980년 5월 18일, 도시 곳곳에서 끔찍한 살육이 벌어졌다. 새벽에 광주에 진입한 계엄군들이 마구잡이로 사람을 패고 죽인다는 이야기가 들렸다. 심지어 임산부를 대검으로 찔러 죽였다는 믿고 싶지 않은 이야기도 들렸다. 처음에는 거짓인 줄 알았다. 누군가 꾸며낸 이야기인 줄 알았다. 아니었다. 사실이었다. 잠깐 나가본 거리는 공포의 도가니였다.

구두에 차이고, 칼에 찔리고, 몽둥이에 맞으며 끌려가는 사람이 곳곳에 보였다. 손이 떨렸다. 분노가 치밀었다. 저럴 수는 없다. 저래서는 안 된다. 엄마는 내 옷자락을 붙잡았다. 네가 나가 봐야 너도 죽기만 한다. 나가지 마라! 나는 어머니 손을 조심스럽게 잡았다. 비겁한 자식으로 살고 싶지 않습니다 어머니. 나는 어머니를 힘껏 안아준 뒤 거리로 뛰쳐나왔다. 수많은 시민들이 나와 같은 의지를 품고 나왔다. 나는 외롭지 않았다.

* * *

1987년 6월 10일, 아침이 밝았다. 나는 서울 종로에 위치한 회사에 다니는 평범한 직장인이다. 아침에 넥타이 메고, 지하철 타고 와서 하루 종일 일을 하다 저녁 늦게 야근이 끝나면 소주로 피곤을 달래고 다시 집으로 돌아가는 평범한 가장이다. 나는 전두환 정권 아래서 대학을 다녔지만 그 흔한 시위에 한 번도 참여하지 않았다. 내 관심사는 조금이라도 빨리 승진해서 집 장만하고 편안하게 사는 것이었다. 그런 내가 오늘 정치 집회에 나갈 결심을 했다. 도저히 참을 수가 없기 때문이다.

서울대생 박종철을 고문해서 죽인 사건, 연세대생 이한열이 최루탄에 맞아 쓰러진 사건, 독재를 더 연장하려고 발악하는 전두환 대통령의 광기가 나를 더 이상 평범한 회사원에 머물지 못하게 했다. 오늘 오후 여섯 시라고 한다. 마침 직장 근처에서 집회가 열릴 계획이라고 한다. 내가 앞서서 나서진 못하겠지만, 반드시 거리로 나가 내 한 몸 보탤 것이다. 이런 세상은 바뀌어야 한다. 더 이상 독재가 연장되면 안 된다. 더 이상 젊은이들이 억울하게 희생당해선 안 된다.

* * *

1987년 8월 1일, 아침이 밝았다. 나는 노동자다. 얼마 전까지 나는 나 자신을 노동자라고 여기지 않았다. 나는 나 자신을 근로자로만 여겼다. 그러다 알게 되었다. 근로자는 단지 일하는 사람이지만, 노동하는 사람으로서 자신의 처지를 깨닫고 적극적으로 행동하는 사람임을 뜻하는 '노동자'라는 말이 나에게 더 어울린다는 사실을 배웠다. 드디어 오늘 우리 회사에 노조가 결성되는 날이다. 이미 전국 곳곳에서 많은 노동자들이 노조를 결성하고, 노동자의 권리를 찾기 위해 투쟁에 들어갔다.

"노조는 빨갱이들이 만드는 단체 아닌가요?"

나는 노조라는 말을 듣고 처음에 이렇게 물었다. 지금 생각하면 참으로 부끄럽다.

"노조를 만들 권리는 헌법에 나와 있어요."

그 말을 들었을 때의 충격을 잊을 수가 없다. 더구나 '근로기준법'만 지키면 우리 처지가 훨씬 나아진다는 말을 들었을 때는 뛰는 가슴을 누를 수가 없었다. 그래서 나는 노조 결성에 적극 나서기로 결심했는데, 드디어 오늘 노조를 만든다. 헌법이 보장한 권리에 따라 노조를 만든다. 지금까지 힘이 없어서 무조건 회사 눈치를 보며 시키는 대로 살았지만, 노조를 만들면 달라질 것이다. 벌써 새로운 세상이 기대가 된다.

＊　＊　＊

2002년 11월 30일, 아침이 밝았다. 나는 고등학생이다. 오늘은 미군 장갑차에 깔려 죽은 중학생 신효순, 심미선 양을 기리는 촛불집회가 열린다. 지난 6월 13일 경기도 어느 지방도로에서 길을 가던 신효순, 심미선 여학생이 미군 장갑차에 깔려 죽었다. 처참한 죽음이었다. 장갑차를 몰던 미군들은 장갑차 앞이 잘 보이지 않아 벌어진 사건이라고 했으나 새빨간 거짓말임이 드러났다. 미군들은 분명 범죄를 저질렀다. 미군들이 고의로 우리나라 여중생을 죽였음에도 범죄자인 미군을 우리나라 법으로 처벌하지 못한다. 그 미군들은 미국 법정에서 재판을 받았고, 얼마 전 모두 무죄를 선고받았다. 인터넷을 통해 이 소식을 접했을 때 피가 거꾸로 치솟았다. 어찌 이런 일이 있단 말인가? 어떤 방식으로도 항의하고 싶었다. 그러다 촛불집회가 열리는 걸 알았다. 그래, 여기에 참가하자. 촛불이라도 들자. 구호를 외치고 경찰과 싸우는 시위라면 무서워서 못나가겠지만 촛불을 드는 시위라면 얼마든지 간다. 신효순, 심미선 두 여중생의 억울한 죽음을 위로하고, 죄인들을 처벌하기 위해서 나는 오늘 촛불집회에 나갈 것이다.

민주주의를 향한 대한민국 현대사

6.25전쟁을 거치며 남한은 반공이 가장 중요한 정치 이념이 되었다. 정당한 민주주의 요구도 반공을 이유로 거부되었으며, 빨갱이, 종북으로 낙인찍히면 대한민국에서 살아가기 어려운 시대를 수십 년 동안 겪어야 했다. 남과 북은 끊임없이 서로 갈등했고 전쟁 위기를 겪기도 했다. 한때 이승만 정권을 위협하던 진보당 지도자 조봉암은 간첩으로 몰려 처형당했다. 대통령 후보로 나서서 많은 국민들의 지지를 받은 인물조차 간첩으로 몰아 처형할 정도로 반공은 엄청난 무기였다.

이승만이 이끄는 자유당은 온갖 부정비리와 부패로 얼룩진 집단이었다. 이들은 권력을 유지하기 위해 선거를 조작하는 짓도 마다하지 않았다. 1960년 3.15부정선거를 계기로 4.19혁명이 일어났다. 4.19혁명으로 이승만이 물러나고 자유당 정권이 무너졌다. 이후 내각책임제에 기반을 둔 장면 정권이 들어선다. 4.19혁명 후 민주주의와 통일을 요구하는 시위가 활발하게 일어났다. 민주주의 확산과 통일운동이 두려웠던 박정희를 비롯한 군인들은 1961년 5월 16일에 쿠데타를 일으킨다. 쿠데타를 통해 집권한 박정희는 반공을 제일 원칙으로 내세우고, 경제개발을 강력히 추진한다. 경제개발을 위해 대다수 시민들이 반대하는 일본과 국교정상화를 추진했고, 경제 개발 지원을 약속받고 베트남에 군대까지 보냈다. 효율적인 경제개발을 위해 저곡가 정책과 저임금 정책도 지속적으로 시행했다.

경제성장만을 우선하는 정책은 노동자, 농민의 삶을 어렵게 만들었다. 1970년 11월 13일, 전태일 열사의 분신은 경제성장에 가려져 있던 노동자의 현실을 만천하에 알렸고, 노동운동이 활발하게 일어나는 계기가 된다. 박정희는 독재체제를 강화하기 위해 1972년 유신을 선포하고, 대통령 직선제를 폐지하며, 대통령이 국회의원을 추천하고, 국회를 해산하며, 대통령이 명령만 내리면 국민의 자유를 마음대로 제한할 수 있는 긴급조치권을 대통령이 보유하도록 하였다. 박정희 정권은 민주주의를 요구하는 시민들을 간첩으로 몰았고, 야당 대표를 국회의원에서 제명하기도 했다. 이에 반발해 1979년 부산과 마산에서 대규모 항쟁이 일어났다. 1979년 10월 26일, 안중근 의사가 이토 히로부미를 저격한 날 박정희 대통령은 가장 아끼던 부하(김재규)의 총에 맞아 죽는다.

1979년 12월 12일, 전두환과 노태우가 이끄는 군인 세력들이 쿠데타를 일으켜 군대를 장악한다. 1980년 시민들이 민주화를 요구하며 시위에 나서자, 전두환은 전국에 계엄령을 선포하고, 이에 저항하는 시민들을 구속한다. 그리고 5월 18일, 광주에서 평화적인 시위를 벌이던 학생들을 무자비하게 진압하였다(5.18광주민주화운동). 광주를 피로 물들이며 등장한 전두환 정권은 언론을 탄압하고, 고문을 자행했으며, 수많은 사람들을 잡아다가 강압적인 군사훈련(삼청교육대)을 시키기도 했다. 1987년, 서울대생 박종철이 고문으로 죽는다. 4월 3일에 전두환은 대표자 몇 명이 체육관에서 대통령을 뽑는 간선제를 그대로 유지하겠다고 선언한다. 이에 맞서 시민들은 박종철을 고문으로 죽인 전두환 정권을 타도하고, 국민이 직접 대통령을 뽑는 직선제를 쟁취하기 위해 대규모 항쟁을 벌인다(6월 민주항쟁). 시민항쟁을 통해 대통령 직선제와 민주주의를 보장하는 헌법이 탄생한다. 6월 민주항쟁에 뒤이어 7~9월 사이에 전국적으로 노조가 결성되는 노동자대투쟁이 일어난다.

1987년 민주화운동 결과 헌법이 새로 제정되었고, 그에 따라 대선이 실시되었으며 그 결과 노태우 정권이 들어선다. 1997년엔 대한민국 역사상 처음으로 여당에서 야당으로 정권교체가 이루어진다. 2002년에는 주한미군 장갑차에 치여 죽은 신효순, 심미선 중학생을 기리는 촛불집회가 벌어져 그 이전과는 전혀 다른 새로운 시위 형태가 등장한다.

나는 주인으로 사는가?

지금 때
여기 곳
나   人

내 방이 지저분하다. 여자 방이 이게 뭐냐고 엄마가 잔소리하지만 치울 결심을 하지 않는다. 엄마가 잔소리하다 지쳐서 언젠가는 치워 주실 테니까. 교실 앞에 쓰레기가 보인다. 그냥 지나간다. 오늘 당번이 치우겠지.

반장이 나서서 체육대회 준비와 관련해서 뭐라고 떠든다. 나는 관심이 없다. 내가 말한다고 달라지지도 않고, 솔직히 말해 체육대회에 적극 참여할 마음도 없다. 몇몇 아이들만 열심히 회의에 참가한다. 흠, 저 아이들은 도대체 뭐가 그리 잘났다고 말이 많은 걸까? 쉽게 결정하고 그냥 하지. 회의 시간이 지겹다.

정치 뉴스를 듣고 뭐라고 하며 떠드는 아이들이 참 이상하다. 나는 연애 뉴스 외에는 관심이 없다. 스마트폰을 켜면 가끔씩 뜨는 뉴스들은 스팸 문자와 다를 바가 없다. 정치가 어떻게 되든 내 삶과는 아무런 관련이 없는데 뭐 하러 관심을 기울이겠는가?

무관심 속에, 방관자로 살았던 나를 본다. 단 한 번도 책임 있게 나선 적 없는 내가 보인다. 오직 눈앞의 내 일에만 관심을 기울이는 나를 본다. 그러고는 잘못되면 남 탓만 하는 나의 비겁함을 본다. 휴~!

뿌연 안개처럼 세상이 흐릿하다.

★ ★ ★

눈을 뜬다. 기나긴 역사가 주마등처럼 스친다. 역사 속에서 자기 책임을 다하던 사람들이 떠오른다. 독립을 위해, 나라를 구하기 위해, 민주주의를 위해, 억울하게 죽어간 여학생들을 위해 나선 사람들이 떠오른다. 나를 위해 늘 내 방을 치워주시는 엄마도 떠오른다.

나는 뭐지? 나는 대체 내 삶의 주인이긴 한 걸까? 나는 왜 이렇게 무관심하지?

"엄마 고마워, 앞으로 내 방은 내가 치울게."

교실을 둘러본다. 다들 어디 가고 없고 민수와 한비만 보인다.

나는 지금은 집에 가고 없는 반 친구들에게도 고마움을 전한다.

"나 대신 반을 꾸려가 줘서 고마워."

한비가 창문 밖을 보며 뭐라고 중얼거리는 소리가 들린다. 나도 창문 밖으로 시선을 옮긴다.

푸른 하늘을 향해 태극기가 펄럭인다. 저 깃발이 학교에 평화롭게 휘날리는 세상을 만들기 위해 애쓰신 많은 분들의 얼굴이 태극기 위로 스쳐간다. 그분들께 내 마음을 전한다.

"고맙습니다. 진심으로~!"

한국사가 밥이다

지금 우리의 삶이 미래에는 역사다

새 역사 선생님은 세 개의 글을 꼼꼼히 다 읽고 덮었다. 그러고는 옆에 있는 복사기에 숙제한 종이를 올려놓고 3을 누르고, 복사 시작을 눌렀다. 3부씩 복사가 진행되는 동안 선생님과 학생들이 대화를 나눴다.

"역사에 눈 감았던 과거를 털고 새롭게 역사에 눈뜬 것을 축하한다. 역사를 배우고 앞서간 이들에게 고마움을 느낀다면 그걸로 역사 공부는 절반 정도 한 셈이다."

"절반이라면, 혹시 또 저희를 잠에 빠지게 하실 건가요?"

한비가 두려움을 잔뜩 묻힌 말투로 여쭈었다.

"한비는 네가 꿈에서 겪은 일들이 두려웠니?"

"꼭 그렇지는 않았지만, 힘들었거든요."

"그렇다면 큰일이네. 또 겪을 텐데."

"아~!"

괴로움과 걱정이 묻은 탄식이었다.

"오해하지 마. 과거를 다시 경험하게 할 계획은 없으니까. 내 말은 너희가 지금 사는 삶이 역사이기 때문이야. 너희는 다른 어느 별나라가 아니라 지구의 대한민국에서 살아가는 사람들이야. 너희들은 너희들의 삶으로 역사를 만들며 살아가야 해.

과거의 역사는 고정불변이지만 너희들이 만드는 역사는 순간순간 선택하고 만들어야 해. 너희들 앞에 놓인 과제가 꿈에서 겪은 역사보다 훨씬 힘들고 어려워."

"에이, 저희 같은 학생의 삶이 무슨 역사가 된다고."

민수가 말했다.

"너는 꿈에서 그렇게 겪고도 그런 말을 하는구나. 한 사람 한 사람의 삶이 바로 역사요, 한 사람 한 사람의 삶이 모여 거대한 물결을 만드는 거란다."

세 학생은 말없이 고개를 끄덕였다.

"무언가의 가치가 어느 정도나 되는지 판단하고 싶을 때는 그게 없다고 가정했을 때 어떨까 따져보면 돼. 보석 중에 가장 귀하다는 다이아몬드가 없으면 어떨까? 있다면 좋겠지만 없어도 우리가 사는 데 아무런 지장이 없어. 반면에 맑은 물이 없으면 어떨까? 맑은 물은 다이아몬드에 견줘 아주 헐값이지만 그 가치는 다이아몬드에 견줄 바가 아니지. 없다고 가정해 보면 맑은 물이 다이아몬드보다 훨씬 가치가 커. 인류의 역사를 보면 인간은 정말 귀한 가치를 소홀히 대접하고, 헛된 것들을 귀하게 여기며, 헛된 가치를 잡기 위해 안달복달하고, 심지어 전쟁을 벌이기도 했어. 인간은 왜 진짜 가치를 내버려 두고 헛된 가치에 집착했던 걸까? 우리가 역사를 배우는 이유는 지금 이 순간의 삶에서 헛된 가치를 쫓지 않고 진정한 귀한 가치가 무엇인지 놓치지 않기 위함이야. 그게 역사 공부의 나머지 절반이지."

"그러니까 역사 공부의 절반은 앞서간 이들에게 고마움을 느끼기, 나머지 절반은 지금 이 순간의 삶에서 진실한 가치를 찾는 일이네요."

복사기가 멈췄다. 선생님은 셋이 쓴 숙제를 한 데 묶어서 세 학생에게 나눠줬다. 민수, 한비, 현미는 자신들이 직접 쓴 역사 기록을 소중히 껴안았다.

이 책을 먼저 읽어 본 학생들

이 책은 두 명의 독자가 먼저 읽고 책에 대한 전반적인 느낌과 오류 등을 잡아주었습니다.

한 줄 사건 뒤에 스릴있고 생생한 이야기가 신기했다!

"중2 역사 시간에 교과서에는 나오지 않은 비하인드 스토리를 들었을 때가 있었습니다. 교과서에 한 줄로 써 있던 사건 뒤에, 그렇게 스릴있고 생생한 이야기가 숨어 있었다는 게 참 신기했습니다. 그런데, 베타테스터가 되어 이 책을 읽고 나서 처음 느낀 게 바로 그때의 기분이었습니다. 무슨 난은 그렇게 자주 일어나는지, 왕들의 업적은 왜 그리 헷갈리는지, 시험을 앞두고 그 많은 것들을 암기할 때마다 참 힘들었는데 소설을 읽듯이 이 책을 읽다 보니 어렵지 않게 사건들을 이해할 수 있었습니다. 불, 경제, 부의 역사라는 테마로 쓰인 이 소설이 쉽고 재미있었다면 〈흐름을 잡는 한국사수첩〉에서는 다른 역사책에서 보지 못했던 새로운 사실들도 있어서 참 좋았습니다."

● 베타테스터 이해승(중3)

이해승 양은 경기도 분당에 있는 서현중학교 3학년 학생입니다. 이 책을 통해 역사는 '누군가의 삶의 이야기이자 곧 나의 이야기'라고 생각하게 되었답니다.

* * *

〈국제시장〉에 나오는 역사를 만나다!

최근에 이 책에 나오는 내용과 비슷한 영화를 보았다. 그 영화의 이름은 〈국제시장〉이었는데, 전쟁을 겪고 새로운 시작을 하던 1950년을 배경으로 한 영화였다. 남자들은 광산에, 여자들은 간호를 하러 해외로 모두 떠났을 때를 정말 잘 표현한 부분이 '1편−불의 역사' 편에 나와 있다. '2편−부의 역사' 편에서는 농업부터 오늘날에 잘 살고 있는 지역의 특성을 잘 표현해주었다. '3편−권력의 역사'에서 나는 가장 큰 감동을 받았고, 심지어 울 뻔했던 장면들이 많았다.

● 베타테스터 최민기(중2)

최민기 군은 서울 상계중학교 2학년 학생입니다. 이 책을 읽으면서 '이 시대에 살았을 분들에게 정말 감사하다'고 하였습니다.

이 책이 출간된 후 이인경 님께서 옥의 티를 발견해주셨습니다.
독자님께 다시 한번 감사드립니다.